教育部人文社会科学研究青年基金项目（项目编号：17YJC890044）

君与君不与
中国古代武术竞赛历史文化研究

张君贤　著

人民体育出版社

图书在版编目（CIP）数据

君与君不与：中国古代武术竞赛历史文化研究 / 张君贤著. -- 北京：人民体育出版社，2024（2025.2 重印）
ISBN 978-7-5009-6381-3

Ⅰ. ①君… Ⅱ. ①张… Ⅲ. ①武术－运动竞赛－研究－中国－古代 Ⅳ. ①G852.073

中国国家版本馆 CIP 数据核字（2023）第 220671 号

*

人 民 体 育 出 版 社 出 版 发 行
北京明达祥瑞文化传媒有限责任公司印刷
新 华 书 店 经 销

*

710×1000　16 开本　13.25 印张　270 千字
2024 年 8 月第 1 版　2025 年 2 月第 2 次印刷

*

ISBN 978-7-5009-6381-3
定价：80.00 元

社址：北京市东城区体育馆路 8 号（天坛公园东门）
电话：67151482（发行部）　　邮编：100061
传真：67151483　　　　　　　邮购：67118491
网址：www.psphpress.com

（购买本社图书，如遇有缺损页可与邮购部联系）

序

记得我是在 2004 年 5 月间认识张君贤的。其时，我作为博士生代表，他作为本科生代表，我们曾一起赴台出席"两岸体育院校师生研习营"，当时的他给我留下的印象是性格内敛、技艺精湛的武术健将。十年后，他报考上海体育学院民族传统体育学博士，我们竟成了师生。

一

2014 年，他通过笔试与面试之后，在入学之前基本完成了我对博士生阅读 50～100 本人文社会学经典并撰写读后感的入学考试要求。2014 年 9 月入学后，他就武术教育、武术美学、拳种文化等主题与我交流其博士研究计划时，我不断地催促他进一步强化关于经典人文社会学著作的理解。这样，在他入学再读 100 本经典之后，已初具必要的学术视野，基本能用国际流行理论进行思考之时，我开始与其讨论选题。当时，我们师生讨论的基点有三：一是要能充分利用其专业优势；二是要从既有创新性也有可持续性入手进行选题；三是要体现该研究的中西对话性。

经过一段时间的讨论之后，我们将中国古代武术和中国古代武术的竞赛活动及其赛事运作机制作为研究对象。这不仅因为张君贤有着长期武术竞技的亲身体验，还因为现代以来由于受"西方中心"影响，在"传统中国无体育"的命题下，"武术无赛事"已成为理所当然、毋庸置疑的定论。但在持文化自觉的视野之后，我们会发现中国古代武术竞赛活动呈现出另一幅崭新的画面。例如，宋代相扑不仅有露台之专业化场地、有部署之裁判、有"相扑社条"之规则，而且有作为相扑手群体标识之发型。再如，西周的礼射无论是命中方式的"五矢"之分，还是射之动作"和、容、和容、兴舞"的礼仪规定，竞赛程序均比奥运会十环命中更为复杂、更有难度、更加艺术，也更有礼仪。可见，无论是西周礼射还是宋之相扑，与现代奥林匹克一样，除比试出选手的技艺高低之外，中国古代武术的竞技与竞赛还有其作为中国文化的个性之处。例如，礼射从其文化样式看，除了具有西方体育的注重命中之外，还要看其命中的方式，看其外在动作的节奏与礼仪、内在心理活动的"内志正"程度，是身与心、实用与审美的双重考察；再如，相扑就其功能而言，既使选手"宣勇气"也"使观者远怯懦"，是场上与场外的双重影响。

通过对历史典籍的认真阅读，当有一天张君贤与我谈到"君与/君不与"时，我脱口而出："你找到了古代中国武术赛事的本质了！现在可以做博士论文了！"因为，源于祀与戎的武术必然与国之大事相关，与国之大事相关的古代武术赛事也与"君"难脱干系。而君之"与/不与"既是作为"国之大事"的古代武术竞赛活动的不同表现，也是古代武术赛事"由国家而社会"发展的历程。由此引申开来，"国之大事"是中国体育的本质特征，也是现代中国体育何故形成"举国体制"的文化逻辑所在。

二

在博士学位论文的研究中，张君贤以射礼、角抵、武举为个案，以"君与""君不与"为主线，从体育竞赛构成要素的人员、技术、规则、组织、理念、精神之维度，一方面梳理了古代武术赛事作为体育赛事的共性特征：定制化场地、设施、竞赛器材及其竞赛规则，官办与民办运作之模式；另一方面，他还进一步审视了作为"国之大事"的古代武术赛事之文化个性。

首先，"君与"的古代武术竞赛与国家治理相关，即武术赛事与国家的意识形态建设相关联，如射箭意义的儒家化、仪式的伦理化、符号的礼制化；武术竞赛还与国家形象建设相关，如角抵成为塑造国家繁荣富强形象、彰显国威的手段；武术竞技也与国家制度建设相关，如武举成为"唯才是举、任人唯贤"主张下的公平竞争比试。

其次，"君不与"的古代武术赛事与地方治理有关。国之大事的武术赛事还是地方推行礼治制度、强化国家认同、宣扬国富、点缀升平、柔化社会结构、调节民众情绪的社会治理，武术竞赛也因此成为市井百姓节庆的娱乐、民俗性活动，而走进了中国人的日常生活。

最后，"君与""君不与"的古代武术竞赛，既反映了不同赛事主体、不同场域，也反映了不同的赛事运作方式，既反映了武术赛事由国而民的发展方向，也反映了国家与社会互动的发展方式。对此，张君贤就两者的互动关系从国家视角出发，以"权力话语""监视机制""艺术效果"进行了回答。

值得一提的是，张君贤博士对古代武术赛事进行了"君与""君不与"的双向审视，反复地论证了武术赛事的"国之大事"性质，为其武术赛事研究的"继续革命"奠定了基础。在此，也希望他从以下几个方面"将革命进行到底"：一是如何从大众视角出发进一步深掘"君不与"武术赛事的历史与文化；二是在形成国家视野下国家与社会互动机制后进一步从社会出发，构建社会与国家互动式发展的生动画面；三是需在中西对话中进一步推进武术赛事话语系统、文化个性之研究。

三

回眸过去，张君贤博士实现了从体育运动健将向学者的转型。在此，他不仅以"2篇CSSCI论文和教育部人文社会科学研究青年基金项目"为其四年博士学习画上了句号，而且2018年6月毕业以来还以"2篇CSSCI论文、1篇北大核心和2019年国家社会科学基金一般项目资助"表明其继续革命之雄心壮志。

展望未来，作为曾经的导师、现在的同路人，希望张君贤博士立足大学教坛继续前行，在"为往圣继绝学"的道路之上，力争将中华优秀传统文化之薪火借助一届又一届学子在神州大地传递、在国际间传播，并有所担当、有所作为。

是为序。

戴国斌
在第39个教师节写于上海体育学院中国武术研究中心、
中国体育历史研究院、中国体育非物质文化遗产研究院
2023年9月10日

目 录

绪论 001
  一、问题的提出 002
  二、研究目的与意义 003
  三、核心概念界定 004
  四、文献综述 005
  五、研究对象与方法 027
  六、研究创新 028
  七、研究思路与技术路线 028

上篇 君与：被制造的竞赛

第一章 大射礼竞赛之外显层：国君抟铸的顶层文化圈 032
  第一节 从国君到权贵的人员团队 033
  第二节 以"君"为标杆的核心技术体系 045

第二章 大射礼竞赛之制度层：群体规训的权力运作 063
  第一节 伦理化与人性化的竞赛规则 063
  第二节 等级森严的组织形式 066

第三章 大射礼竞赛之核心层：国家认同的文化归属 070
  第一节 和谐一统的竞赛理念 070

第二节　民族精神的国家象征 ·· 074

中篇　君不与：被塑造的国家

第四章　乡射礼："君不与射"的社会化竞赛与"国家在场"的地方治理 ··· 080
第一节　射义儒家化：人伦价值系统的重建 ·· 081
第二节　伦理仪式化：等级象征的内涵表达 ·· 084
第三节　礼制符号化：国家意义的公众感知 ·· 087

第五章　角抵：宣扬国威与点缀升平的张弛之道 ·· 090
第一节　"君之所好"的人员构成与技术体系 ·· 091
第二节　"君之所乐"的竞赛规则与组织形式 ·· 104
第三节　"君之所求"的核心理念与国家精神 ·· 119

第六章　武举：封闭性权贵共同体的整饬 ·· 126
第一节　因"君"而生：武举竞赛的创立 ·· 127
第二节　以士大夫为政权后备力量的人员储备 ·· 131
第三节　才兼文武与堪任将帅的竞赛内容与规则 ······································ 139
第四节　规范化、等级化与权力化的组织形式 ·· 149
第五节　政权更迭的竞赛理念 ·· 153
第六节　"笼四方豪杰自为助"的竞赛精神 ·· 158

下篇　君之"与"：被赋予的使命

第七章　武术竞赛的顶层设计与国家意义：一个"控制权"视角 ················ 164
第一节　政策制定权："国之大事"的制度策略 ·· 165
第二节　审查考核权："忠孝贤德"的监视行为 ·· 168
第三节　鞭策赏罚权："君在场"的督促手法 ·· 169

第八章　武术竞赛的地方治理与社会意义：一个"社会控制"理论 ············ 173
第一节　动员：激励式号召的参与机制 ·· 174

第二节　交换：转换目标的互动机制 …………………………………… 177

　　第三节　强制：权威政策的规范机制 …………………………………… 179

第九章　武术竞赛对人的管理与个体意义：一种"中国武术竞赛"的使命 …… 183

　　第一节　寓"教"于赛：施"庶—与—教"三部曲的教育路径 ………… 183

　　第二节　寓"圣"于赛：集"内圣""外王""至善"于一体的竞赛理念 ………… 185

　　第三节　寓"德"于赛：融"仁""礼""和"于一身的德育智慧 ………… 187

结论 …………………………………………………………………………………… 189

　　一、研究结论 ………………………………………………………………… 190

　　二、研究展望 ………………………………………………………………… 191

参考文献 ……………………………………………………………………………… 193

后　记 ………………………………………………………………………………… 198

绪 论

题 记

子曰:"君子无所争,必也射乎!揖让而升,下而饮,其争也君子。"

——《论语·八佾》

故欲其国民对国家有深厚之爱情,必先使其国民对国家以往历史有深厚的认识。欲其国民对国家当前有真实之改进,必先使其国民对国家以往历史有真实之了解。我人今日所需之历史智识,其要在此。

——钱穆《国史大纲》

一个事件在必要时可以表现为一系列的意义和关联。它有时表明非常深远的运动,而且可以占有比它自身的时段长得多的时间。因为它具有无限的延伸性,所以它可以不受限制地与所有的事件、所有的基本现实结为伉俪。于是这些事件似乎便不可分割了。

——费尔南·布罗代尔《论历史》

在信息时代、经济全球化的背景下，体育竞赛已成为世界的焦点。它不仅承载着一个民族、一个国家的精神追求，而且反映了国家政治、经济、社会和文化生活的发展水平和整体面貌。因之，通过赛事的成功举办来展示国家形象、弘扬民族精神、传播民族文化、促进经济增长和普及运动项目早已成为各国发展的重要战略。2016年，在我国社会经济飞速发展、国际影响力不断提升、人民群众的精神文化需求呈多元化增长的大趋势下，国务院办公厅印发《关于加快发展体育产业的指导意见》中指出："以科学发展观为统领，坚持以人为本，努力满足广大人民群众日益增长的多元化、多层次的体育需求"，同时明确重点任务之一是"努力开发体育竞赛体育表演市场""借鉴吸收国内外体育赛事组织运作的有益经验"，以及支持特色的"体育竞赛活动"等，这些举措不仅是对体育竞赛重要性的进一步明确，同时也是我国由体育大国向体育强国迈进过程中思想、理念和行动的切实体现。

武术作为中国传统优秀文化的代表和人们喜闻乐见的体育形式，在由体育大国向体育强国迈进的历史进程中自当先锋引领。从中国历史的脉络中俯瞰，我们不难发现，国家文明的进程始终可以沿着历史轮辙来识别路径和把握方向。因此，古代武术竞赛研究，尤其是对基于射礼、角抵、武举等竞赛历史的深入探索，便成为"满足人民体育需求""开发体育竞赛市场"以及"借鉴吸收有益经验"等挖掘、深化、拓展武术社会价值的首要问题。温故而知新，述往事而思来者。认识古代武术竞赛的历史与文化，旨在探寻竞赛的文化源头与逻辑起点，继之在"文化自觉""文化自信"的立场下思考竞赛对于国家、社会和个人的存在价值与意义，同时应对我们自己所面临的现代武术发展问题，即能否化解、如何化解西方现代文明的挑战。认识古代武术竞赛历史文化的成败得失，有助于我们体会到，武术的发展必然要重拾古传经验之途，中国的竞赛历史理应是我们当代"高、难、美、新"化的武术竞赛制度的基础，学习古传经验带给我们的将是审慎的道德立场、高贵的伦理态度、和谐的身心一统，永远具有当下意义。

一、问题的提出

美国著名汉学家费正清（John King Fairbank）在《中国：传统与变革》一书中指出："与其他民族相比，中国人更爱从历史角度观察自身，他们强烈地感受到传统的存在"[1]。的确，"对于未来社会的待望逼迫着我们不能不生出清算过往社会的要求"，而"认清楚过往的来程也正好决定我们未来的去向"[2]。2017年1月，国务院办公厅

---

[1] 费正清. 中国：传统与变迁 [M]. 张沛，张源，顾思兼，译. 长春：吉林出版集团有限责任公司，2013：2.
[2] 郭沫若. 中国古代社会研究 [M]. 石家庄：河北教育出版社，2007：6.

印发的《关于实施中华优秀传统文化传承发展工程的意见》指出:"在5000多年文明发展中孕育的中华优秀传统文化,积淀着中华民族最深沉的精神追求,代表着中华民族独特的精神标识,是中华民族生生不息、发展壮大的丰厚滋养",同时强调要"秉持客观、科学、礼敬的态度",从而"汲取中国智慧、弘扬中国精神、传播中国价值"。这一不忘本来的国家政策进一步将我们的目光从当前如火如荼的体育竞赛导向了武术竞赛历史,引发了我们对过去、当下以及未来武术竞赛发展的深思。在这个意义上,研究要提出的问题是:体育竞赛构成条件即具备参与人群、物质条件、组织管理等竞赛要素[1]且"具有解释功能"[2]的古代武术竞赛历史为何?它是在怎样一种文化背景中发出具有某种特殊含义的"言语"或"声音"的?以"声音"传达了某种"意念"和"思想"后,古代武术竞赛又产生、制造、施行了哪些具体的"行为实践"?它究竟做了什么?它是如何做的?与此同时,一如瑞士杰出的文化学家雅各布·布克哈特在《希腊文化史》一书中所强调的:"竞赛(agon)的一面是'冥顽不化的个人主义'和追逐名声的激情,另一面则是要求个人服从他所在的城市。"[3]此外,研究还要追问,古代射礼、角抵、武举等武术竞赛对个体、群体、社会提出的"言行举止"规训是为了什么?它要达到什么样的既含而不露又切实具体的目的?除了我们所见、所闻、所感之外,武术竞赛还有哪些未言说或无以名状的言外之意?美国学者拉塞尔·雅各比提出"模仿因'他者'的缺席而易于激发愤怒",而愤怒又"意味着身份认同的丧失"[4]的语境下,我们还要进一步思考,面对西方体育竞赛文明的强势,我们如何实现文化自信、拒绝模仿?如何能扬长避短,从而主动地、自信地、文化地发展自身?最后,更要深思,究竟什么才是真正的中国武术竞赛?

二、研究目的与意义

(一) 研究目的

研究基于詹姆斯·哈维·罗宾逊"拆除壁垒,还知识于民众"[5]的号召,立足"君"的宏观视角,以体育竞赛理论来审视与解读射礼、角抵、武举等古代武术竞赛的微观活动,试图达到如下研究目的:汲取先贤智者优秀的学术成果,在前人已有研究的基础上,对古代射礼、角抵、武举等武术竞赛活动作更为深入、系统的研究。具体而言,是通过综合分析文献、史料等相关资料,对武术竞赛要素的人员、技术、规则、组织、理念、精神等方面作细致的微观考察,对其中一些重要的竞赛问题作出专门的

---

[1] 王亚琼. 运动竞赛学 [M]. 北京:北京师范大学出版社,2009:3.
[2] 柯文. 历史三调:作为事件、经历和神话的义和团 [M]. 杜继东,译. 南京:江苏人民出版社,2005:5.
[3] 彼得·伯克. 什么是文化史 [M]. 蔡玉辉,译. 北京:北京大学出版社,2009:9.
[4] 拉塞尔·雅各比. 杀戮欲:西方文化中的暴力根源 [M]. 姚建彬,译. 北京:商务印书馆,2013:213-215.
[5] 杜兰特. 哲学的故事 [M]. 蒋剑锋,张程程,译. 北京:新星出版社,2013:2.

分析与探讨,并在此基础上深入分析武术的竞赛结构、竞赛制度及其社会功能和历史作用,进而探求武术竞赛演变的历史过程和发展规律。通过这样的考察研究,寄望能还原古代武术竞赛的历史面貌,揭示其在古代社会生活中的地位与影响,从竞赛的角度帮助我们认识古代武术竞赛活动的本质特征,并在此基础上形成中国武术竞赛的具象概念,以期为未来武术竞赛发展提供可靠的历史经验与充分的理论支撑。同时,这也是本研究从竞赛视角来探索中国武术历史文化的一种尝试。

(二) 研究意义

首先,对武术竞赛历史的全面考察,有利于推动古代体育竞赛研究的深入。射礼、角抵、武举是古代重要的武术竞赛活动,隶属于古代体育竞赛的范畴。无论是在王室宫廷,还是在市井街巷,它们的竞赛形态都曾经对古代社会产生重要的影响。对其竞赛历史的全面考察,可以引发人们更多地关注古代体育竞赛文化的存在方式和体育生命力之间的关系,同时也引导人们从更广阔的层面和更深入的层次不断探索和研究中国古代体育的发生、发展、演变和消亡等问题,从而进一步推动古代体育竞赛研究的不断深入。

其次,对古代武术竞赛文化内涵的揭示,有助于促进现代武术竞赛研究的深化。射礼、角抵、武举等古代武术竞赛是一种社会化的竞赛活动,具备典型的竞赛特性。通过对其竞赛历史文化的研究,可以勾勒出其起源、形成、发展和衰颓的演变过程,并对其竞赛目的、性质、特点、功能、人员组成、竞赛办法、竞赛组织、运营管理等问题有较为系统的认知。因此,对古代武术竞赛文化内涵的揭示,将为现代武术竞赛提供可靠的历史经验和坚实的理论根基,从而进一步推动现代武术竞赛研究的深化。

最后,对古代武术竞赛研究的深入,有益于当代武术研究领域的拓展。历史中射礼、角抵、武举等古代武术竞赛活动曾是古代社会中的大事。上至王公贵族的官僚娱乐,下至黎民百姓的休闲生活,都具备不同规格的竞赛规模。这些特定阶层、特定人群的竞赛活动不仅记录了古代不同阶层的社会生活,而且记录了古代武术竞赛的历史。因此,对古代武术竞赛历史研究的深入,将对现代武术研究领域起到积极的补充作用,同时也有益于现代武术研究领域的拓展。

三、核心概念界定

第一,关于"古代武术"。从广义而言,本文中的古代武术并非自明清以降发展起来的狭义武术的特指(如套路、散打等),而是泛指传统意义上的武术范畴。基于此,本研究选取了具备武术意义的礼射、角抵和武举三者作为古代武术竞赛研究的代表。

第二,关于"竞赛"。就体育竞赛包括比赛、赛事、赛会等称谓而言,礼射、角抵、武举等古武术项目由于具备体育竞赛构成条件——参与人群、物质条件、组织管理等竞赛要素[1]，同时存在围绕特定的"比试"目的，如个人、社会或国家等的社会意义[2]，并将其制度化和规范化，因此本书视其为"竞赛"活动，并以"竞赛"为切入点来探究其微观内涵。

第三，关于"君与"和"君不与"。"君与"出自《仪礼·燕礼》："君与射，则为下射"[3]，意指国君如果参与竞射，就做和宾（为表敬重尊宾为上射）相对的下射。"君不与"则是区别于"君与"的一种竞赛行为，意指国君不亲自参与竞赛，如"宾不与"[4]"民不与焉"[5] 中的"不与"均为不参与之意。基于此，本书中的"君与"指国君亲自参与，而"君不与"指国君不亲自参与，并以此竞赛行为为切入点来分析古代武术竞赛与"君"息息相关的微观文化内涵。

四、文献综述

（一）国外学者关于现代体育竞赛的研究

国外学者对体育竞赛的理解与国内学者有所不同，他们通常从"事件"（Event）的角度入手来进行研究。作为赛事的事件可分为大型事件（Mega-Event）、特殊事件（Special Event）、标志性事件（Hallmark Event）和社区事件（Community Event）[6]。体育竞赛属于大型事件（Mega-Event），一般是包含赛事以及赛事之外的所有活动的大型节庆、活动或事件的总称，因为 Mega-Event 不仅是能够吸引数量较多的观众以及具有大规模和影响的文化事件[7]，而且对举办城市、区域甚至国家具有较大影响并吸引媒体注意[8]，同时也具备不连续、非日常的大规模属性[9]。学者 Emery P R. 认为需达到 10000 名观众以上的赛事才能称之为大型赛事[10]，而学者 Allen Johnny 则将体育赛事归类为具有节日、庆典、集会、文化表演等的特殊事件[11]。

从体育竞赛举办目的来看，国外学者认为，体育竞赛的举办存在以下必然目的：

---

[1] 王亚琼. 运动竞赛学 [M]. 北京：北京师范大学出版社，2009：3.
[2] 戴国斌. 武术比试的社会学分析 [C] //上海市社会科学界联合会. 中国的前沿：文化复兴与秩序重构——上海市社会科学界第四届学术年会青年文集. 上海体育学院：上海市社会科学界联合会，2006：9.
[3] 杨天宇. 十三经译注·仪礼译注 [M]. 上海：上海古籍出版社，2004：165.
[4] 杨天宇. 十三经译注·仪礼译注 [M]. 上海：上海古籍出版社，2004：131.
[5] 杨天宇. 十三经译注·礼记译注 [M]. 上海：上海古籍出版社，2010：428.
[6] Roche M. Mega-Event and Modernity: Olympic and Expos in the Growth of Global Culture [M]. London: Routledge, 2001: 114.
[7] David C. Watt. Event Management in Leisure and Tourism [M]. Addison Wesley Longman Limited, 1998: 2.
[8] John Horne, Wolfram Manzenreiter. Harlow: Sports Mega-Event: Social Scientific Analyses of a Global Phenomenon [M]. Oxford: Blackwell Publishing, 2002: 2.
[9] Kenneth Roberts K. The Leisure Industry [M]. London: Rouledge, 2004: 35.
[10] Emery P R. Bidding to Host a Major Sports Event: Strategic Investment or Complete Lottery [M] // Chris Graton, Ian Henry. Sport in the city. London & New York: routledge, 2001: 90-108.
[11] Allen Johnny. Festival and Special Event Management [M]. New Jersey John Wiley & Sons Australia, Ltd, 2002: 11.

1. 展示国家与城市形象[1][2]；2. 发展国家和地方经济[3]；3. 落实国家体育发展目标[4]；4. 普及运动项目[5]；5. 促进世界和平[6]；6. 培养后备人才[7][8]；7. 发展群众体育[9]；8. 促进体育设施的完善[10]；9. 体育休闲与娱乐[11]；10. 传播文化[12]；11. 为职业体育竞赛培育和输送人才[13]；12. 开展体育竞赛与活动[14]；13. 承担运动员的竞训工作[15]；14. 促进城市旅游业的发展[16]；15. 吸引其他体育赛事[17]；16. 对教育、卫生系统产生积极的影响[18]，等等，这些不同的竞赛目的是近现代国外体育竞赛举办的首要考虑因素。

在体育竞赛管理方面，学者 Sretenka 介绍了如何运用网络技术进行体育竞赛的管理，认为体育竞赛参与者人数较多（众多运动员、裁判员、工作人员、观众等），需要做好完善的筹备和组织，因此恰当运用网络技术有助于提升管理的效率，节省资源、

---

[1] Westerbeek H M, Turner P, Ingerson L. Key success factors in bidding for hallmark sporting events [J]. International Marketing Review, 2002, 19 (3): 304-307.

[2] Sport Mega-Events: Social Scientific Analyses of a Global Phenomenon [M]. Oxford: Blackwell Publishing, 2006: 59-70.

[3] Kireeva I. R. Financial Aspects of Staging International Sports Events [J]. Teoria Praktika Fiziceskoj Kul'tury, 2015, 4: 52.

[4] Department of Culture, Media and Sport. Coaching Task Force-Final Report [Z]. London: DCMS. Sport and Division, 2002.

[5] A Sport Future for All [Z]. Department of Culture, Media Sport, 2000: 18.

[6] Green M. Policy Transfer, Lesson Drawing and Perspective on Elite Sport Development Systems [Z]. Loughborough University, 2006.

[7] Margaret, Tallbot. Community sport: oral and written evidence stationery [M]. Office Books, 2005: 25.

[8] Game Plan: A Strategy for Delivering Government's Sport and Physical Activity Objectives [Z]. Department Culture, Media Sports, 2002: 29.

[9] Green M. Policy Transfer, Lesson Drawing and Perspective on Elite Sport Development Systems [Z]. Loughborough University, 2006.

[10] A Sport Future for All [Z]. Department of Culture, Media Sport (DCMS), 2000: 18.

[11] Soebbing B P, Mason D S. Managing legitimacy and uncertainty in professional teamsport: the NBA's draft lottery [J]. Team Performance Management: An International Journal, 2009, 15 (3/4): 141.

[12] Clark R, Misener L. Understanding Urban Development Through a Sport Events Portfolio: A Case Study of London, Ontario [J]. Journal of Sport Management, 2015, 29 (1): 11.

[13] Slack T, Parent M. Understanding Sport Organizations: The Application of Organization Theory [M]. 2nd edn, Champaign: Human Kinetics, 2006: 85.

[14] Game Plan: A Strategy for Delivering Government's Sport and Physical Activity Objectives [Z]. Department Culture, Media Sports, 2002: 29.

[15] Cooper C, Weight E A, Fulton N. Investigating organizational core values in NCAA athletic departments [J]. Sport, Business and Management: An International Journal, 2015, 1 (5): 58.

[16] Whitson D, Macintosh D. Becoming a World-Clas City: Halmark Events and Sports Franchises in the Growth Strategies of Western Canadian Cities [J]. Sociology Of Sport Journal, 1993 (10): 221-240.

[17] Chris Gratton, Ian P Henry. Sport in the City [M]. London & new York: Routledge, 2001: 311-313.

[18] Kaplanidou, KiKi, Karadakis, et al. Understanding the Legacies of a Host Olympic City: The Case of the 2010 Vancouver Olympic Games [J]. Sport Marketing Quarterly, 2010 (19): 110-117.

人员和设备[1]。由于体育竞赛不可重复性的特质使组织者常常面临潜在计划失败的可能,针对此问题,Kiaffas Zacharias 和 Ioannis 提出了通过科学技术建立特定模拟软件,以此规避风险,从而提升竞赛管理水平[2]。此外,竞赛志愿者管理也是赛事成功举办的关键,研究志愿者个人动机与参与、服务、环境等方面的关系有助于提升竞赛管理的高效率[3]。由于体育竞赛"事件"的发生与举办地(城市)息息相关[4],因此,体育竞赛产生的实质性社会效益巨大,如城市知名度的提高、带动经济发展,尤其是获得低收入国家居民的积极支持[5][6][7][8]等。另外,体育竞赛还将对举办城市产生直接经济影响、间接经济影响和诱发经济影响[9]等。

纵观国外学者对于体育竞赛"事件"的研究,可得出以下结论:第一,从研究内容方面看,国外研究者偏向于体育竞赛与城市的旅游、体育竞赛与城市的环境、体育竞赛与城市居民的影响与互动、体育竞赛对城市的再造、城市品牌和经济发展等领域的研究;第二,从研究方法方面看,国外学者偏重于对体育竞赛管理实证(具体赛事事件)和个案(针对某一具体赛事)的研究;第三,从研究视角方面看,国外学者更加倾向于体育竞赛管理的微观领域研究。

(二) 国外学者关于西方古代体育竞赛的研究

古代西方体育竞赛的历史几乎与人类的历史一样悠久。在原始公社末期,部落间冲突频繁,为提升部落成员的作战能力,加强部落内部的团结,以及进行各种目的与形式的宗教活动,在世界的一些地区先后出现了以体育竞赛为主要形式的原始赛会[10],它同时也是祭祀礼仪的一种形式。最典型的代表是古希腊体育竞赛奥林匹亚

---

[1] Sretenka Dugali. Management of Activities In the Opening of Sproting Events Through the Techniques of Network Planning [J]. Sportlogia, 2013, 9 (2): 118.

[2] Kiaffas Z, Afthinos I. Simulations for Correct Organizational Decision Making Processes in Sport Events Project Production Management [J]. Hellenic Journal of Sport & Recreation Management, 2013, 10 (1): 1.

[3] Justine B, Allen, et al. Sport Event Volunteers' Engagement: Management Matters [J]. Managing Leisure, 2014, 19 (1): 36.

[4] Francese Munoz. Olympic Urbanism and Olympic Villages: Planning Strategies in Olympic Host City: London 1908 to London 2012 [M]. Oxford: Blackwell Publishing Ltd., 2006: 175-187.

[5] Ritchie J, Lyons M. Olympic VI: A Post-Event Assessment of Resident Reaction to the XV Olympic Winter Games [J]. Journal of Travel Research, 1990, 23 (3): 14-23.

[6] Mihalik B. Host Population Perception of the 1996 Atlanta Olympic: Attendance, Support, Benefits and Liabilityes [J]. Tourism Analysis, 2001, 5 (1): 49-53.

[7] Lenskyj H J. The Best Olympic Ever? Social Impact of Sydney 2000 [M]. New York: State University of New York Press, 2002: 151-182.

[8] Preuss H, Solberg H A. "Attracting major sporting events: the role of local residents" in Holger Preuss, The Impact and Evaluation of Major Sporting Events [M]. New York: Routledge, 2007: 19-99.

[9] Chris Gratton, Peter Taylor. Economics of Sport and Recreation [M]. London & New York: Spon Press, 2000: 179-192.

[10] 转引自颜绍泸. 体育的原始形态试析——史前体育探索之一 [J]. 成都体育学院学报, 1986 (4): 26-30.

（Olympia）[1]、拉尔卡拉（Carl Carla）、马拉什（Maras）、巴姆巴斯（Bam Buth）、廖依格（Liao Eagle）、斯托翁亨吉（Stone Weng Hengji）、古罗马体育竞赛（角斗、战车赛）[2]等和中世纪体育竞赛（田径、足球、橄榄球、曲棍球、冰球、体操、花样滑冰）[3]。赛会对促进体育竞赛的发展具有划时代的重大意义，因为赛会以体育竞赛为中心内容，不仅以输赢的形式恰当表现出来[4]，还能达到驱邪禳灾、祈求丰年、祭祀祖先、缅怀英雄和军事训练等多重目的。

在古代西方体育赛会中，最具影响力的赛会是古代奥林匹克运动会。从公元前776年至公元393年，每隔四年在古希腊城市奥林匹亚举行，共举办293届，历时1168年。比赛项目以田径为主，后逐步增设了摔跤、五项全能、拳击、赛马、角斗、战车赛等项目，最多时达23项[5]。赛会章程由古希腊哲学家卓罗斯负责起草，其中某些规定成为古希腊奥运员必须遵守的规则，如赛会组织者为奴隶主贵族（地方官和宗教领袖），并享有决定运动员和观众的资格；裁判员由选举产生并和专职祭司宫廷组成仲裁委员会负责竞赛的组织和执行，同时需在赛前到伊里斯学习，并向希腊各城邦下达"神圣休战"命令[6]；运动员需是两代以上体格健全的希腊公民；教练员一般由老战士中选取，他们均曾取得优异成绩、效忠城邦并富有战斗经验，同时在文化知识、道德素养、医疗卫生、训练方法、心理学等方面深受民众爱戴和敬仰；另外，竞赛还规定实行个体间的竞赛，杜绝舞弊和女子参赛，给冠军选手佩戴由橄榄枝编成的花冠等[7]。古奥运会具有浓厚的宗教色彩，神在人们心中具有举足轻重的地位，以至于优胜者时常将自身荣誉奉献给诸神作为参赛的首要目的，这或许是当今赛会慈善行为的文化源头[8]。

另外，除古奥林匹克赛会之外，还有三大著名的体育竞技会：一是始于公元前586年的皮提亚竞技会（Pythian Games），每隔四年于奥林匹克周期的第三年夏天举行，比赛为期五天，依次为宗教仪式（首日），大型宴会（次日），文艺竞赛（第三天），竞技比赛（第四天），赛马比赛（最后一天）[9]；二是始于公元前573年的尼米亚竞技会（Nemean Games），赛会是为纪念大力神赫拉克勒斯的献祭运动会，每隔一年在尼米亚

---

[1] Hyde W W, Gardiner E N. Review of Olympia: Its History and Remains [J]. American Journal of Philosophy, 1927: 186-191.

[2] 颜绍泸. 体育的原始形态试析——史前体育探索之一 [J]. 成都体育学院学报, 1986 (4): 26-30.

[3] Gillmeister H. Medieval Sport: Modern Methods of Research — Recent Results and Perspectives [J]. International Journal of the History of Sport, 1988, 5 (1): 53-68.

[4] 转引自颜绍泸. 体育的原始形态试析——史前体育探索之一 [J]. 成都体育学院学报, 1986 (4): 26-30.

[5] Trierweiler, Hannah. The Ancient Olympics [J]. Instructor, 2004, 113 (8): 44-47.

[6] Faulkner N. A Visitor's Guide to the Ancient Olympics [J]. History Today, 2012, 62 (8): 60.

[7] Gerry Larson. A Passion for Victory: The Story of the Olympics in Ancient and Early Modern Times [J]. School Library Journal, 2012, 58 (7): 95.

[8] Reid H L. Olympic Sacrifice: A Modern Look at an Ancient Tradition [J]. OxFord: Royal Institute of Philosophy Supplements, 2013 (73): 197-210.

[9] Weir R. Roman Delphi and its Pythian Games [M]. John and Erica Hedges, 2004.

谷举办一次，获胜者以野芹菜加冕，设置项目有绕场跑、短跑、中距离跑、拳击、古希腊式搏击、直坐式摔跤、五项全能等[1][2][3]；三是始于公元前582年的伊斯特米亚竞技会（Isthmian Games），赛会为敬献海神波塞冬而举办，在奥林匹克周期的第一年和第三年春天举行，竞赛项目有驷马战车、古希腊搏击、摔跤、音乐和诗歌比赛、拳击等[4][5][6][7]。

总体而言，古希腊竞技赛会的盛况已超越竞技竞赛本身，它们体现了古希腊宗教、政治、经济和文化内容并成为它们重要的组成部分，对促进经济发展、推动政治交流、繁荣希腊文化，以及促进民族凝聚力起到了至关重要的作用[8]。

（三）国内学者关于现代体育竞赛的研究

体育是人类社会一种特有的文化现象。"从最初简单的生产活动到竞技活动，再到复杂的赛事活动，体育的性质及其表现形式都产生了极大的变化"[9]。"体育竞赛的概念从运动竞赛的概念演变而来"[10]，多数学者认为，运动竞赛是"在裁判员主持下，依据统一的规则而组织与实施的运动员个体或运动队之间的竞技较量"[11]，因此可以说，体育竞赛是"特定的组织团体依其本身举办之目的，透过科学化的管理和筹备过程，在特定的时间与地点下，召集运用竞赛活动的相关人员（运动员、裁判员、工作人员、观众）及组织（运动组织、运动器材供应商、媒体、赞助商等）共同参与所形成的综合性集会"[12]。

从中国体育竞赛的目的来看，可以归纳为以下几点：1. 实现中华民族的复兴和崛起[13]；2. 展示国家形象与软实力[14]；3. 提升政府执政能力[15]；4. 营销和塑造城市

---

[1] Miller S G. The Theorodokoi of the Nemean Games [J]. Hesperia, 1988, 57(2): 147.
[2] Bravo J. The hero shrine of Opheltes/Archemoros at Nemea: A case study of Ancient Greek hero cult [D]. University of California, Berkeley, 2006.
[3] Miller S G. Tunnel Vision: The Nemean Games [J]. Archaeology, 1980, 33(5): 54-56.
[4] Tillyard E M W. Theseus, Sinis, and the Isthmian Games [J]. The Journal of Hellenic Studies, 1913(33): 296-312.
[5] Oscar Broneer. The Apostle Paul and the Isthmian Games [J]. The Biblical Archaeologist, 1962, 25(1): 1-8.
[6] Miller S G. Ancient Greek Athletic [M]. London: Yale University Press, 2004: 31.
[7] Jordan D R, Spawforth A J S. A New Document from the Isthmian Games [J]. Hesperia, 1982, 51(1): 65.
[8] Mark Golden. War and Peace in the Ancient and Modern Olympics [J]. Greece and Rome, 2011, 58(1): 1-13.
[9] 徐成立，刘买如，刘聪，等. 国内外大型体育赛事与城市发展的研究述评[J]. 上海体育学院学报, 2011, 35(4): 36-41.
[10] 黄海燕. 体育赛事综合影响事前评估研究[D]. 上海：上海体育学院, 2009: 5-8.
[11] 田麦久. 运动训练学词解[M]. 北京：北京体育大学出版社, 1999: 2.
[12] 程绍同. 运动赛会管理：理论与务实[M]. 台北：扬智文化, 2004: 12-18.
[13] 凌平，南音. 2008年北京奥运会与中国的和平崛起[J]. 体育与科学, 2006(1): 10-12.
[14] 王秀丽，贾哲敏. 全球体育赛事与国家形象塑造[J]. 中国地质大学学报, 2011, 11(2): 97-101.
[15] 沈建华，肖锋. 大型体育赛事对城市形象的塑造[J]. 沈阳体育学院学报, 2004(6): 745-746.

特色品牌[1]；5. 促进地方经济增长[2]；6. 促进旅游业的发展[3]；7. 传播体育文化[4]；8. 履行国家体育目标[5]；9. 普及运动项目[6]；10. 促进社会和谐[7]；11. 带动全民健身的开展[8]；12. 促进体育设施的完善[9]；13. 推动城市的良性发展[10]；14. 促进体育产业的发展[11]等。不同的竞赛目的对竞赛本身具有决定性的影响。

从竞赛管理体制方面来看，学界主要从两方面进行研究：一是对国外体育竞赛管理体制相关经验的介绍及借鉴，如管理主体应以市场调节为主，政府重点是培育与监督市场[12]；管理职责基于信任与合作的伙伴关系[13]；管理方式实现各方利益最大化[14]等。二是对我国体育竞赛管理体制的规范化及其实证研究，如蔡伊娜从赛事举办的几个阶段，对上海重大赛事进行实证分析，认为政府在管理体制中存在职能缺位、错位等问题并提出建议[15]；如崔玉鹏对2002年悉尼同性恋运动会进行实证分析，提出体育竞赛所需的五个管理阶段[16]；又如黄海燕等提出了建立大型活动的专门管理与评估机构，以及设立体育赛事发展基金[17]等。

从竞赛运作（运营）管理方面来看，形成了从利益相关者、风险管理、志愿者、评估等四个方面的研究领域。第一，竞赛利益的相关者应该包括主办方、赛事所有权

---

[1] 李鹏，邹玉玲. 体育赛事形塑城市特色 [J]. 首都体育学院学报，2009，21（2）：158-163.
[2] 黄海燕，张林. 体育赛事综合影响框架体系研究 [J]. 体育科学，2011，31（1）：75-83.
[3] Book, Karin, Eskilson Lena. Coming out in Copenhagen: Homo Sports Events in City Marketing [J]. Sport in Society, 2010 (2): 314-328.
[4] 武胜奇. 体育强国建设进程中我国体育赛事文化的发展对策研究 [J]. 沈阳体育学院学报，2012，31（4）：106-109.
[5] Department of Culture, Media and Sport. Coaching Task Force-Final Report [Z]. London: Sport and Division, 2002.
[6] 王朝军，曹原，孟成，等. 我国大学生顶级篮球赛事文化研究 [J]. 首都体育学院学报，2014，26（6）：518-521.
[7] 谭艺，王广进，胡晓庆，等. 西方国家对大型体育赛事与城市（国家）研究述评 [J]. 体育与科学，2012，33（1）：70-77.
[8] 任丽娟. 举办体育赛事惠及民生的发展方向思考 [J]. 西安体育学院学报，2012，29（6）：699-701.
[9] 陈元欣，李溯. 我国大型体育赛事场馆设施投融资现状及其市场化改革 [J]. 上海体育学院学报，2009，33（4）：12-15.
[10] 邢尊民，宋振镇. 墨尔本大型体育赛事组织管理中的政府作用模式研究 [J]. 天津体育学院学报，2011，26（3）：215-219.
[11] 张永韬. 大型体育赛事对城市（区域）的影响研究述评 [J]. 体育与科学，2013，34（3）：18-23.
[12] 姚芹，骆晶晶. 国外体育赛事行政管理体制分析 [J]. 上海体育学院学报，2011（1）：10-13.
[13] 陈存志. 大型体育赛事利益相关者管理理论及其框架构建 [J]. 武汉体育学院学报，2011，45（4）：14-20.
[14] 沈佳，姚颂平. 大型体育赛事的战略管理研究 [J]. 上海体育学院学报，2011，32（6）：19-23.
[15] 蔡伊娜. 上海重大国际单项体育赛事行政管理体制研究 [J]. 上海体育学院学报，2011（1）：14-18.
[16] 崔玉鹏. 大型体育赛事组织管理的基本模式——2002年悉尼同性恋运动会组织管理分析 [J]. 首都体育学院学报，2005，17（3）：8-11.
[17] 黄海燕，马洁，高含欣. 体育赛事政府资助模式研究——国内外其他国家和城市的经验及对上海的启示 [J]. 体育科研，2011（3）：1-8.

人、政府、赞助商或经费支持者、供应商、媒体、工作团队、参与者和观众[1][2]，因此可以从利益的识别和界定、利害关系本质、利益评估与管理四个方面来构建赛事运作与管理的框架[3]。第二，体育竞赛具有不确定性和经济损失性的综合风险[4][5][6]，因而应当采用递阶层次分析结构的建模和模糊判断矩阵的构造等风险识别的技术方法进行科学的回避[7]，或建立多层次风险评估指标体系与应对策略[8]。第三，志愿者管理模式是竞赛运作的重点之一[9]，如张勉等通过中美、美巴等国际赛事的实证分析出了员工式、项目式、交叉式管理等分层管理机制[10]，乾清华则提出了满足志愿者内心需求、价值感与荣誉感的激励式管理[11]等。第四，是对赛事评价内涵的探讨[12]，赛事赞助绩效的评估[13]，对赛事经济影响的评估[14]，以及对体育赛事的事前评估[15]等研究。

从竞赛运作（运营）实务方面来看，有两条主线。一是赛事机构设置、运作机制，以及进度控制方面的研究，如《体育赛事运作管理手册》[16]。二是从竞赛选择、申办（步骤、任务）、筹备（规划、成立运作机构、竞赛组织、宣传报道、市场开发、后勤保障等）、举办（组织实施、策划）、收尾（表彰、财物处置、财物报告、评估总结）五大方面进行竞赛运作的具体研究[17]。

从体育竞赛营销方面来看，初期研究主要侧重电视转播权与开发模式的研究[18][19]，中期研究较为关注体育竞赛各资源的开发模式[20]，而后期研究主要围绕赛

---

[1] 叶庆辉．体育赛事运作研究［D］．北京：北京体育大学，2008：7．
[2] 黄海燕，张林．体育赛事利益相关者分析［J］．体育科研，2008（5）：25-28．
[3] 陈存志．大型体育赛事利益相关者管理理论及框架构建［J］．武汉体育学院学报，2011（4）：14-20．
[4] 胡毅．体育赛事风险管理研究［J］．科技情报开发与经济，2008（1）：112-113．
[5] 黄海峰．大型体育赛事风险管理研究［D］．武汉：武汉体育学院，2009：6．
[6] 龙苏江．大型体育赛事风险分析及风险管理体系的构建［J］．体育与科学，2010（5）：65-68．
[7] 范明志．提高重大体育赛事风险识别能力的研究［J］．体育科技文献通报，2011（1）：120-122．
[8] 霍德利．体育赛事风险评估与应对策略研究［J］．天津体育学院学报，2011（1）：49-52．
[9] 闫成栋．大型体育赛事赛会志愿者的地位及其相关法律责任［J］．天津体育学院学报，2008，23（6）：497-500．
[10] 张勉，蒲毕文，白永生．单项体育赛事志愿者管理模式的研究［J］．浙江体育科学，2008（4）：5-8．
[11] 乾清华．大型体育赛事志愿者激励管理初探［J］．西安体育学院学报，2008（1）：32-24．
[12] 李筑南，姚芹．体育赛事评价：社会评价的含义［J］．上海体育学院学报，2009（5）：7-11．
[13] 陈浩．体育赛事赞助绩效评估的研究［D］．北京：北京体育大学，2008．
[14] 黄海燕．体育赛事经济影响评价的实证研究［J］．上海体育学院学报，2011（3）：1-6．
[15] 张林，黄海燕．体育赛事事前评估［M］．北京：人民体育出版社，2011．
[16] 刘清早．体育赛事运作管理手册［M］．北京：人民体育出版社，2009．
[17] 刘清早．体育赛事运作管理流程［M］．北京：人民体育出版社，2010．
[18] 张立，石磊，黄文卉．体育赛事电视转播权的研究［J］．体育科学，1999，19（6）：5-8．
[19] 邱大卫．体育赛事电视转播权及其市场开发［J］．成都体育学院学报，2003，29（1）：36-38．
[20] 刘清早．上海市大型体育赛事市场的开发——以上海市第十三届运动会为重点［J］．体育科研，2007（2）：28-34．

事品牌、项目管理、服务营销等问题进行多角度、多元化的研究[1][2]。

从体育竞赛与城市发展方面来看，主要围绕两大方面进行了研究。首先是体育竞赛对城市的影响或作用，认为建设体育城市需举办高级别赛事[3]、以赛事促进城市更新[4]，体育赛事显著促进地方经济的增长、提升城市品牌与形象、促进创意产业发展、提高政府效率与社会福利等[5][6][7][8]；其次是探讨如何利用体育竞赛进行现代城市的营销，如将赛事提升到城市规划的战略层面，重视长远规划与周密调研等[9]，以及制造媒体事件[10]、建立城市营销系统模式[11][12]等。

综上，近代体育竞赛是以西方体育赛事为主要类型的竞赛活动。在该研究领域中，研究内容较为广泛，研究视角多以宏观、中观为主，微观领域研究相对较少。在研究方法上，以描述性、概念性和一般的定性研究为主。这些研究为我国体育竞赛的科学化发展提供了重要的理论支撑。

(四) 国内学者关于中国古代体育竞赛的研究

我国古代体育竞赛的内容花样繁多，形式丰富多彩。从内容方面来看，大致有体育类竞赛，如蹴鞠、马术、六博、投壶等；武术类竞赛，如手搏、射礼、角抵、武举、击剑、打擂等；节庆类竞赛，如风筝、赛龙舟、舞龙、舞狮、斗鸡、斗牛等[13]。从竞赛目的方面来看，可以将古代体育竞赛目的归纳为以下几方面：1. 选拔人才[14][15]；2. 宣扬国威[16][17]；3. 政治交流[18][19]；4. 礼化民众[20][21]；5. 休闲

---

[1] 侯晋龙. 体育赛事营销的本质及营销观念创新研究 [J]. 北京体育大学学报, 2006, 29 (5): 597-599.
[2] 西宗凤. 基于产品生命周期的体育赛事营销策略 [J]. 上海体育学院学报, 2008, 32 (3): 14-17.
[3] 沈佳, 姚颂平. 大型体育赛事的战略管理研究 [J]. 上海体育学院学报, 2008, 32 (6): 19-23.
[4] 姚颂平. 关于大型体育赛事选择的思考 [J]. 上海体育学院学报, 2010, 34 (2): 1-3.
[5] 杨炯, 唐晓彤. 大型体育赛事的相关经济效应问题研究 [J]. 中国体育科技, 2006, 42 (3): 17-20.
[6] 张林. 体育赛事经济影响评估研究 [J]. 体育科研, 2011, 32 (2): 70-73.
[7] 卢长宝, 孙慧乾. 品牌赛事对城市创意产业拓张的影响 [J]. 上海体育学院学报, 2011, 35 (1): 34-38.
[8] 袁野, 董新风, 张明. 体育赛事经济与城市建设关系研究 [J]. 南京体育学院学报, 2015, 29 (1): 1-6.
[9] 刘东锋. 城市营销中体育赛事与城市品牌联合战略研究 [J]. 武汉体育学院学报, 2008, 42 (5): 38-41.
[10] 纪宁. 体育赛事与城市品牌营销新时代 [J]. 体育学刊, 2008, 15 (1): 22-26.
[11] 罗睿, 于洋. 借助体育赛事开展城市营销的系统模式研究 [J]. 体育与科学, 2011, 32 (6): 93-96.
[12] 于永慧, 王越平, 程维峰. 论体育赛事与城市发展 [J]. 体育学刊, 2011, 18 (5): 25-30.
[13] 李莹. 古代体育赛事史探微 [J]. 兰台世界, 2014 (8): 151-152.
[14] 曹青军, 曹司雨. 唐朝武举制度及其影响 [J]. 体育文化导刊, 2010 (9): 146-149.
[15] 李江. 功能丧失与制度异化: 武举制度变迁的动因与启示 [J]. 体育与科学, 2012 (5): 16-19.
[16] 戴国斌. 从狩猎之射到文化之射 [J]. 体育科学, 2009 (11): 79-84.
[17] 袁俊杰. 两周射礼研究 [M]. 北京: 科学出版社, 2013.
[18] 李跃忠. 古代博戏文化: 鸡王雄风 [M]. 北京: 中国社会出版社, 2009: 7.
[19] 李季芳. 中国古代摔跤史略 (上) [J]. 成都体育学院院刊, 1978 (1): 44-49.
[20] 靳晓东, 赵洁. 古代乡射礼的教化功能 [J]. 西安航空技术高等专科学校学报, 2010 (4): 18-20.
[21] 赵克生. 国家礼制的地方回应: 明代乡射礼的嬗变与兴废 [J]. 求是学刊, 2007 (6): 144-149.

娱乐[1][2];6. 朝拜祭祀[3][4]等。

从文化方面来看,古代体育竞赛的意义已远超竞赛内容本身,充满了儒家的哲学智慧[5]。古代体育通过在竞赛中充分体现中华民族崇尚和谐的传统美德[6],从而达到人们满足审美、尊重和实现自我、社会与国家需求的工具性目的[7]。从另一个角度而言,古代儒家思想也曾一度对竞技中表现出的尔虞我诈、暴力粗俗是竞争持有否定态度。儒家从"礼"出发,以尊卑贵贱的等级观念与思想反对体育竞赛的公平和平等精神,强调人类社会的上下有序;儒家也从"仁"的角度出发,以中庸和平之道反对体育竞赛争强好胜的竞争意识,强调人与人的和谐共处;儒家还从"孝"的思想出发,以"身体发肤,受之父母"的理念反对体育竞赛存在的残暴式对抗,强调"君子之争"的礼化竞赛[8],这也是我国古代体育竞赛有别于国外体育赛事的一个显著特点。

从形式方面来看,古代体育竞赛有个体和群体[9]、贵族和平民[10]、人类和神灵、内在与外在、技能与道德[11]等多重形式,也有研究将古代体育竞赛归纳为武术表演的竞赛形式、节庆体育表演的竞赛形式和传统体育竞赛形式等类别[12]。不仅如此,古代体育竞赛还有单纯的娱乐竞赛,如古代掷骰行棋的"六博"之戏[13];有杂艺同台的戏曲化竞赛,如汉代角抵、爬杆、跳丸、走索、面具舞等"百戏"同台竞演[14];有配乐与舞蹈的舞台化竞赛,如汉代画像石中长袖蹴鞠舞图中,一边跳着长袖舞蹈,一边进行蹴鞠比赛,一边敲大鼓,一边将鞠球高踢[15];也有节日庆典中仪式性的民俗竞赛,如唐玄宗时期举行的上千人盛大的传统集体角力竞赛"牵钩或牵道(拔河)"[16]和以速度取胜,夺取"锦标"的龙舟赛[17],等等。

综上,古代体育竞赛是具有显著民族特色的赛事类型,在该研究领域中,研究范围十分广泛,所涉及的体育竞赛项目繁多。学者主要从竞赛目的、竞赛内容、举办形

---

[1] 汤立许. 我国古代龙舟"源"与"流"之考[J]. 体育成人教育学刊, 2013 (4): 56-59.
[2] 高德耀. 斗鸡与中国文化[M]. 张振军, 孔旭荣, 译. 北京: 中华书局, 2005.
[3] 曹景川. 中国古代竞技体育活动及其表现形式[J]. 成都体育学院学报, 2008 (9): 45-49.
[4] 潘年英. 赛龙舟习俗的原始意义考[J]. 中南民族学院学报(哲学社会科学版), 1992 (2): 19-22.
[5] 龚云娥, 唐国梁.《孙子兵法》与体育竞赛中"胜"的艺术[J]. 曲靖师范学院学报, 2006 (3): 69-72.
[6] 刘少英, 史勇. 民族传统体育竞赛的礼仪文化[J]. 体育学刊, 2013 (4): 120-123.
[7] 谢小瑛, 黄晓灵. 文化人类学视角下体育赛事价值的历史变迁[J]. 吉林体育学院学报, 2015, 31 (3): 23-26.
[8] 旷文楠. 中国古代竞技体育的发展与衰落[J]. 成都体育学院学报, 1989, 4 (3): 15-21.
[9] 梁庆标. 另辟蹊径话"斗鸡"——兼论美国学者高德耀《斗鸡与中国文化》[J]. 中外文化交流, 2012 (4): 24-27.
[10] 李颖, 张振. "囚徒困境"与"斗鸡博弈"比较研究[J]. 兰州教育学院学报, 2014, 30 (6): 128-130.
[11] 熊晓正. 试论古代中西体育文化选择的差异[J]. 体育文史, 1989 (12): 34-38.
[12] 曹景川. 中国古代竞技体育活动及其表现形式[J]. 成都体育学院学报, 2008 (9): 45-49.
[13] 崔乐泉. 中国古代六博研究[J]. 体育文化导刊, 2006 (4): 85-87.
[14] 邢金善. 非物质文化遗产视角下麒麟舞的传承与发展[J]. 山东体育学院学报, 2011 (3): 44-47.
[15] 刘朴. 对汉画像石中蹴鞠活动的研究[J]. 体育科学, 2009 (11): 85-95.
[16] 张固也. 唐代拔河新考[J]. 民俗研究, 2010 (4): 93-106.
[17] 张新, 张萌, 岳光宇. 中国体育竞赛"锦标"考源[J]. 体育文化导刊, 2013 (11): 131-133.

式、竞赛文化等方面对古代体育竞赛进行研究,这些研究为我们呈现了古代五彩缤纷的竞赛世界,也为古代体育竞赛在当代的发展提供了重要的历史依据。

(五) 现代武术竞赛研究

武术竞赛是促进武术运动发展的重要推动力之一。1927年中央国术馆的成立及其组织的赛事活动,如南京国技游艺会、杭州国术游艺会、国术比赛大会等对武术竞赛的发展起到了积极的促进作用[1]。新中国成立后,国家十分重视武术事业的发展。1953年在天津举行了首次全国民族形式体育表演及竞赛大会,武术项目作为大会主要表演与竞赛内容,不仅迈出了正式进入体育竞赛领域的第一步,而且以此为标志,拉开了现代武术竞赛的发展帷幕[2]。

在现代武术竞赛研究方面,学界主要有几大研究方向。

首先,是对武术竞赛模式及其重构方面的研究,提出武术竞赛宜采用"打练结合"的竞赛模式和"点到为止、击中分开"的评分方式[3];依照功、套、用一体的全能模式设置传统武术竞赛模式[4];重构竞技与传统相平衡的全国农运会竞赛模式[5];从竞赛办法、奖励办法、评价机制等设置方面分析全国大学生运动员竞赛模式[6];以及采用以商业赛事模式扩充俱乐部、稳定赛制、与武术管理部门合作、多渠道引进和培养高水平运动员、构建武术职业联赛技法体系等方式新构武术商业赛事等[7]。

其次,是对竞技武术和传统武术竞赛规则的历程、现状、机制、演变、分析、改革、发展等方面的研究。如科学化评分模式[8],以不平衡规则引导技术均衡发展[9],设置统一而合理的规则[10],排除裁判执裁干扰因素[11],客观而可操作的规则流程[12],完善规则中的级间分差[13],促进动作编排的规则改进[14],难度动作系数分组

---

[1] 陈长河. 民国时期的中央国术馆 [J]. 历史档案,2009 (3):108-113.
[2] 杜胜林. 现代武术竞赛五十年回顾与展望 [J]. 武汉体育学院学报,2004,38 (5):26-30.
[3] 邱瑞瑭. 武术竞赛模式的创新思考 [J]. 武汉体育学院学报,2007,41 (11):51-54.
[4] 竺玉明,周双纲,陈竺. 传统武术竞赛模式研究 [J]. 北京体育大学学报,2008,31 (6):835-837.
[5] 唐亮,周双纲. 对全国农民运动会武术竞赛模式改革与构建的调查研究 [J]. 北京体育大学学报,2008 (11):1583-1585.
[6] 林凯明. 广东省大学生运动会武术竞赛模式研究 [J]. 广州体育学院学报,2012 (2):87-90.
[7] 高亮,朱瑞琪. 中国武术职业赛事发展研究 [J]. 中国体育科技,2011,47 (6):55-63.
[8] 邱丕相. 初探武术进入奥运会的项目设置与裁判评分模式 [J]. 上海体育学院学报,1998 (1):1-7.
[9] 温力. 从《武术竞赛规则》修订看武术技术发展 [J]. 武汉体育学院学报,1987 (4):31-36.
[10] 关铁云. 从规则的变化看竞技武术套路技术发展走向 [J]. 沈阳体育学院学报,2004 (6):804-806.
[11] 刘同为,王震. 影响武术套路裁判执法能力因素研究 [J]. 天津体育学院学报,2003 (4):20-23.
[12] 温佐惠. 竞技武术套路竞赛规则的发展变化研究 [J]. 成都体育学院学报,2004 (1):64-67.
[13] 高楚兰. 武术新规则在长拳竞赛中应用现状的研究 [J]. 体育科学,2007 (2):94-96.
[14] 林小美,费兰兰. 竞技武术套路新旧规则比较研究 [J]. 体育科学,2004 (11):65-67.

化与评判人员的专业化[1],采用基础分与加分的计分方式[2],等等。

最后,是武术竞赛体制改革方面,如刘同为、邱丕相提出的不同类型项目分开比赛和评价的改革思路[3];曾于久指出要贯彻"双百方针",应该从比赛内容和奖励办法方面加以改革和完善[4];洪浩、栗胜夫指出了当前武术竞赛中存在的国内外竞赛内容不统一、太极拳评价过于主观、套路竞赛制度改革滞后,以及套路与散打分离等问题,提出与国际体育竞赛接轨、举办世界武术运动会、开展武术套路职业联赛和推出套路与散打竞赛相结合的改革思路[5]等。

总之,这些学者从各个方面对武术竞赛做了全面的研究,为构建规范、科学且真正能够指导武术竞赛健康发展的竞赛理论框架提供了坚实的理论基础,从而为武术竞赛未来的健康发展提供了可靠的学术支撑。

(六)古代射礼研究

1. 古代学者的射礼研究史料

在古代,礼射关乎国家大事,因此射礼是古代学者重要的研究内容之一。自先秦时期开始,许多学者即着手对射礼进行深入研究,并以典籍的形式记录下古代射礼活动的目的、意义、地点、人员(主持者、执裁者、参与者、观众)、规则、仪式程序、组织、技术、准则、特点等重要内容,为后代学者深入解读射礼提供了重要的文献来源与学术研究的根基,例如,《周礼》及其相关研究方面有《三礼目录》[6]《周礼注疏》[7][8]和《周礼正义》[9]等;《仪礼》方面有《仪礼注疏》[10][11]《仪礼经传通解》[12]《仪礼译注》[13]等;《礼记》及其相关研究方面有《礼记》笺注[14]、《礼记正

---

[1] 姜娟.竞技武术套路竞赛规则改革的研究[J].沈阳体育学院学报,2001(3):39-40.
[2] 韩雪.武术与同项群竞赛规则的比较分析及裁判评分模式的设想[J].中国体育科技,2000(7):40-42.
[3] 刘同为,邱丕相.武术竞赛制度改革刍议[J].上海体育学院学报,1986,4(13):39-41.
[4] 曾于久.认真贯彻双百方针——谈武术竞赛改革[J].武汉体育学院学报,1980(3):96-100.
[5] 洪浩,栗胜夫.对武术竞赛制度改革的思考——兼论套路与散打的分离与结合[J].上海体育学院学报,2004,28(3):49-52.
[6] 杨天宇.郑玄三礼注研究[M].天津:天津人民出版社,2007.
[7] 郑玄.周礼注疏[M].上海:上海古籍出版社,2010.
[8] 阮元.十三经注疏·周礼注疏[M].北京:中华书局,1980.
[9] 孙诒让.十三经清人注疏·周礼正义[M].北京:中华书局,2013.
[10] 郑玄.十三经注疏·仪礼注疏[M].上海:上海古籍出版社,2008.
[11] 阮元.十三经注疏·仪礼注疏[M].北京:中华书局,1980.
[12] 朱熹,黄榦.仪礼经传通解[M].北京:北京大学出版社,2012.
[13] 杨天宇.十三经译注·仪礼译注[M].上海:上海古籍出版社,2004.
[14] 郑玄.礼记[M].北京:中华书局,2015.

义》[1]《礼记训纂》[2]《礼记集解》[3]《礼书纲目》[4]《礼书通故》[5]《礼记质疑》[6]《礼经通论》[7]《礼记译注》[8] 等；《论语》及其相关研究方面有《论语注疏》[9]《论语译注》[10][11] 等；《春秋》《左传》及其相关研究方面有《春秋左传》集解[12]《春秋左传正义》[13]《春秋左传译注》[14] 等；《诗经》及其相关研究方面有《诗经》笺注[15]《毛诗正义》[16]《诗经译注》[17]《山海经·穆天子传》[18]《老子·十六经·正乱》[19]《事物纪原·射的》[20]《古文尚书·益稷》[21]《易·系辞下》[22]《楚辞·天问·离骚》[23] 等。这些前人的研究为本研究提供了真实、客观而可靠的资料来源。

此外，古代学者亦有许多专门针对礼射研究的著作与典籍，如《说苑·善说》[24]《吴越春秋·弹歌》[25]《投壶赋》《艺经》[26]《投壶新格》[27]《事物纪原·射的》[28]《射经》[29]《武编·前集·射》[30]《阵纪·射》[31]《三才图会·器用卷》[32]《武经射

---

[1] 阮元. 十三经注疏·礼记正义[M]. 北京：中华书局，1980.
[2] 朱彬. 十三经清人注疏·礼记训纂[M]. 北京：中华书局，1996.
[3] 孙希旦. 礼记集解[M]. 北京：中华书局，1989.
[4] 江永. 礼书纲目[M]. 台北：台联国风出版社，1974.
[5] 黄以周. 礼书通故[M]. 北京：中华书局，2007.
[6] 郭嵩焘. 礼记质疑[M]. 长沙：岳麓书社，1992.
[7] 王先谦. 清经解续编·礼经通论[M]. 上海：上海书店出版社，1988.
[8] 杨天宇. 四书五经译注·礼记译注[M]. 上海：上海古籍出版社，2010.
[9] 阮元. 十三经注疏·论语注疏[M]. 北京：中华书局，1980.
[10] 杨伯峻. 论语译注[M]. 北京：中华书局，1980.
[11] 金良年. 四书五经译注·论语译注[M]. 上海：上海古籍出版社，2010.
[12] 杜预. 春秋左传[M]. 北京：中华书局，2015.
[13] 阮元. 十三经注疏·春秋左传正义[M]. 北京：中华书局，1980.
[14] 杨天宇. 四书五经译注·春秋左传译注[M]. 上海：上海古籍出版社，2010.
[15] 郑玄. 诗经[M]. 北京：中华书局，2015.
[16] 阮元. 十三经注疏·毛诗正义[M]. 北京：中华书局，1980.
[17] 程俊英. 四书五经译注·诗经译注[M]. 上海：上海古籍出版社，2010.
[18] 张耕. 山海经·穆天子传[M]. 长沙：岳麓书社，2006：186-187.
[19] 马王堆汉墓帛书整理小组. 长沙马王堆汉墓出土《老子》乙本卷前古佚书释文[J]. 文物，1974（10）：37.
[20] 高承. 事物纪原·卷九. 文渊阁四库全书本[M]. 台北：台湾商务印书馆，1986.
[21] 阮元. 十三经注疏·尚书正义[M]. 北京：中华书局，1980.
[22] 阮元. 十三经注疏·周易正义[M]. 北京：中华书局，1980.
[23] 洪兴祖. 楚辞补注[M]. 南京：凤凰出版社，2002.
[24] 刘向. 说苑校证[M]. 北京：中华书局，1987.
[25] 刘向. 吴越春秋[M]. 南京：江苏古籍出版社，1992.
[26] 严可均. 全上古三代秦汉三国六朝文[M]. 北京：中华书局，1995.
[27] 司马光. 投壶新格[M]. 上海：上海书店出版社，1994.
[28] 司高承. 事物纪原[M]. 北京：中华书局，1989.
[29] 陶宗仪. 说郛三种·射经[M]. 上海：上海古籍出版社，2013.
[30] 唐顺之撰. 景印文渊阁四库全书·武编[M]. 台北：台湾商务印书馆，1986.
[31] 何良臣. 阵纪注释[M]. 北京：解放军出版社，1992.
[32] 王圻. 三才图会[M]. 上海：上海古籍出版社，2005.

学正宗》[1]《耕余剩技·蹶张心法》[2]《射经》[3]《射史》[4]《纪效新书·射法篇》[5]《武备志·射》[6]《渊鉴类函·礼仪部》[7]《明堂大道录》[8]《礼经释例·射例·周官乡射五物考》[9][10]、《仪礼图》[11]《春秋大事表》[12] 等,这些典籍中有关射礼的具体篇章均有很大的史料价值,是本研究不可或缺的参考资料。

2. 近现代学者的射礼研究

近代以来,彰显中国人文教育智慧的礼射竞赛具有丰富的历史研究价值,因此为诸多学者所关注。从射礼起源方面来看,一些学者认为礼射起源于古代狩猎活动,如《"射礼"源流考》[13]《论射的礼仪化过程——以辟雍礼仪为中心》[14]《古史新探》[15]《论射礼兴衰与文化嬗变》[16]《先秦时期礼射的功能及其演变》[17]《仪礼释考》[18]《古代文明的当代话题》[19]《中国武术史简编》[20]《周代礼俗研究》[21] 等。

另一些学者则认为礼射的起源与田猎获取祭祀所用鲜牲的仪式有关,如《两周射礼研究》[22]《古社会田狩与祭祀之关系》[23];还有一些学者认为射礼中的"射侯""巫射"等与古代巫术诅咒仪式有密不可分的关系,如英国社会人类学家马林诺夫斯基指出:"巫术就是这样供给原始人一些现成的仪式行为与信仰,一件具体而实用的心理工具,使人度过一切重要业务关头所有的危险缺口。巫术使人能够进行重要的事功而

---

[1] 唐豪. 中国武艺图集考 [M]. 太原:山西科学技术出版社,2011.
[2] 程宗猷. 耕余剩技 [M]. 北京:国家图书馆出版社,2002.
[3] 陈梦雷. 古今图书集成·射经 [M]. 武汉:华中科技大学出版社,2008.
[4] 程宗猷. 中华再造善本·射史 [M]. 北京:国家图书馆出版社,2011.
[5] 戚继光. 纪效新书 [M]. 北京:中华书局,2001.
[6] 程宗猷. 中华再造善本·射史 [M]. 北京:国家图书馆出版社,2013.
[7] 张英,王士禛. 渊鉴类函·礼仪部 [M]. 上海:上海古籍出版社,2008.
[8] 惠栋. 明堂大道录 [M]. 北京:商务印书馆,1937.
[9] 凌廷堪. 礼经释例 [M]. 北京:北京大学出版社,2012.
[10] 阮元. 清经解清经解续编·射例 [M]. 南京:凤凰出版社,2005.
[11] 阮元. 清经解清经解续编·仪礼图 [M]. 南京:凤凰出版社,2005.
[12] 顾栋高. 春秋大事表 [M]. 北京:中华书局,1993.
[13] 姜楠. "射礼"源流考 [J]. 北京理工大学学报,2004,6(3):94-95.
[14] 小南一郎. 论射的礼仪化过程——以辟雍礼仪为中心 [M]//宋镇豪. 西周文明论集. 北京:朝华出版社,2004.
[15] 杨宽. 古史新探 [M]. 北京:中华书局,1965.
[16] 陈春慧. 论射礼兴衰与文化嬗变 [J]. 南京理工大学学报,2002(1):20-23.
[17] 闫小平. 先秦时期礼射的功能及其演变 [J]. 体育文化导刊,2005(7):76-77.
[18] 朱亮,宋镇豪. 西周文明论集 [M]. 北京:朝华出版社,2004.
[19] 张岩. 古代文明的当代话题 [J]. 读书,1997(10):20-26.
[20] 郭志禹. 中国武术史简编 [M]. 北京:人民体育出版社,2007:2.
[21] 常金仓. 周代礼俗研究 [M]. 哈尔滨:黑龙江人民出版社,2005:2-3.
[22] 袁俊杰. 两周射礼研究 [M]. 北京:科学出版社,2013:47.
[23] 陈槃. 古社会田狩与祭祀之关系 [M]. 台北:台湾商务印书馆,1948.

有自信力，使人保持平衡的态度与精神的统一"[1]，这从"射侯""巫射""祭侯"等礼射辞令中显而易见，因为"'礼仪'和'方术'脱胎于'巫术'，但反过来又凌驾于'巫术'之上，限制压迫'巫术'"[2]，这即是礼射与巫术的区别与联系。

还有一些学者的相关研究对了解礼射的起源和形成，以及礼射早期形态和特点大有裨益，如《我国古代大学的特点及其起源》《"籍礼"新探》《"乡饮酒礼"与"飨礼"新探》[3] 等篇章涉及礼射金文的考释和礼射场所的解读，《卜辞通纂》[4]《甲骨文断代研究例》[5]《殷墟卜辞综述》[6] 等古代田猎中关于射猎、射礼、射牲祭祀等甲骨刻辞的研究，以及《两周金文辞大系图录考释》[7] 对西周射礼金文和铭文中关于行射场所、与射者身份、行射方式等的考释都具有极高的学术参考价值。此外，《先秦礼制研究》[8] 提出"殷商射礼"的命题，并指出礼射是在序举行的习练和仪式的比箭，《战国绘画资料》[9] 对采桑宴乐射猎攻战纹铜壶的礼射画像所做的深入研究、《漫谈战国青铜器上的画像》[10] 对宴舞射猎纹铜椰梧上的礼射画像所做的全面解析，以及《试论百花潭嵌错图象铜壶》[11] 对射礼画像的论证都从侧面丰富了本研究在了解礼射起源、形成与发展方面的研究资料。

从礼射性质方面而言，商代青铜器作册般铜鼋反映了商王进行礼射竞赛的事实[12]，竞赛行射者的身份由原来的巫师、部族首领、国王等少数人，扩大至殷商贵族子弟、邦国首领及其弟子等权贵群体，并成为贵族子弟学校的重要教学内容[13]，不仅有庠、序、学、校等场所学习射礼[14]，而且出现了"学""大学"的称谓，形成国学教师由大司乐、乐师、师氏、保氏、大胥、小胥、大师、小师等官吏担任的官师合一，乡学教师由大司徒、乡师、乡大夫、州长、党正、父师、少师等各级行政长官兼任的学射体系[15]，可见，礼射是贵族子弟必须谙习的基本技能[16]，如殷墟花东 H3 卜辞排

---

[1] 马林诺夫斯基. 巫术科学宗教与神话 [M]. 李安宅，译. 上海：上海文艺出版社，1987.
[2] 李零. 中国方术续考 [M]. 北京：中华书局，2006：57.
[3] 杨宽. 古史新探 [M]. 北京：中华书局，1965.
[4] 郭沫若. 郭沫若全集·考古编：第2卷 [M]. 北京：科学出版社，1983.
[5] 董作宾. 董作宾全集 [M]. 台北：艺文印书馆，1977.
[6] 陈梦家. 殷墟卜辞综述 [M]. 北京：中华书局，1988.
[7] 郭沫若. 两周金文辞大系图录考释·增订本 [M]. 北京：科学出版社，1958.
[8] 陈戍过. 先秦礼制研究·先秦卷 [M]. 长沙：湖南教育出版社，2002.
[9] 杨宗荣. 战国绘画资料·图20 [M]. 北京：中国古典艺术出版社，1957.
[10] 马承源. 漫谈战国青铜器上的画像 [J]. 文物，1961 (10)：26-30.
[11] 杜恒. 试论百花潭嵌错图象铜壶 [J]. 文物，1976 (3)：47-51.
[12] 李学勤. 柞伯簋铭考释 [J]. 文物，1998：67-69.
[13] 罗时铭. 商周两代学校习射教育的比较 [C] // 第二届海峡两岸体育运动史学术研讨会论文集. 成都：海峡两岸运动史学研讨会.
[14] 马明达. 中国古代射书考 [J]. 暨南史学，2003 (12)：1-7.
[15] 张岂之. 中国传统文化 [M]. 北京：高等教育出版社，1994：139.
[16] 宋镇豪. 从新出甲骨金文考述晚商射礼 [J]. 中国文物研究，2006 (1)：10-18.

谱就反映了其主人"子"在武丁统领下"学射"活动的一个完整周期[1]，而对于古代学校的起源和西周时期的学射，陈梦家先生认为序起源于陆射，辟雍起源于水射[2]。同时竞射礼仪日趋规范化，竞赛前后持续二十多天，先后在三个地点行射，三番射之后又返回到起始地复射，射后有享祭先祖之仪式，行射场所既有水泽原野处及泽畔，也有比较固定的庠、序、射等建筑场所[3]，而演变后的乡礼射既是一种在民间进行的以礼乐教化为具体形式的礼射竞赛形式[4]，也是一种礼射竞射盛会[5]，这些对于礼射性质与内涵的研究为本书提供了重要的参考。

在礼射种类方面，学者从西周中期的义盉盖铭文中，将大礼射竞赛视为一场全国性的礼射"运动会"[6]；同时指出令鼎铭文中的燕射是宴请四方宾客时举行的一种友谊联欢竞赛[7][8][9][10]，也是周王与鄂侯驭方（在驻守地受封的诸侯）在辟地的别馆或客馆举行的对射比赛[11]；麦方尊和长由盉等铭文中的宾射天子或诸侯在会和故旧宾友时举行的交流赛[12]，是天子与来朝的诸侯（即宾）举行的一种礼射竞赛[13][14][15]，这些都是深入研究礼射竞赛的力作，是对本书极具参考价值的重要资料来源。

从礼射礼制与文化方面来看，一些关于中国古代礼制的研究亦包含了礼射竞赛的礼制、仪礼等内容，如《晚周礼的文质论》别具一格而深入地论述了晚周礼射的文质思想，拓展了射礼研究的视野[16]；《中国古代礼仪文明》对西周时期礼射的特点、类别、仪式、目的和对人思想品德、道德修养的教育与教化作出了深刻全面的解读[17]；而《中国礼仪制度研究》中有部分研究内容涉及两周时期射侯的礼仪制度和大礼射名称的由来与目的，为进一步深入研究射礼礼制文化提供了学术依据[18]；也有一些学者

---

[1] 韩江苏. 从殷墟花东H3卜辞排谱看商代学射礼[J]. 中国文物研究，2009（6）：32-38.
[2] 陈梦家. 射与郊[J]. 清华大学学报，1941：13.
[3] 袁俊杰. 两周射礼研究[M]. 北京：科学出版社，2013：99-102.
[4] 靳晓东. 古代乡射礼的教化功能[J]. 西安航空技术高等专科学校学报，2010，28（4）：18-20.
[5] 罗永义，林宏牛，肖勇. 我国先秦乡射礼形制解析[J]. 河北体育学院学报，2012（2）：86-89.
[6] 罗时铭. 中国西周"射礼运动会"的历史经验与启示[C]//第十届全国体育科学大会论文摘要汇编（一）. 杭州：中国体育科学学会. 2015.
[7] 顾涛. 中国的射礼[M]. 南京：南京大学出版社，2013.
[8] 陈梦家. 西周铜器断代[M]. 北京：中华书局，2004：218.
[9] 孙世洋. 《仪礼·燕礼记》所录乐式与燕射两式综考[J]. 东北师大学报（哲学社会科学版），2010（2）：122-128.
[10] 刘雨. 西周金文中的射礼[J]. 考古，1986，12：1112-1120.
[11] 袁俊杰. 两周射礼研究[M]. 北京：科学出版社，2013：197-200.
[12] 顾涛. 中国的射礼[M]. 南京：南京大学出版社，2013.
[13] 杨天宇. 礼仪译注[M]. 上海：上海古籍出版社，2004：248.
[14] 唐兰. 西周青铜器铭文分代史征[M]. 北京：中华书局，1986：377.
[15] 王辉. 商周金文—长由盉[M]. 北京：文物出版社，2006：108.
[16] 梅珍生. 晚周礼的文质论[M]. 武汉：湖北人民出版社，2004.
[17] 彭林. 中国古代礼仪文明[M]. 北京：中华书局，2004.
[18] 杨志刚. 中国礼仪制度研究[M]. 上海：华东师范大学出版社，2001.

从礼制和文化的视角探讨礼射的内涵及其社会功能,如《中国先秦及秦汉时期的射术文化》[1]《先秦射艺描写的文化蕴涵》[2] 等;还有部分学者从礼射的起源、发展历程及其演变的视角来解读礼射礼制文化特点,如《论射礼兴衰与文化嬗变》[3]《射的起源及在奴隶社会时期的发展和演变》[4],等等,这些从礼制和文化方面的研究为本书深入理解礼射竞赛的礼仪、文化等提供了理论支撑。

从礼射技术与文化的视角来看,国外学者们的研究也具有重要学术价值。如 Selphen Selby 出版的《中国箭术》(*Chinese Archery*)[5] 是一本有关中国射箭的英文专著,该书是目前罕见而珍贵的一部对中国古代射学进行深入和系统的研究的专著,书中不仅有针对射礼文化理念的解析,而且涵盖了对古代重要射箭典籍的考证与引录,内容翔实而丰富,极富参考价值;此后有我国学者发表了《追寻失落了的中华"射学"——读谢肃方〈Chinese Archery〉有感》[6] 一文,表达了对该书关于射礼文化、技术、材料等研究的肯定,以及《中国古代的射书》[7]《古代中国射箭对日本的影响》[8] 等都涉及射礼的技术与文化特性;此外,《中国武术的文化生产》[9] 一书还对射礼技术"五射"进行了深入的解读;《从新出甲骨金文考述晚商射礼》[10] 对《殷墟花园庄东地甲骨》的"迟弓、恒弓、疾弓"三种竞射技术的考证;以及《作册般铜鼋考释》[11] 对晚商青铜器作册般铜鼋铭文中"亡废矢"技术的考证都对本书深入研究礼射竞赛技术体系提供了重要的基础。

从礼射竞赛的体育属性与体育文化的视角来看,如《中国古代体育简编》[12]《体育史》[13]《中国古代体育文物图录》[14] 等著作的相关篇章从体育文化的视角解读了礼射竞赛活动;《古代中国和希腊体育竞赛历史文化研究》[15] 和《中国古代体育竞赛的历史文化研究——以先秦射礼竞赛为例》[16] 从体育竞赛的视角解读了礼射竞赛历史与

---

[1] 吕利平. 中国先秦及秦汉时期的射术文化 [J]. 成都体育学院学报, 2002 (5): 21-24.
[2] 杨梦奎. 先秦射艺描写的文化蕴涵 [J]. 北华大学学报, 2004 (3): 15-18.
[3] 陈春慧. 论射礼兴衰与文化嬗变 [J]. 南京理工大学学报, 2002 (1): 20-23.
[4] 卞晨. 射的起源及在奴隶社会时期的发展和演变 [J]. 河北体育学院学报, 2003 (3): 10-13.
[5] Selphen Selby. Chinese Archery [M]. Hong Kong: Hong Kong University Press, 2000.
[6] 马明达, 马廉祯. 追寻失落了的中华"射学"——读谢肃方《Chinese Archery》有感 [J]. 体育文化导刊, 2004 (6): 71-72.
[7] 马明达. 中国古代的射书 [J]. 体育文化导刊, 2004 (5): 71-73.
[8] 马明达. 古代中国射箭对日本的影响 [J]. 体育文化导刊, 2004 (9): 79-80.
[9] 戴国斌. 中国武术的文化生产 [M]. 上海: 上海人民出版社, 2015.
[10] 宋镇豪. 从新出甲骨金文考述晚商射礼 [J]. 中国历史文物, 2006 (1): 10-18.
[11] 李学勤. 作册般铜鼋考释 [J]. 中国历史文物, 2005 (1): 4-5.
[12] 李季芳. 中国古代体育简编 [M]. 北京: 人民体育出版社, 1984.
[13] 体育史编写组. 体育史 [M]. 北京: 高等教育出版社, 1987.
[14] 崔乐泉. 中国古代体育文物图录 [M]. 北京: 中华书局, 2000.
[15] 张波. 古代中国和希腊体育竞赛历史文化研究 [D]. 上海: 上海体育学院, 2013.
[16] 张波, 姚颂平. 中国古代体育竞赛的历史文化研究——以先秦射礼竞赛为例 [J]. 体育科学, 2014 (3): 76-81.

文化现象，给予本书启发与引导；《西周时期礼射的裁判工作》[1] 分析了西周时期礼射竞赛活动中组织、引导、记录、监督和成绩宣告等裁判工作的内容；《古代射箭活动中的德育教化》从道德教化的视角分析了射箭竞赛活动[2]；《从〈仪礼·乡射礼〉看中国古代体育精神》[3]《论"六艺"之一"射"的文化特征》[4]《商周两代学校习射教育的比较》[5] 等研究分析了礼射的教育价值、文化价值及其所反映的精神特质；《西周的"射礼"——中国人体运动制度文化通论之二》[6]《"射礼"——中国竞技体育"举国体制"的文化源头》[7] 等也对礼射竞赛的体育特性进行了独特的解读，这些研究成果的视角较为新颖与独特，不仅开阔了本书的研究视野，同时也提出了许多新的研究命题。

（七）古代角抵研究

1. 古代学者的角抵研究史料

"角抵"又称"觳抵"[8]。"觳"，音觉，与角同，校也，竞也，触也[9]，与"角"相通。角抵是一项具有悠久历史文化积淀的运动竞赛项目，在开展得如火如荼的古代，颇受上至王宫贵族、下至黎民百姓的热衷与爱戴，因此古代有许多典籍与著作都对角抵竞赛进行了研究，如《史记》[10]《诗经》笺注[11]、《毛诗正义》[12]、《礼记》笺注[13]《礼记正义》[14]《礼记训纂》[15]《礼记集解》[16]《礼记译注》[17]《淮南子·时则

---

[1] 刘英林. 西周时期礼射的裁判工作 [J]. 西安体育学院学报，2001（3）：22-23.
[2] 张承媛. 古代射箭活动中的德育教化 [J]. 体育文化导刊，2002（5）：52-52.
[3] 彭林. 从〈仪礼·乡射礼〉看中国古代体育精神 [N]. 光明日报，2004-2-10（3）.
[4] 梁维卿. 论"六艺"之一"射"的文化特征 [J]. 山东体育学院学报，2004（3）：106-108.
[5] 罗时铭. 商周两代学校习射教育的比较 [C]//第二届海峡两岸体育运动史学术研讨会论文集. 成都中国体育科学学会体育史分会、中国台北体育运动史学会：2014.
[6] 唐永干. 西周的"射礼"——中国人体运动制度文化通论之二 [J]. 南京体育学院学报，2004（1）：1-5.
[7] 史晓亮. "射礼"——中国竞技体育"举国体制"的文化源头 [J]. 体育文化导刊，2005（3）：76-78.
[8] 卜键. 角抵考 [J]. 文学遗产，2000（3）：20-25.
[9] 康熙字典 [M]. 上海：汉语大词典出版社，2002：1119.
[10] 司马迁. 史记. 卷八十七 [M]. 北京：中华书局，2000：1991.
[11] 郑玄. 诗经 [M]. 北京：中华书局，2015.
[12] 阮元. 十三经注疏·毛诗正义 [M]. 北京：中华书局，1980.
[13] 郑玄. 礼记 [M]. 北京：中华书局，2015.
[14] 阮元. 十三经注疏·礼记正义 [M]. 北京：中华书局，1980.
[15] 朱彬. 十三经清人注疏·礼记训纂 [M]. 北京：中华书局，1996.
[16] 孙希旦. 礼记集解 [M]. 北京：中华书局，1989.
[17] 杨天宇. 四书五经译注·礼记译注 [M]. 上海：上海古籍出版社，2010.

训》[1]《汉书·刑法志》[2]《文献通考》[3]《荀子·集解》[4]《后汉书·南匈奴列传》[5]《西京赋》[6]《三国志·江表传》[7]《角力记》[8]《晋书》[9]《魏书·乐志》[10]《隋书》[11]《旧唐书》[12]《梦粱录》[13]《角抵赋》[14]《东京梦华录笺注》[15]《武林旧事》[16]《金史》[17]《元史》[18]《辽史》[19]《明史》[20]《四友斋丛说》[21]《啸亭续录续录》[22]《清会典》[23]《檐曝杂记》[24]等，这些前人的研究与记载为本研究提供了真实、客观、可靠的资料来源。

2. 近代学者的角抵研究

近代以来，以历史与文化视角发掘优秀传统文化，角抵或相扑成为学者研究的热门对象之一，涌现出许多优秀的研究成果。第一，从角抵的本质属性方面来看，学者普遍认为角抵是一种"以角相抵""以角抵人"的两两较力的竞赛活动，与摔跤、相扑类似，本义为徒手搏斗[25]，或空手相搏[26]。第二，随着历史的发展和国家的需要，角抵的本质属性发生了变化，角抵的作战技能逐渐演变成与射、御相似，都是军事练兵的训练项目，以服务于国君增强军队战斗力为目的[27]，同时，角抵场面宏大的演武

---

[1] 何宁. 淮南子集释·卷五 [M]. 北京：中华书局，1998.
[2] 班固. 汉书·刑法志 [M]. 北京：中华书局，2000.
[3] 马端临. 文献通考 [M]. 北京：中华书局，2006.
[4] 王先谦，沈笑寰. 荀子集解 [M]. 北京：中华书局，1988.
[5] 范晔. 后汉书 [M]. 北京：中华书局，2000.
[6] 张衡. 张衡诗文集校注 [M]. 上海：上海古籍出版社，2009.
[7] 陈寿，裴松之注. 三国志 [M]. 北京：中华书局，2011.
[8] 翁士勋. 角力记校注 [M]. 北京：人民体育出版社，1990.
[9] 房玄龄. 晋书 [M]. 北京：中华书局，2015.
[10] 魏徵. 魏书 [M]. 北京：中华书局，1974.
[11] 魏徵. 隋书 [M]. 北京：中华书局，2000.
[12] 刘昫. 旧唐书 [M]. 北京：中华书局，2000.
[13] 吴自牧. 梦粱录 [M]. 北京：中国商业出版社，1982.
[14] 王定保. 唐摭言 [M]. 上海：上海古籍出版社，2012.
[15] 孟元老. 东京梦华录笺注 [M]. 北京：中华书局，2014.
[16] 周密. 武林旧事 [M]. 杭州：浙江古籍出版社，2011.
[17] 脱脱. 金史 [M]. 北京：中华书局，2016.
[18] 宋濂. 元史 [M]. 北京：中华书局，1976.
[19] 脱脱. 辽史 [M]. 北京：中华书局，2016.
[20] 张廷玉. 明史 [M]. 北京：中华书局，2015.
[21] 何良俊. 四友斋丛说 [M]. 上海：上海古籍出版社，2012.
[22] 昭梿. 啸亭杂录续录 [M]. 上海：上海古籍出版社，2012.
[23] 中华书局影印. 清会典 [M]. 北京：中华书局，1991.
[24] 赵翼. 檐曝杂记·竹叶亭杂记 [M]. 北京：中华书局，1982.
[25] 郑春颖. "角抵"辨 [J]. 社会科学战线，2011（7）：110-117.
[26] 周伟良. 古代武术的历史分期及其基本特征研究 [J]. 中华武术，2012（7）：14-33.
[27] 张爽. 角抵戏研究 [D]. 南昌：江西师范大学，2013.

竞赛和对抗赛形式也达到了彰显国家强大的军事力量的震慑目的[1]。第三，在文化繁荣的和平时期，角抵因其竞赛具备激烈性与观赏性的特点[2]，形成角抵选手与优俳艺人同台竞技[3]，成为民众喜闻乐见的娱乐竞赛活动服务于君民[4][5][6]。

在角抵发展的历史与文化方面，学者李季芳从体育史研究视角，系统全面地考察了角抵竞赛活动的历史与发展脉络，其《中国古代摔跤史略（上）》[7]《隋唐五代角抵戏之复兴及其专业化——中国古代摔跤史略（中续）》[8]《宋代相扑社及女子相扑之滥觞——中国古代摔跤史略（下一）》[9]《辽金元以角抵为军事技术限制民间习练——中国古代摔跤史略（下二）》[10]《明清摔跤活动由逐渐恢复到空前发展——中国古代摔跤史略（续完）》[11] 五篇文章系统地梳理了角抵从上古时代的起源到明清时期恢复与空前发展的历史脉络，并深入分析了角抵在各个历史时期的发展特点与文化特性，为本书提供了可靠而扎实的研究基础。

从角抵竞赛的文化特性来看，角抵戏不仅盛行于民间，而且受到统治者的钟爱[12]，因此在民间和军中均有开展[13][14]。上至国君权贵、下至黎民百姓无一不对这一活动钟爱有加，使角抵得到长足发展[15]，还融合、吸收了其他民族的乐曲、舞蹈、技艺等内容，形成了"举鼎、爬杆、钻刀圈、走索、面具舞"等诸艺荟萃的大节目，故又称"角抵百戏"[16]。"百戏"表明角抵当时不仅是百戏中的重头戏[17]，而且与大量其他诸戏相辅相成[18]，形成规模庞大的竞赛娱乐会演[19]，成为不同阶层组织有序

---

[1] 谢幼春, 吕利平, 郭成杰. 漫画春秋战国时期的手搏与举鼎 [J]. 体育文化导刊, 2006 (6): 94-95.
[2] 梁慧刚. 秦汉时期角抵的发展与运用 [J]. 兰台世界, 2010 (11): 59-60.
[3] 胡蔚. 说"曼衍"——四川博物院藏郫县汉代石棺"曼衍角抵"图辨证 [J]. 四川文物, 2012 (6): 36-41.
[4] 汤薇. 浅谈汉朝时期角抵运动的兴起 [J]. 兰台世界, 2013 (6): 116-117.
[5] 程静, 吕利平. 浅析我国古代摔跤活动的社会功能 [J]. 体育世界, 2008 (9): 115-116.
[6] 柏海平, 冯国群. 秦代宫廷及民间角抵活动新探 [J]. 兰台世界, 2012 (33): 82-83.
[7] 李季芳. 中国古代摔跤史略（上）[J]. 成都体育学院院刊, 1978 (1): 44-49.
[8] 李季芳. 隋唐五代角抵戏之复兴及其专业化——中国古代摔跤史略（中续）[J]. 成都体育学院学报, 1979 (1): 9-14.
[9] 李季芳. 宋代相扑社及女子相扑之滥觞——中国古代摔跤史略（下一）[J]. 成都体育学院学报, 1979 (2): 1-5.
[10] 李季芳. 辽金元以角抵为军事技术限制民间习练——中国古代摔跤史略（下二）[J]. 成都体育学院学报, 1983 (4): 8-10.
[11] 李季芳. 明清摔跤活动由逐渐恢复到空前发展——中国古代摔跤史略（续完）[J]. 成都体育学院学报, 1984 (2): 8-12.
[12] 李晓斌. 汉朝角抵活动的历史发展考略 [J]. 兰台世界, 2013 (10): 30-31.
[13] 罗时铭. 明代版画中的体育 [J]. 体育文史, 1986 (3): 38-40.
[14] 邢金善. "角抵"考释——探究古代摔跤运动的历史演变 [J]. 东方收藏, 2012 (7): 32-34.
[15] 翁士勋. 角力记校注 [M]. 北京: 人民体育出版社, 1990: 34.
[16] 陈维昭. 汉代散乐、百戏与汉代俗乐运动 [J]. 复旦学报（社会科学版）, 2009 (5): 70-78.
[17] 孙世文. 汉代角抵戏初探——对汉画像石中的角抵戏的考察 [J]. 东北师大学报, 1984 (4): 67-71.
[18] 峻骥. 汉代的文体大会演——角抵百戏 [J]. 古代体育, 1983 (8): 23-24.
[19] 路志峻. 中国角抵戏的本体发展与历史演变 [J]. 敦煌研究, 2008 (4): 112-114.

的竞赛娱乐活动[1][2]。

从体育竞赛的视角来看，角抵具有广泛的群众基础，[3]而且形成两大类型的竞赛活动，一类竞赛是在宫廷宴会娱乐场所服务于宫廷贵族阶层，以宴会、祭祀为主要目的[4]，另一类竞赛是在"瓦市""瓦舍"举行的打擂决胜形式的民间比赛[5]，服务于民间布衣阶层，以杂艺、竞演和民俗节庆活动为主要目的[6]。角抵在宋代亦称相扑、争交、手搏[7]，且衍生出许多以此为业的民间职业相扑手"路歧人"和具有广泛民众基础的相扑民间组织"相扑社"（角抵社）[8]。此外，由于纨绔子弟、富商大贾的侈靡风尚和穷奢极欲，出现了女子相扑存在于民间甚至传播至宫廷的现象[9][10]。

综上，角抵是一项国家的竞赛。它源自帝王将相生存之争，后逐步演变并延伸至贵族阶层和军旅之中，成为贵族阶层炫耀地位和军中竞赛的训练项目，而后又被广大民众接受，逐步流传至民间，成为一种民众喜闻乐见的娱乐竞赛项目。无论是宫廷贵族阶层以政治为目的的娱乐竞赛，还是百姓布衣以休闲娱乐为目的的民间竞赛，无论是正式的国家级竞赛，还是掺杂了各种歌舞、杂艺的表演赛，角抵都是以"赛"的形式在国家和社会中运营的。只要是竞赛，就会涉及竞赛目的、竞赛形式、竞赛组织、竞赛类型等方面，而角抵在伴随人类社会的发展中已为我们提供了良好的历史经验。因此，以竞赛的视角对角抵文化进行研究为我们打开了探究竞赛的历史大门。

（八）武举研究

1. 古代武举的研究

武举在为国家推举武术人才方面起到了至关重要的作用。许多历史典籍都有相关研究，如《资治通鉴》[11]《新唐书·选举志》[12]《唐摭言》[13]《册府元龟》[14]《唐会要》[15]

---

[1] 龙中. 略谈汉代角抵戏 [J]. 南都学坛, 1983 (3)：99-100.
[2] 翁士勋. 古代角力史料校读例说 [J]. 浙江体育科学, 1989 (1)：47-53.
[3] 童丽平. 历代角力名称变迁的文化学思考 [J]. 体育文化导刊, 2006 (8)：89-92.
[4] 张正东. 中国摔跤文化的研究 [D]. 上海：上海体育学院, 2010. 14.
[5] 邢金善. "角抵"考释——探究古代摔跤运动的历史演变 [J]. 东方收藏, 2012 (7)：32-34.
[6] 李季芳. 隋唐五代角抵戏之复兴及其专业化——中国古代摔跤史略（中续）[J]. 成都体育学院学报, 1979 (1)：9-14.
[7] 王俊奇. 宋代的相扑运动 [J]. 文史杂志, 2000 (1)：62-63.
[8] 魏跃进. 力量、智勇的震撼——论中国宋代陶模图像中相扑雕像的艺术特色 [J]. 开封教育学院学报, 2006, 26 (3)：33-34.
[9] 李季芳. 宋代相扑社及女子相扑之滥觞——中国古代摔跤史略（下一）[J]. 成都体育学院学报, 1979 (2)：1-5.
[10] 王家驹, 郭言斌. 论宋代妇人的相扑运动 [J]. 兰台世界, 2012 (13)：35-36.
[11] 司马光. 资治通鉴·卷二百七·唐纪二十三 [M]. 北京：中华书局, 1956.
[12] 欧阳修, 宋祁, 范镇, 等. 新唐书 [M]. 北京：中华书局, 1975.
[13] 王定保. 唐摭言 [M]. 北京：中华书局, 1960.
[14] 王钦若. 册府元龟 [M]. 南京：凤凰出版社, 2006.
[15] 王溥. 唐会要 [M]. 北京：中华书局, 1955.

《登科补考记》[1]《唐六典》[2]《明史》[3]《登科记考补正》[4]《清史稿》[5]《通典》[6]《宋会要辑稿》[7]《金史》[8]《大明会典》[9]《钦定续文献通考》[10]《春秋左传》[11]《韩愈选集》[12]《隋书》[13]《西湖老人繁胜录》[14]《旧唐书》[15]《续资治通鉴长编》[16]等，这些关于武举研究的典籍、史料为本书的编写提供了基础。

2. 近代武举的研究

近代学者认为武举制度的创立，是武则天伟大的历史功绩之一[17]。至明代天顺八年（1464年）正式设置武科后[18]，武举被列为常科科目，旨在招募军事优秀人才，故竞赛严格、规范[19]。

从人员方面来看，参加者主要有三种人：一是三班使臣，二是虽未食禄，实有行止之人，三是文武官子弟别无负犯者[20]。而执裁者，在武童试中选取本省内任职的外省籍副将、参将；在武会试中，由兵部侍郎、御使、大学士、兵部尚书、兵丁、十名巡管负责外场，由内阁、六部都察院、翰林院、詹事府各堂官负责内场；而在武殿试中，皇帝为总裁判长，执事人员为大臣和侍卫内大臣，同时一、二、三甲前十名在校阅时均由皇帝钦定[21]。从竞赛内容方面来看，有谋略和武艺比试两方面，内容有长垛、马枪、翘关和负重等项目，依成绩定等次[22]。在武艺内容中有弓步射、弓马射、

---

[1] 徐松. 登科记考补正 [M]. 北京：北京燕山出版社，2003.
[2] 李林甫. 唐六典 [M]. 北京：中华书局，1992.
[3] 张廷玉. 明史 [M]. 北京：中华书局，1974.
[4] 徐松. 登科记考补正 [M]. 北京：北京燕山出版社，2003.
[5] 赵尔巽，柯劭忞. 清史稿 [M]. 北京：中华书局，1977.
[6] 杜佑. 通典 [M]. 北京：中华书局，1985.
[7] 徐松. 宋会要辑稿 [M]. 上海：上海古籍出版社，2014.
[8] 脱脱. 金史 [M]. 上海：汉语大词典出版社，2004.
[9] 赵用贤. 大明会典 [M] //《续修四库全书》编纂委员会编. 续修四库全书·七九一·史部·政书类. 上海：上海古籍出版社，2002.
[10] 嵇璜，曹仁虎. 钦定续文献通考 [M]. 景印文渊阁四库全书·第六二七册. 台湾：商务印书馆，1986.
[11] 杨天宇. 四书五经译注·春秋左传译注 [M]. 上海：上海古籍出版社，2010.
[12] 卫绍生，杨波. 唐宋名家文集：韩愈集 [M]. 郑州：中州古籍出版社，2010.
[13] 魏徵，令狐德棻. 隋书 [M]. 北京：中华书局，1973.
[14] 孟元老. 东京梦华录·西湖老人繁胜录 [M]. 上海：古典文学出版社，1957.
[15] 刘昫. 旧唐书 [M]. 北京：中华书局，1975.
[16] 李焘. 续资治通鉴长编 [M]. 北京：中华书局，2004.
[17] 王圣洪. 唐朝武举制度的创立 [J]. 闽江学院学报，2004，25（3）：125-129.
[18] 王凯旋. 明代武举考论 [J]. 社会科学战线，2008（11）：247-250.
[19] 赵冬梅. 武道彷徨：历史上的武举和武学 [M]. 北京：解放军出版社，1999：7.
[20] 周兴涛. 宋代武举武学研究 [D]. 成都：四川大学，2009：38-52.
[21] 陆保伦. 清代武举制度述略 [J]. 徐州师范学院学报，1990（2）：115-117.
[22] 曹青军，曹司雨. 唐朝武举制度及其影响 [J]. 体育文化导刊，2010（9）：146-149.

弩踏、抡使刀枪等，其中以弓步射、弓马射为主[1]，程文以策问、文章为主要形式[2]。可见，武学课程内容涵盖了思想教育、军事学术、军事历史、军事理论等策略知识和以弓步射、弓马射射为主的实践技能，目的在于改变武将的素质，以培养"知书之将"[3]。

从形式上来看，武举形成了"武童试（县、府试，中者为武秀才）—武乡试（省试，中者为武举人）—武会试（京试，中者为武进士）—武殿试（廷试，中者为武状元、武榜眼、武探花）"的四级考试制度，完善了"文武兼备"的人才选拔考试标准[4]。而武举人及第后，实行武举出榜赐宴[5]的形式，及第者得到兵部的"告身"（即凭证或证书），取得做官的资质[6]，此举意味着武举人的声望得到社会的认可[7]。可见，国家对武举十分重视[8]，为培养合格的武举考试人员，创立了比较完备的武学人才培养、选拔的体制制度[9]。

综上，相比科举，历史保存的武举史料相对匮乏，因此武举的研究现状相对薄弱。武举是帝王发起的国考，从竞赛的角度而言，它是具备国家意志的专业军事人才选拔竞赛，应试后将任官职，从而进入贵族阶层，因此可以说武举是一种贵族选拔竞赛。从竞赛运作系统而言，无论是地方选拔赛、省级竞赛，还是国家级竞赛，武举竞赛均具备了专业竞赛运营的基本特质。因此，深度挖掘武举在竞赛组织模式和运作方法方面的智慧具有一定的研究价值，这也有利于为当代武术竞赛的模式提供历史经验。

小结：从射礼、角抵、武举等竞赛研究资料可以发现，中国古代武术竞赛经历了一个从君王发起到制度化管理的历史脉络。它们的文化特性是君王参与的由上而下的贵族性，而非民众发起的由下而上的大众性，这是中国武术竞赛区别于西方大型体育竞赛的核心特质。尽管古代竞赛活动在历史长河中历经了君王参与（君与）和君王缺席的在场（君不与）等不同历史发展阶段，但"君王"始终是影响竞赛活动发展的一个至关重要的因素。当前，在这些竞赛研究文本中，有学者以历史眼光追根溯源，深入挖掘其历史成因与发展轨迹；有学者以文化的眼光和生产的视角对竞赛文化和身体文化的再生产进行全面的剖析；有学者以制度的视角研究竞赛制度在各朝代与国家的互动关系；也有学者以礼化和教化的视角深入剖析竞赛的社会与政治功能。但纵观这些研究后发现，从"国君"和体育竞赛的国家治理视角对古代射礼、角抵、武举竞赛

---

[1] 许友根. 武举制度史略 [M]. 苏州：苏州大学出版社，1997：29-37.
[2] 马明达. 清代的武举制度 [J]. 西北第二民族学院学报，1999（4）：57-61.
[3] 方震华. 文武纠结的困境：宋代的武举与武学 [J]. 台大历史学报，2004（6）：1-42.
[4] 李君华. 清朝武举制度的结束对中国武术发展的影响 [J]. 体育与科学，2011，32（3）：110-111.
[5] 晁中辰. 明代的武举制度 [J]. 明史研究，1993（7）：52-58.
[6] 许继莹. 唐代武举制度初探 [M]. 北京：线装书局，2013（2）：62.
[7] 郝刚领. 宋代武举和武学的发展困境 [J]. 体育文化导刊，2014（3）：161-164.
[8] 陆保伦，陆祥正. 清代武举制度述略 [J]. 江西师范大学学报（哲学社会科学版），1990（2）：115-117.
[9] 赖盟骐. 明代的武学与武举制度 [J]. 高雄应用科技大学学报，2004（33）：193-210.

活动进行系统、深入的研究，目前还较为稀少。本书将以此为切入点，以期为未来武术竞竞赛的发展提供可靠的历史依据。

五、研究对象与方法

（一）研究对象

本研究是基于古代武术竞赛历史与文化的探索而提出的，因此研究以射礼、角抵、武举三个具有代表性的武术竞赛为对象，包括竞赛的人员、技术、规则、组织、理念、精神六个微观考察维度。

（二）研究方法

1. 文献资料法

以上海体育学院图书馆和上海市图书馆为主，查阅整理国内外现代体育竞赛、国内外古代体育竞赛、现代武术竞赛和古代武术竞赛等相关资料，通过对文献资料的研究分析来探讨研究主题。文献资料主要分为三大类：第一类是正式出版、发行的相关书籍；第二类是古代史料和部分考古发现等资料；第三类是网络电子文献，由于网络信息具有快捷、丰富、经济等特性，正确借助现代信息检索系统，在一定程度上保证了本研究的可行性。

2. 专家访谈法

在本研究设计思路初步形成过程中，针对研究中可能遇到的体育竞赛、武术竞赛等方面的问题和困难，请教相关领域的专家与学者，如赛事管理专家、武术专家、体育人文社会学专家等，听取专家意见与见解，以此来进一步提高和修正本研究的主体思路。

3. 多学科交叉的综合论证方法

尽管射礼、角抵、武举竞赛属于中国古代史的范畴，但它们同时涉及历史学、文献学、民族学、社会学、体育学等多重学科的知识，彼此存在密切的联系。因此，本研究将运用多学科交叉的综合论证的研究方法，充分吸收已有学术成果，对这些学科所涉及的射礼、角抵、武举的竞赛研究进行梳理，并在此基础上做出比较系统、全面的考察和研究，对其中重要而典型的问题做出较为合理的论证与解释。该研究方法是以历史学方法为主线，采用跨学科的研究视角，积极汲取不同学科研究方法之所长，进行多学科交叉研究的一种基本方法。

4. 宏观理论与微观分析相结合的方法

射礼、角抵、武举竞赛与其他历史事件一样具有错综复杂的特性，存在文献、史料不全、细节不详、不明其义等问题。这就需要运用微观分析与宏观理论相结合的方法，才能逐一解决和建立有关射礼、角抵、武举全面而系统的竞赛体系。微观分析注重文献、史料的甄别、解读，宏观理论要尽可能建立在微观分析的坚实基础之上，力求恰当而准确地把握和指导射礼、角抵、武举竞赛的总体规律。

5. 纵横比较的方法

纵向和横向是开阔研究视野，促进史学研究步入全面与深入的基本要求和有效途径。古代射礼、角抵、武举竞赛分别经历了起源、形成、发展、完善、衰颓的漫长历史发展进程，每个阶段都有相应的历史特点，唯有顺应历史发展的规律去认识它、研究它，才能获得正确的结论。本研究一方面纵向考察射礼、角抵、武举竞赛的历史发展轨迹，深入梳理其发展演变的特点、线索与前因后果；另一方面，将射礼、角抵、武举置于一定的空间进行横向比较，厘清其相互之间的异同点，及其与社会政治的相互关系，探寻古代武术竞赛的发展轨迹与时代特征，力求在竞赛历史文化研究的深度和广度上有所创获。

六、研究创新

以"君"的宏观视角，从体育竞赛构成要素的人员、技术、规则、组织、理念、精神六个考察维度对古代射礼、角抵、武举等武术竞赛史料进行探析与论证，形成了中国武术竞赛文化逻辑的新解释。

七、研究思路与技术路线

本研究的具体思路如下：首先，提出问题。中国古代是否存在武术竞赛？何为中国的武术竞赛？它具有哪些有别于现代西方竞赛的特殊历史文化属性？本研究的假设是，中国古代存在武术竞赛，它在君王的参与（君与）和未参与（君不与）的特定历史情境中展示出其竞赛的伦理性和竞技性特点，并逐步形成其独特的中国竞赛文化特性。其次，研究切入。依据这一问题，本研究进行大量文献资料的查阅，考察体育史文献和武术史文献，展开对射礼、角抵和武举竞赛项目的文本解读。再次，文化解读。深入分析射礼、角抵、武举竞赛项目的伦理性和竞技性等历史文化属性，如竞赛人员组成、竞赛技术、竞赛规则、竞赛组织、竞赛理念与精神等，从中寻找具有中国特色的文化特性。又次，预期结论。归纳与总结射礼、角抵、武举的竞赛特点，提出"中国武术竞赛文化"的概念与研究结论。最后，研究展望。以史为鉴，对现代武术竞赛提出建议，以期为武术竞赛的科学化和可持续化发展提供较为可靠的历史经验和理论基础。研究思路如下图所示。

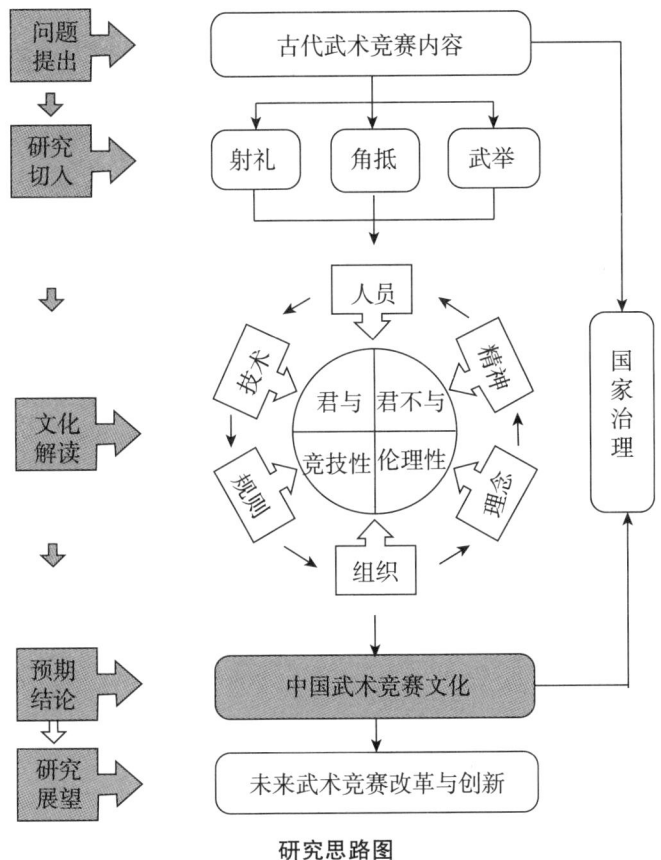

研究思路图

上 篇
君与：被制造的竞赛

题 记

敦弓既坚，四鍭既钧，舍矢既均，序宾以贤。敦弓既句，既挟四鍭。四鍭如树，序宾以不侮。

——《诗经·大雅·行苇》

"通而同之"（求同）以包容、吸取和同化外物而扩展自己，是中国智慧的特征之一。

——李泽厚《中国古代思想史论》

书写康熙，把一切客观历史材料转为自传文体，必须从天子的角度看天下，涉及各种各样的天下大小事，以宏观的视野，高屋建瓴，为大清帝国的长治久安着想。如此，表面是书写假托的康熙自传，实际上却必须考虑中华帝国的方方面面，从统治天下的全相角度呈现中华帝国的全貌。

——史景迁《王氏之死》

第一章

大射礼竞赛之外显层：国君抟铸的顶层文化圈

"君与"，即国君亲自参与，出自《仪礼·燕礼》："君与射，则为下射，袒朱襦，乐作而后就物"[1]，意思是：国君如果参与竞射，就做和宾（为表敬重尊宾为上射）相对的下射，脱下左臂的外衣袖而露出里边的红色短上衣袖，音乐开始演奏之后便持好弓矢而站立。文中"与"（yù）即参与之意，如《仪礼·乡射礼》中有"宾、主人、大夫若皆与射"[2]，表示宾和三位宾长、主人，以及大夫如果都愿意参加射礼比赛；《礼记·玉藻》中有"见于天子，与射，无说笏"[3]，表示朝见天子后参与射礼比赛，笏不能离身的意思，等等。

历史地看，"君与"的武术竞赛以大射礼为典型代表。大射礼竞赛孕育于"万诸侯"[4]的炎黄时代，众多"游团、部落、酋邦"[5]等首领因狩猎与战争而具备善射之武力[6]，成为射礼"君"身份的最早代表。此后，黄帝战胜蚩尤后对其施行公开的诅咒和威慑式的"射干侯"[7]，舜、禹二帝对"不宁侯"（即不安定的诸侯）[8]施行明辨式的"侯以明之（以射侯辨善恶）"[9]，以及君王益对启施行巫术式的"巫射"[10]，都表明射礼已成为君王用于国家治理的重要工具和手段。到了殷商时期，射礼逐步盛行并初步具备了一定的竞赛规模，在以震慑和笼络为目的的射侯[11]、射牲[12]、王射[13]等竞射活动中，参赛人员由商王扩大到了王室内的贵族成员。在鼎盛

---

[1] 杨天宇. 十三经译注·仪礼译注 [M]. 上海：上海古籍出版社，2004：165.
[2] 杨天宇. 十三经译注·仪礼译注 [M]. 上海：上海古籍出版社，2004：109.
[3] 程俊英. 四书五经译注·礼记译注 [M]. 上海：上海古籍出版社，2010：373.
[4] 司马迁. 史记 [M]. 长沙：岳麓书社，2021：386-388.
[5] 张光直. 中国青铜时代 [M]. 北京：生活·读书·新知三联书店，1999：95.
[6] 杨树达. 积微居金文说 [M]. 北京：中华书局，1997：8-9.
[7] 马王堆汉墓帛书整理小组. 长沙马王堆汉墓出土《老子》乙本卷前古佚书释文 [J]. 文物，1974（10）：37.
[8] 阮元. 十三经注疏·周礼注疏 [M]. 北京：中华书局，1980：926.
[9] 阮元. 十三经注疏·尚书正义 [M]. 北京：中华书局，1980：142-143.
[10] 洪兴祖. 楚辞补注 [M]. 北京：中华书局，2002：86-88.
[11] 宋镇豪. 从新出甲骨金文考述晚商射礼 [J]. 中国历史文物，2006（1）：10-18.
[12] 陈立撰. 白虎通疏证 [M]. 北京：中华书局，1994.
[13] 袁俊杰. 两周射礼研究 [M]. 北京：科学出版社，2013：82.

时期的西周，周公制礼作乐后的射礼完备了具有国家治理意义上的礼乐制度设计，成为国君召集权贵共同参与的以"将祭择士"（以国家级祭祀选拔德才兼备之人）为目的的国家级竞赛，始称大射礼[1]。可见，"君与射"的大射礼竞赛萌发于炎黄时代，成于夏商而盛于西周。尤其是西周时期周公制礼作乐后，国君亲自参与的大射礼竞赛完备了"君在场"的国家意义上的礼乐制度设计，构建起了一个以"君"为核心的顶层权贵竞赛文化圈。

以文化学中"文化三层次结构"[2] 钱穆先生亦称"文化三阶层"[3] 理论审视，"君与"的大射礼是"被制造"的竞赛，或者说，是"君"意志下的一种特殊类型的"文化的人造物（cultural artefacts）"。它"是从种种各自独立的历史力量复杂的'交汇'过程中自发地萃取提炼出来的一个结果"，因而一旦被创造出来，就变得"模式化（modular）"，"在深浅不一的自觉状态下，它们可以被移植到许多形形色色的社会领域，可以吸纳同样多形形色色的各种政治和意识形态组合，也可以被这些力量吸收"[4]，可见，是"权力在制造"[5]。基于此，研究以文化三层次结构理论为视角，对"君与射"时期的大射礼竞赛分别在参赛人员与技术体系的外显层、竞赛规则与竞赛组织的制度层，以及竞赛理念与竞赛精神的核心层三个层面，对竞赛文化内涵及其意义进行阐述和解读，以助于深入理解、把握和认知礼射竞赛的文化现象及其本质。

第一节 从国君到权贵的人员团队

"国家就是主张一种权力，并通过权力使之成为现实"[6]。从外在的文化现象来看，"君与"的射礼竞赛代表了国君的治国理想，尤其是在"很早就发展出强烈的文化统一意识"[7] 的西周时期，武王克商后周王为了更好地安邦定国、稳定社会、让百姓过上幸福安居的生活，于是制定以"德治"为核心的礼乐制度并将其运用于射礼服务于国家治理。

对于当时周王朝的国家状况，著名史学家许倬云先生在其《西周史》中有一段精彩的论述：

---

[1] 李学勤. 柞伯簋铭考释[J]. 文物，1998：67-69.
[2] 覃光广. 文化学辞典[M]. 北京：中央民族大学出版社，1988：196.
[3] 钱穆. 文化学大义[M]. 北京：九州出版社，2011：7-10.
[4] 本尼迪克特·安德森. 想象的共同体：民族主义的起源与散布[M]. 吴叡人，译. 上海：上海人民出版社，2011：4.
[5] 汪民安. 声名狼藉者的生活：福柯文选Ⅰ[M]. 北京：北京大学出版社，2016：7.
[6] 理查德·拉克曼. 国家与权力[M]. 郦菁，张昕，译. 上海：上海人民出版社，2013：1.
[7] 韩震. 论国家认同、民族认同及文化认同——一种基于历史哲学的分析与思考[J]. 北京师范大学学报，2010(1)：106-113.

及至克商以后,历武王周公及成康之世的经营,周人的基本策略,不外乎抚辑殷人,以为我用,再以姬姜与殷商的联合力量,监督其他部族集团,并以婚姻关系加强其联系,同时进用当地俊民,承认原有信仰。新创之周实际上是一个诸部族的大联盟。周人在这个超越部族范围的政治力量上,还须建立一个超越部族性质的至高天神的权威,甚至周王室自己的王权也须在道德性的天命之前俯首。于是周人的世界,是一个"天下",不是一个"大邑";周人的政治权力,抟铸了一个周文化的共同体[1]。

可见,西周是一个"以礼乐作为纽带由邑制国家群组成的共同体"[2],这一时期的国家政权是一个类似于诸部族联合的政权形式,因此保持领导地位和稳固国家政权成为周王朝治国的核心。射礼竞赛正是兴盛于这个亟须安邦定国、建立国家新秩序的时代,因此可以说,"君与"时期的大射礼即国君以射礼竞赛为政治权力的管控手段,从竞赛参与人员的布局和核心技术体系上抟铸了一个文化的共同体,并以亲身参与的"在场"形式在引领、推进竞赛发展的同时,对在场的参与人员实施控制、支配、监管,从而达到构建国家顶层秩序的政权管控目的。

大型射礼竞赛是由国君亲自参与的特殊竞赛类型,也正因为国君这一特殊身份的融入,才让射礼竞赛具备了一种国家性的特质与象征。回顾历史我们发现,有"君"(泛指氏族、部落首领,以及国王、国君、帝王等统治者)参与射礼竞赛的人员最早可追溯到"诸侯咸归"[3]的炎黄时代。这不仅是一个诸侯林立,而且是人民生活文化和精神文明蓬勃发展的时代,赤松子[4]、三苗[5]、宿沙氏[6]、蚩尤[7]、祝融[8]等各路诸侯首领圈地为王、霸据一方。所有的氏族、部落等首领既要为部落成员的生存所需而外出狩猎,同时也要保护部落领地,以防范他者入侵而引发的部落之间的战争。在这个环境下,就迫使部落首领自身必须具备精湛射箭技术的善射之武力[9],方能获得生存的机会,同时得以守护家园并让"家国"得以繁荣发展。正由于此,这些具备"王"或"君"身份的统治者便成为射礼最早的引领者,并构成了"君与射"的早期形态。

---

[1] 许倬云. 西周史[M]. 增补二版. 北京:生活·读书·新知三联书店,2012:328.
[2] 黄川田. 华夏系统国家群之诞生——讨论所谓"夏商周"时代之社会机构[J]. 三代考古,2009.
[3] 司马迁. 史记·五帝本纪[M]. 长沙:岳麓书社,2012:1.
[4] 罗泌. 路史·卷三十九·余论二[M]. 台北:台湾商务印书馆,1986.
[5] 阮元. 十三经注疏·尚书正义[M]. 北京:中华书局,1980:248.
[6] 王谟. 世本八种·作篇[M]. 上海:上海商务印书馆,1957:37.
[7] 司马迁. 史记[M]. 北京:中华书局,1982:4.
[8] 罗泌. 路史·卷八·前纪八[M]. 台北:台湾商务印书馆,1986.
[9] 杨树达. 积微居金文说[M]. 北京:中华书局,1997:8-9.

一、炎黄时代的射礼人员

炎黄时代，《山海经·海内经》有载："炎帝之孙伯陵，伯陵同吴权之妻阿女缘妇。缘妇孕三年，是生鼓、延、殳。殳始为侯，鼓、延是始为钟，为乐风"[1]，相传，炎帝神农氏有一个子孙叫伯陵，他和吴权的妻子阿女缘妇两人一见钟情而私下结合，后来缘妇为伯陵生下了三个孩子分别叫鼓、延、殳，第三个名字叫作殳的儿子，是侯（即箭靶）的发明者，因而帝尧将他封为殳侯，并赐予他以殳为姓氏让其世代子孙以此为荣，流芳百世，始称殳氏。这是关于射礼记载的最早文献资料，也是关于炎黄时代射礼的一则神话。这个传说表明，早在炎帝时期，就已经有"侯"的存在。"侯"，《说文解字·矢部》解："从人，从厂，象张布"[2]，《楚辞·大招》曰："侯，谓所射布也"[3]，意指"侯"为箭所射的布靶，也可以说"侯"是"名布为侯"[4]，意指张挂一张用于射箭的布。可见，"射侯"是服务于射箭所用的箭靶[5]。"侯"的记载说明当时已经存在"射侯"的活动或者行为，同时还透露了射侯活动应该是频繁发生于炎帝及其身边的贵族子弟成员身上，是炎帝及其身边权贵、子孙等阶层的日常行为。因此，从"侯"的记载可以追溯到"射侯"这一行为，而"射侯"正是《汉书·郊祀志》中所记载的："设射不来"[6]，意指组织针对不来参加常规射侯活动的有不安定和叛乱倾向的诸侯进行射侯，以示威慑。《仪礼·大射仪》中记载："侯谓所射布也。尊者射之，以威不宁侯；卑者射之，以求为侯"[7]，指出侯即以布为箭靶，并用射箭来威慑那些不安定的诸侯。《论衡·乱龙》也记载："示射无道诸侯也"[8]，表示以射侯活动对那些"无道"即不安定或意图叛乱的诸侯进行震慑，达到"以威不宁侯"[9]的震慑目的。显然，炎帝时期的射侯活动已成为统治者的日常政治活动，不仅服务于国家军事与战争的需要，更是服务于统治者针对不安定诸侯进行国家治理的政治目的。

黄帝时期，出现了以诅咒性和政治性为特点的"射干侯"射礼行为。1973年马王堆西汉墓出土了《老子》乙本卷帛书，其中《十大经》中的《正乱》篇便记载了黄帝的"射干侯"[10]行为：黄帝时期，"蚩尤作乱"，达到"最为暴，莫能伐"（最为残暴，而且无人能制止他），于是黄帝"乃征师诸侯"（黄帝出兵作战），"与蚩尤战于逐

---

[1] 郭璞. 山海经·穆天子传 [M]. 张耘，点校. 长沙：岳麓书社，2006：186-187.
[2] 许慎. 说文解字 [M]. 上海：上海古籍出版社，1988：226.
[3] 洪兴祖. 楚辞补注 [M]. 北京：中华书局，2007：201.
[4] 王充. 论衡 [M]. 上海：上海书店，1986.
[5] 袁珂. 山海经校注 [M]. 上海：上海古籍出版社，1980：464.
[6] 班固. 汉书 [M]. 北京：中华书局，1962：1199.
[7] 阮元. 十三经注疏·仪礼注疏 [M]. 北京：中华书局，1980：1028.
[8] 王充. 论衡 [M]. 上海：上海书店，1986.
[9] 阮元. 十三经注疏·仪礼注疏 [M]. 北京：中华书局，1980：1028.
[10] 马王堆汉墓帛书整理小组. 长沙马王堆汉墓出土《老子》乙本卷前古佚书释文 [J]. 文物，1974（10）：30-42.

鹿之野",黄帝与蚩尤在战场上兵马相见,"遂禽杀蚩尤"[1],黄帝奋身战斗后战胜了蚩尤并将其抓获,在杀死蚩尤后,为了发泄心中的怨恨,将蚩尤的皮剥了做成干侯,而后组织士兵用弓箭射之,射中次数多的人给予奖赏。这一事件说明了黄帝亲身参与公开诅咒和威慑式的"射干侯"活动概括。

二、尧舜时代的射礼人员

尧舜时代,史料记载了尧帝和后羿的射礼事件。据《淮南子·本经训》记载,后羿是一个声誉卓著的射手,人们尊称他为"射师",当时天空"十日并出",不仅"焦禾稼",而且"杀草木",导致"民无所食",因此"尧使羿射杀之",而结果是"十日并出,羿射去九"[2]。这一事件记录的关于帝尧和后羿射礼的故事,其本质并非在于射日之事,而在于帝尧和后羿作为"君",亲自参与礼射的行为,该行为不仅体现了君王卓越的射技,而且也彰显了君王以礼射为手段服务臣民的意图,对国家统治起到了正面而积极的作用。

尧舜时代另一个关于射礼的记载是出自《古文尚书·益稷》中关于帝舜和帝禹的对话。帝舜对帝禹说,倘若我不在之时,务必对"不宁侯"[3](不安定的诸侯)施行明辨式的"侯以明之"[4](以射侯辨别善恶)。对此,《事物纪原·射的》载:"虞书曰:侯以明之",即是一种射侯之礼,目的在于明善恶,才有采用"则射侯始见于尧、舜矣"[5]之说,即射侯之礼始创于尧舜时代。这些史料说明,射侯之礼在尧舜时代的国家权贵阶层中已趋于常态,国家的权贵尤其是国君常常运用礼射来对不安定的部下或对手进行明辨式的区分对待,以达到威慑的效果。尧舜时代射礼事件的记载表明,服务于国家治理的射侯之礼是当时射礼竞赛典型而重要的国家职能之一。

三、夏代的射礼人员

夏代时期,《天问》中记载了君王益对启施行诅咒式"巫射"的历史事件。《天问》载:"启代益作后,卒然离蠥",即夏代的启代替了益做了国家的君主后,因益的行为对启造成干预而诱发不小的灾祸,引发启和益之间尖锐而复杂的斗争,益在进行激烈的对抗之后战胜了启,益将启囚禁起来,对其施行巫术式的射革之术,称为"后益作革"[6]。可见,君王益对启施行诅咒式的"巫射"事件表明,巫术性射礼在夏代是君王们用于诅咒并伤害对手的重要手段。同时,由于国家的文化和礼仪具有孔子所

---

[1]司马迁.史记[M].北京:中华书局,1982:3.
[2]何宁.淮南子集释[M].北京:中华书局,1998:574-578.
[3]阮元.十三经注疏·周礼注疏[M].北京:中华书局,1980:926.
[4]阮元.十三经注疏·尚书正义[M].北京:中华书局,1980:142-143.
[5]高承.事物纪原·戎容兵械部·射的[M].北京:中华书局,1989:502.
[6]洪兴祖.楚辞补注[M].北京:中华书局,2002:86-88.

说的"殷因于夏礼,所损益。"[1] "三代之礼,一也""民共由之"[2] 等民族性和人文延续性的普遍特性,说明了夏代的射礼是源于更早的历史时期,并伴随历史的发展而得以逐步演进和完善,以至于成为射礼竞赛中"君与"文化的滥觞。

四、商代的射礼人员

殷商时期,文化的繁荣发展为文献典籍、甲骨文、金文等文字记录系统的形成奠定基础,因此有关"君与"射礼竞赛的资料记载较为详尽与可靠。基于"殷因于夏礼,所损益"的特性,射礼竞赛不仅是对夏代射礼的继承和延续,更是在此基础上的进一步发展,因此其中"君与"的特性更为突出,种类更为丰富,竞

四川汉代习射画像砖

赛规模也更加宏大。第一种是殷商时期甲骨文记录的射侯之礼,已不仅仅是国君为了诅咒"不宁侯"为目的而采取的活动[3],它变得更为含蓄、更为文明,而且也拥有了射侯活动的固定场所,以便定期举行[4]。第二种是从巫术性射礼发展成为略有祭祀性礼仪特性的"射帝"[5],由商王带领身边臣民祭拜上天之神,祈求风调雨顺以服务于农业生产的需求。第三种是"射牢",即射牲,也是祭祀性的宗教之射。商代时期在郊外设置有专门的放牧场所,并有专人负责饲养,这些牲口专门为商王举行祭祀典礼之前进行挑选所用,即"供给祭祀等国家所需"[6],继而由商王在祭祀时进行射杀,如《国语·楚辞》载:"天子禘郊之事,必自射其牲"[7]。《国语·战国策》又言:"天子举以大牢,祀以会"[8]。可见,"射牢"是商王亲自参与的祭祀性射礼活动,并逐步发展为殷商时期的国家礼制。第四种是"子射",是专为贵族子弟们进行弓矢竞射练习的射礼活动。《穀梁传》记载:"与士众习射于射宫"[9],而习射的地点设在王室中的宫、

---

[1] 杨伯峻. 论语译注 [M]. 2版. 北京:中华书局,1980:21-22.
[2] 阮元. 十三经注疏·礼记正义 [M]. 北京:中华书局,1980:1435.
[3] 杨树达. 积微居金文说:第1卷 [M]. 北京:中华书局,1997:8.
[4] 陈梦家. 射与郊 [J]. 清华学报,1941,13 (1):115-162.
[5] 陈梦家. 殷墟卜辞综述 [M]. 北京:中华书局,1988:573-574.
[6] 吴七法. 先秦天子大祀牺牲考 [J]. 浙江大学学报,2004.3.
[7] 杨树达. 杨树达文集之五·卜辞琐记 [M]. 上海:上海古籍出版社,1986:4.
[8] 李维琦. 国语·战国策 [M]. 长沙:岳麓社,2006:137.
[9] 阮元. 十三经注疏·春秋穀梁传注疏 [M]. 北京:中华书局,1980:2435.

序或庠，"设为庠序学校以教之"[1,2]。由此可知，"子射"是商代君王所设立的专为贵族子弟学员学习射礼的一种活动，它表明殷商时期射礼竞赛活动的参与人员已不仅局限于商王，而是扩大到了身边的王室贵族成员。此外，殷商时期的金文中还记载了一些射礼活动，如服务于商王祭祀所用的"射牲礼"[3,4]，专门记述商王野外行射的"王射"[5]，以及一些典籍文献记载的殷商晚期举行的武乙"射天"之礼，如《史记·殷本纪》记载："为革囊，盛血，仰而射之"，并将这一行为称为"射天"[6]，等等。总而言之，殷商时期的射礼竞赛不仅体现了"君与"的竞赛特点，而且也扩大了竞赛的参与人员，由原来的以"君"为主而辐射至"君"身边的王室贵族成员及其子弟，同时国君也将射礼竞赛与国家政治紧密相连，服务于国君的国家治理和对权贵的管理，为国家的安定和谐与发展起到了重要的推动作用。

四川汉代弋射、收获画像砖

五、西周时期的射礼人员

在射礼竞赛鼎盛时期的西周，不仅国君参与的举国大射礼如火如荼，进而形成了以国君为首的诸侯、异邦首领、贵族子弟、高级官员等权贵精英"皆与射"的繁荣气象。可以说，西周时期射礼竞赛所形成的礼制已上升至国家的政治高度，成为屈指可数的国之大事之一。

第一，西周金文中的射礼人员。1984年，考古工作者在陕西省长安县沣西大原村发现了西周时期的墓地，墓地中出土了西周时期青铜器——义盉盖[7]，义盉盖上面的铭

---

［1］朱熹. 四书章句集注［M］. 北京：中华书局，1983：255.
［2］高文. 四川汉代画像砖·画像砖·五一·习射［M］. 上海：上海人民美术出版社，1987.
［3］陈立. 白虎通疏证［M］. 北京：中华书局，1994.
［4］高文. 四川汉代画像砖·画像砖·四·弋射收获［M］. 上海：上海人民美术出版社，1987.
［5］朱凤瀚. 作册般鼋探析［J］. 中国历史文物，2005（1）：6-10.
［6］司马迁. 史记·五帝本纪［M］. 北京：中华书局，1982：104-110.
［7］梁星彭，郑文兰. 1984年沣西大原村西周墓地发掘简报［J］. 考古，1986（11）：977-981.

文记录了西周中期周王参与大型射礼竞赛事件[1]。据学者刘雨的考释[2]，此次事件是周王在鲁举行大型射礼，也是射礼名称首次在金文中出现。此次射礼参与人员除了周王本人外，还有四种权贵之人：一是还未接受周王分封的、仍旧手握政权的异族邦国的国君；二是已受周王分封的诸侯国国君；三是周王身边的手握重权的高官正长；四是负责具体事务的高级掌事官员。可见，此次大型射礼竞赛的参与人员是以国君周王为首的权贵阶层，周王以射礼竞赛的形式召集这些权贵进行比射。

1993年，考古工作者在河南省平顶山市发掘出一处应国墓地，墓中出土了另一件青铜器—柞伯簋[3]，其铭文中也记载了西周时期周朝王的射礼竞赛[4]。此次射礼是西周早期在周王亲自主持下举行的，竞赛举办地点在周的射宫，即宗周或西周时期的都城镐京。射礼竞赛参与人员不仅有周王本人，还有南宫、师酓傅，以及周王子弟中的得爵、得权之士，如王士、王多士或小子和王臣即小臣等。此次射礼的目的和义盂盖铭文记载的射礼一样，是周王用射礼来考察诸侯、卿大夫、士的德行和才艺是否合格，这也符合了《礼记·射义》中："是故古者，天子以射选诸侯、卿、大夫、士"[5]的记载。

此外，西周时期国君参与的竞赛不仅局限于大型射礼，其他射礼竞赛都有国君及其权贵的参与。如青铜器伯唐父鼎铭文的"射牲礼"，记载了周王举行田猎祭祀的射牲事件，参与人员除周外，还有伯唐父等高级官员[6]；青铜器令鼎铭文的"燕射礼"，记载了周王在諆田举行的籍田射礼，射礼参与人员有周王，掌事的高级官员、负责周王身边安全守卫的军事长官，以及其他贵族子弟成员等[7]；青铜器噩侯鼎铭文的"燕射礼"，记载了周王南征蛮夷方国后，回程途中在坏地的别馆或客馆中举行了"燕射礼"的事件，燕射竞赛参与人员有周王和鄂侯驭方，竞赛的目的在于，周王欲对其施行恩威并举的管理方式，使其臣服于周王朝[8]；青铜器麦方尊铭文的"宾射礼"[9]、青铜器长由盉铭文的飨射即"宾射礼"[10]、青铜器静簋铭文的"学射"[11]、青铜器十五年趞曹鼎铭文的周王习射[12]、青铜器师汤父鼎铭文的习射[13]、青铜器匡卣铭文的

---

[1] 中国社会科学院考古研究所. 殷周金文集成[M]. 北京：中华书局，2007：5346.
[2] 刘雨. 西周金文中的射礼[J]. 考古，1986（12）：1112-1120.
[3] 王龙正，姜涛，袁俊杰. 新发现的柞伯簋及其铭文考释[J]. 文物，1998（9）：53-58.
[4] 李学勤. 柞伯簋铭考释[J]. 文物，1998（11）：67-69.
[5] 阮元. 十三经注疏·礼记正义[M]. 北京：中华书局，1980：1687.
[6] 中国社会科学院考古研究所沣西发掘队. 长安张家坡M183西周洞室墓发掘简报[J]. 考古，1989（6）：524-529.
[7] 唐兰. 西周青铜器铭文分代史徵·令鼎[M]. 北京：中华书局，1986：230.
[8] 陈梦家. 西周青铜器断代[M]. 北京：中华书局，2004：16.
[9] 郭沫若. 西周金文辞大系图录考释·199[M]. 北京：科学出版社，1957：20-40.
[10] 郭沫若. 长由盉铭释文[J]. 文物参考资料，1955（2）：128.
[11] 朱凤瀚. 古代中国青铜器[M]. 天津：南开大学出版社，1995：754-769.
[12] 陈梦家. 西周青铜器断代[M]. 北京：中华书局，2004：147-156.
[13] 郭沫若. 西周金文辞大系图录考释·趞曹鼎二[M]. 北京：科学出版社，1957：69.

"习射礼"[1]、青铜器井鼎铭文的"射鱼礼"[2]、青铜器遹簋铭文的"射鱼礼"[3]，等等。概言之，这些西周时期的金文都记录了如火如荼的"君与射"的历史，不仅反映了射礼竞赛与国君、国家政权及权贵阶层间所存在的密切关系，更体现了射礼在国君管控国家政权中所具备的重要政治意义。

敦煌壁画习射白描图

第二，西周典籍中的射礼人员。除了西周时期的金文外，其他史料也记载了"君与射"的射礼事件。

典籍《逸周书》即记载了"武王射三发"的射礼仪式：

> 商庶百姓咸俟于郊。群宾佥进曰："上天降休"。再拜稽首。武王答拜，先入适王所，乃克射之，三发而后，下车，而击之以轻吕，斩之以黄钺。折，悬诸太白。乃适二女之所，既缢，王又射之三发，乃右击之以轻吕，斩之以玄钺，悬诸小白。乃出场于厥军[4]。

事件表明，武王伐纣胜利后，导致殷纣王兵败自焚，为此周师特地为武王举行了一场盛大的入城仪式，以庆祝武王因攻克殷商而进入商朝的都城。

《史记·周本纪》也有相同的记载：

> 武王至商国，商国百姓咸待于郊。于是武王使群臣告语商百姓曰："上天降休！"商人皆再拜稽首，武王亦答拜。遂入，至纣死所。武王自射之，三发而后下车，以轻剑击之，以黄钺斩纣头，县大白之旗。已而至纣之嬖妾二女，二女皆经自杀。武王又射三发，击以剑，斩以玄钺，县其头小白之旗。武王

---

[1] 唐兰. 西周青铜器铭文分代史徵·匡卣 [M]. 北京：中华书局，1986：469.
[2] 唐兰. 西周青铜器铭文分代史徵·井鼎 [M]. 北京：中华书局，1986：365.
[3] 唐兰. 西周青铜器铭文分代史徵·遹簋 [M]. 北京：中华书局，1986：364.
[4] 黄怀信. 逸周书汇校集注 [M]. 上海：上海古籍出版社，2007：339-349.

上 篇 君与：被制造的竞赛

己乃出复军[1]。

可见，此次射礼仪式是由武王亲自上阵，身边手握重权的权贵为参与人员，武王通过射礼的形式不仅表达了战争胜利后的喜悦之情，而且也以此向在场的所有人彰显其威猛的战斗力和周王朝国家政权的合法、正统地位，具有一种强烈的威慑力。

《礼记·乐记》中也记载了武王克商后的相关射礼活动：

> 武王克殷反商。未及下车而封黄帝之后于蓟，封帝尧之后于祝，封帝舜之后于陈。下车而封夏后氏之后于杞，投殷之后于宋。封王子比干之墓，释箕子之囚，使之行商容而复其位。庶民弛政，庶士倍禄。济河而西，马散之华山之阳，而弗复乘；牛散之桃林之野，而弗复服。车甲衅而藏之府库，而弗复用。倒载干戈，包之以虎皮；将帅之士，使为诸侯；名之曰建櫜。然后知武王之不复用兵也。散军而郊射，左射狸首，右射驺虞，而贯革之射息也[2]。

事件说明，周武王在攻克商朝之前，其军队中已然存在"贯革之射"。"贯，穿也。革，甲铠也"[3]，"贯革，射穿甲革也"[4]，可见，贯革之射是军队中用于训练士兵战斗力的射箭技能竞赛，它不仅强调精准，而且要求速度和力量，从而让箭穿透敌人的盔甲，发挥强大射杀力。事件透露了西周初期所存在的射礼形态——郊射礼。郊射，古礼名，是天子或诸侯国君所举行的一种射箭比赛之礼[5]，它是"射宫于郊者也"[6]，可见郊射是在郊外的射宫所举行的射礼竞赛，参加人员有国君和诸侯等权贵。由此可知，《礼记·乐记》中这段关于周初的射礼竞赛有贯革之射和郊射两种竞赛形态，前者在国家意志下服务于国家军事训练，由国君和高级军官带领，在军中推行；后者则属于国君和权贵阶层的交流竞赛，参与人员是周王及权贵阶层。从"贯革之射息也"（野蛮的穿透铠甲的射法消失了）到"散军而郊射"（解散士兵并采取郊射的形式），再到配合"左射狸首，右射驺虞"（郊射时配合《狸首》《驺虞》乐曲而射），得出"知武王之不复用兵也"（知晓了武王不再穷兵黩武）。由此可见，武王放弃穷兵黩武而采取射礼的竞赛形式，不仅是武王德治天下的治国理念的表现，也是他以竞赛为形式教化天下的重要治理举措。

《诗经》中也记载了国君参与射礼竞赛的相关内容：

---

[1]司马迁．史记·周本纪［M］．北京：中华书局，1982：124-125．
[2]阮元．十三经注疏·礼记正义［M］．北京：中华书局，1980：1542-1543．
[3]阮元．十三经注疏·礼记正义［M］．北京：中华书局，1980：1543．
[4]阮元．十三经注疏·礼记正义［M］．北京：中华书局，1980：1543．
[5]杨天宇．十三经译注·礼记译注［M］．上海：上海古籍出版社，2004：501．
[6]阮元．十三经注疏·礼记正义［M］．北京：中华书局，1980：1543．

敦彼行苇，牛羊勿践履。方苞方体，维叶泥泥。戚戚兄弟，莫远具尔。或肆之筵，或授之几。

肆筵设席，授几有缉御。或献或酢，洗爵奠斝。醓醢以荐，或燔或炙。嘉肴脾臄，或歌或咢。

敦弓既坚，四鍭既钧，舍矢既均，序宾以贤。敦弓既句，既挟四鍭。四鍭如树，序宾以不侮。

曾孙维主，酒醴维醹，酌以大斗，以祈黄耇。黄耇台背，以引以翼。寿考维祺，以介景福[1]。

《诗·大雅·行苇》篇生动描述了在欢乐喜庆的宴饮中举行射礼竞赛的活动场面，是写周统治者和族人宴会、比射的诗[2]。从诗中可知，宴会场面宏大，气氛欢乐祥和，尤其是描写射礼竞赛的第三句，充分反映射礼竞赛的政治意义："敦弓既坚"（雕弓拉满势坚劲），"四鍭既钧"（四支利箭合标准），"舍矢既均"（发箭一支中靶心），"序宾以贤"（以射技分座次）。"敦弓既句"（雕弓张开弦紧绷），"既挟四鍭"（利箭四支手持定）。"四鍭如树"（四箭竖立靶子上），"序宾以不侮"（排列客位不慢轻）。文中"敦弓"即"雕弓"，是周代天子用的弓，用五彩画涂于弓上作为一种威严的装饰[3]，最后一句中的"曾孙"是即是周王本人。因此，《诗·大雅·行苇》篇中关于射礼竞赛的记载表明，此次射礼竞赛的参与人员是周王和周王的贵宾，周王以在宴会中举行射礼竞赛的形式娱乐宾客，彰显"四鍭如树"（四箭竖立靶子上）的勇猛战斗力，同时在组织形式上对贵宾进行"序宾以贤"（以射技分座次）和"序宾以不侮"（排列客位不慢轻）的等级排序。这种在组织形式上强调亲亲尊尊、上下有别的等级秩序是因"君与射"且在竞赛中刻意强化等级和伦理秩序的重要表现，国君通过灌输亲尊有分、贵贱有序的等级思想来对贵族阶层实施权力控制，以此达到巩固政权一统天下的目的。

《诗·小雅·宾之初筵》则形象地描述了射礼竞赛服务于帝王将相、达官显贵阶层的宴饮娱乐活动情形：

宾之初筵，左右秩秩。笾豆有楚，殽核维旅。酒既和旨，饮酒孔偕。钟鼓既设，举酬逸逸。大侯既抗，弓矢斯张。射夫既同，献尔发功。发彼有的，以祈尔爵[4]。

---

[1] 阮元．十三经注疏·毛诗正义 [M]．北京：中华书局，1980：534-535．
[2] 程俊英．诗经译注 [M]．上海：上海古籍出版社，2004：440．
[3] 程俊英．诗经译注 [M]．上海：上海古籍出版社，2004：442．
[4] 阮元．十三经注疏·毛诗正义 [M]．北京：中华书局，1980：484-487．

诗中形象而具体地描写表明了服务于燕国权贵的射礼是国君交际必不可少的重要手段之一。一方面，国君在射礼中以美酒佳肴的娱乐方式宴享权贵，让权贵在感受到厚爱的过程中达成了国君对权贵的安抚，这无疑对稳定军心起到了积极的作用；另一方面，国君在射礼中以竞赛的方式彰显其武力和以"饮罚酒"的形式行使其权力，让权贵在被震慑的过程中实现国君对权贵阶层的威服，这无疑对有所企图的"不宁侯"起到巨大的震慑作用。

综上可见，从早期部落首领到西周时期，国君的参与将射礼竞赛逐步推向一个如火如荼的竞赛高潮。国君以竞赛为手段在射礼竞赛中精心拼铸了一个国家的顶层竞赛文化圈，并在人员结构上建构起一个以"君"为核心的政权团队，形成了包含以国君为首的诸侯、异邦首领、贵族子弟、高级官员等权贵精英"皆与射"的繁荣景象。国君正是以这种亲身参与竞赛的形式对权贵精英施行"在场"的权力监管，进而"朝着'国家控制'不断稳固的方向发展"[1]，对国家顶层政权秩序的建立起到了至关重要的稳固作用。

射礼竞赛参与人员一览表

序号	时间	射礼种类	资料来源	参赛人员	竞赛目的
1	上古时代	射礼萌芽	《史记》《积微居金文说》	氏族、部落首领	生存
2	炎黄时代	射侯	《山海经·海内经》《汉书·郊祀志》	殳、炎帝、帝尧	设射不来
3	炎黄时代	射干侯	《老子·十大经·正乱》	黄帝、士兵	诅咒、威慑
4	尧舜时代	射日	《淮南子·本经训》	尧帝、有穷国君羿	为民减灾
5	尧舜时代	射侯礼	《尚书·益稷》	帝舜、帝尧	侯以明之
6	夏代	巫射礼	《天问·离骚》	君王益、启	诅咒、威慑
7	商代	射侯礼	《积微居金文说》	商王、权贵	射"不宁侯"
8	商代	射帝礼	《殷墟卜辞综述》	商王、臣民	服务生产
9	商代	射牢礼	《先秦天子大祀牺牲考》	商王	祭祀
10	商代	子射礼	《春秋榖梁传注疏》《孟子·滕文公上》	商王、贵族子弟	习射

---

[1] 诺贝特·埃利亚斯. 文明的进程——文明的社会发生和心理发生的研究[M]. 王佩莉，袁志英，译. 上海：上海译文出版社，2013：3.

续表

序号	时间	射礼种类	资料来源	参赛人员	竞赛目的
11	商代	射牲礼	《白虎通注疏》	商王	祭祀
12	商代	王射礼	《作册般鼋探析》	商王	野外实战
13	商代	射天礼	《史记·五帝本纪》	商王	祭祀
14	西周	大射礼	《周礼》《诗经》《仪礼》	周王	选贤、治理
15	西周	大射礼	义盉盖铭文	周王、异邦国君、诸侯、权贵、高官	国家治理
16	西周	大射礼	柞伯簋铭文	周王、南宫、师酉傅、王士、王多士、小子、王臣	国家治理
17	西周	射牲礼	伯唐父鼎铭文	周王、高官伯唐父	祭祀
18	西周	燕射礼	令鼎铭文	周王、高官、军事长官、贵族子弟	交流联谊
19	西周	燕射礼	噩侯鼎铭文	周王、鄂侯驭方	威慑、管控
20	西周	宾射礼	麦方尊铭文	周王、来朝刑侯	接待、联谊
21	西周	宾射礼	长由盉铭文	周穆王、太祝、刑伯和长由	考察、治理
22	西周	学射礼	静簋铭文	周王、贵族子弟	习射
23	西周	习射礼	十五年趞曹鼎铭文	共王、史官趞曹	习射
24	西周	习射礼	师汤父鼎铭文	周王、师汤父	习射
25	西周	习射礼	匡卣铭文	周懿王、匡	习射
26	西周	射鱼礼	井鼎铭文	周王、井	野射、拉拢
27	西周	射鱼礼	遹簋铭文	周穆王、遹	野射、拉拢
28	西周	王射礼	《逸周书·克殷解》《史记·周本纪》	周王	耀武扬威
29	西周	郊射礼	《礼记·乐记》	周王、诸侯、权贵	教化、治理
30	西周	大射礼	《诗·大雅·行苇》	周王、贵宾	恩威并举
31	西周	燕射礼	《诗·小雅·宾之初筵》	周王、权贵、贵宾	安抚、威服

注：西周以降大型射礼活动逐步退出历史舞台，尽管后世偶有举行，但已非常态，故本表大射礼人员仅统计至西周时期。

第二节 以"君"为标杆的核心技术体系

在国家政治权力"上层设计的形式远比下层运作更为重要"[1]的政治布局中,礼射形成了以"君"为核心的顶层权力圈,并以"君在场"的竞赛形式对现场的参与权贵进行实时的管控和监管,以服务于国家的顶层政权管理。射礼竞赛即国君与权贵阶层在政权上的"博弈""斗争",因而国君要在意识形态上征服权贵阶层,并取得对他们的认同,不仅需要政治权力中的上下级权威关系,更需要自身在意识形态、思想上,甚至具体技术实践等方面取得对权贵阶层的优越性,才能形成对权贵阶层的统治,以达到国君理想中的国家政权稳定态势。因此,国君在射礼竞赛中不仅以精湛的技艺引领核心技术的发展,同时也以此为手段对"与射"的权贵实施威慑和督促的控制。

一、"中"

在以"君"为核心的技术中,最原始、最直接、也最显性的形态就是"中"。顾名思义,"中"即指精准射中箭靶或目标。在人类的高级属性开始发展起来的远古时期,弓箭具备了超强杀伤力[2]。因此,弓箭的"中"随即成了以"君"为首的部落、氏族贵族必备的核心技术。在这一时期中,射礼中代表精准的"中"成了国君引领权贵、国民的首要技术表现形态。

黄帝时期,从马王堆出土的《老子》乙本卷中[3],我们看到了黄帝自身所具备的精湛射技及其倡导的技能要求与指向。《老子》乙本卷中《十大经·正乱》篇记载如下:

> (黄帝)于是出其锵钺,奋其戎兵。黄帝身禺(遇)之(蚩)尤,因而禽(擒)之。剥其皮革以为干候,使人射之,多中者赏。剑(断)其发而建之天,名曰之(蚩)尤之旌,充其胃以为鞠。使人执之,多中者赏,腐其骨肉,投之苦酭(醢),使天下噍之[4]。

上文大意为:黄帝认为出战蚩尤的时机已经成熟,于是陈列出兵器,用武器武装自己,激励士兵奋勇出击抵抗,在战场上与蚩尤相遇而形成两军对峙的局势后,黄帝获胜并擒获了蚩尤。随后,黄帝剥下蚩尤的皮,晒干后制作成箭靶,公开叫人竞射,并对射中多的人给予奖赏;同时剪下他的头发用以装饰旗杆,再将旗子标明"蚩尤之

---

[1] 黄仁宇. 中国大历史 [M]. 北京:生活·读书·新知三联书店, 2015:18.
[2] 恩格斯. 家庭、私有制和国家的起源 [M]. 张仲实, 译. 北京:人民出版社, 1954:23.
[3] 马王堆汉墓帛书整理小组. 长沙马王堆汉墓出土《老子》乙本卷前古佚书释文 [J]. 文物, 1974 (10):30-42.
[4] 马王堆汉墓帛书整理小组. 长沙马王堆汉墓出土《老子》乙本卷前古佚书释文 [J]. 文物, 1974 (10):30-42.

旗"后高高地悬挂供人观看；再将他的胃填充成球状，叫人去踢，对多次将球踢入坑的人给予奖赏；最后，还将蚩尤的骨头剁碎，掺杂在苦菜中做成肉酱，让天下的人前来品尝。

尽管记载中并未有黄帝射箭技术的直接体现，但是从这一事件中，我们可以得出：第一，黄帝自身已具备高超的射技。黄帝作为一国之君要带领士兵铲除恶势力，自身理所当然具备高超的武力和威猛的战斗力，而弓箭作为超强杀伤力的武器，自然成为黄帝及其士兵重要的装备，况且蚩尤作为上古时代"武战神"的黎族酋长，拥有勇猛无比、势不可挡的战斗力，因此，要取得战争的胜利，没有强大的个人和军事实力是无法实现的。在此背景下，黄帝在与蚩尤的正面交锋中取得了胜利，将蚩尤擒获，可见黄帝自身是具备高超射箭技能的。第二，黄帝代表了射礼技能的发展方向。黄帝擒获蚩尤后，"剥其皮革以为干候，使人射之"，黄帝不仅公开让大家竞射蚩尤的皮靶，并且强调"多中者赏"，而且对射得准和射中多的人行使其奖赏的权力，以示激励。这不仅透露出黄帝对射礼技能的喜好倾向，同时也说明黄帝要求、鼓励并倡导的射礼技能应当是精确度高、速度快、命中数量多。由此可见，"中"或"多中"即是强调射中靶的箭的数量，以射中靶数量多者为胜，而不考虑射出的箭的多少，即不考虑"废矢"（未中靶而作废的箭）。

《太平御览》中亦记载了夏王与有穷国君主羿射箭时所强调的"中"的事迹：

> 夏王使羿射于方尺之皮，径寸之的。乃命羿曰："子射之，中，则赏子以万金之费；不中，则削子以千邑之地。"羿容无定色，气战于胸中，乃援弓而射之，不中，更射之，又不中。夏王谓傅弥仁曰："斯羿也，发无不中！而与之赏罚，则不中的（靶）者，何也？"傅弥仁曰："若羿也，喜惧为之灾，万金为之患矣。人能遗其喜惧，去其万金，则天下之人皆不愧于羿矣。"[1]

大意是说，夏王刻意以射中赏赐"万金"、射不中削地"千邑"的心理压力让"发无不中"的羿射箭，以此考察他是否能射"中"，并在羿连续射不中的情况下，得出了结论：只有排除其他干扰，那么人人才能成为"发无不中"的羿。同样，《孟子·万章下》亦载："由射于百步之外也，其至，尔力也；其中，非尔力也"[2]。这里同样强调了射"中"并非仅仅是依靠蛮力，而是依靠"心力"的事实。这些记载告诉我们：其一，远古时期"发无不中"的"君"确实是引领国民"善射"的技术标杆。其二，在以"君"为标杆的核心技术中，"中"是受到普遍认可的最为直接且受推崇的形态。总之，"中"是射礼竞赛最初的一种技术追求，它与当时人民的生活环境存在密

---

[1] 李昉. 太平御览：第745卷 [M]. 北京：中华书局，1966：15.
[2] 焦循. 孟子 [M]. 万丽华，蓝旭，译注. 北京：中华书局，2012：219.

不可分的关系,"君"的"中"不仅对国民起到直接的引领效果,而且对身边的权贵起到引领作用。

二、"多发多中"

如果说"中"是早期"君"引领天下世人所推崇的原始技术,那么,后期强调废矢率低的"多发多中"即"百发百中",随即成为人们所追求和向往的一种更高要求的技术样态。远古时代的羿是一位精通射箭之道的标杆性神射手,他以其精准、快速的射箭技术为世人所推崇。

《管子·形势解》载:

> 羿,古之善射者也。调和其弓矢而坚守之。其操弓也,审其高下,有必中之道,故能多发而多中。明主,犹羿也,平和其法,审其废置而坚守之,有必治之道,故能多举而多当。道者,羿之所以必中也,主之所以必治也。射者,弓弦发矢也。故曰:"羿之道非射也。"[1]

这段话是说:羿,是古代杰出的射手。他调和好弓箭而坚持着。他操弓时,审视其高下,掌握必中目标的规律,所以能百发百中。贤明的君主如同后羿一样,调整好治国的法度,明察哪些应废弃,哪些应建立,从而坚守法治,掌握必治的规律,所以能做到举措总是得当。"道",使后羿必能命中,君主必能大治国。射箭,不过是弓弦发出箭而已。所以说:羿之道非射也。"[2]

这段话表明:

第一,后羿作为古代杰出的射手,其射箭技能已成为世人所敬仰的标杆。从记载中可知,后羿射箭的核心技术体现在"多发而多中"方面,"多发",是指多次、快速、连续地发射,属于一种"快射"技术;而"多中",是指箭命中靶的数量,属于对一种结果的评判或评价。"多发多中"是要求在"多发"的情况下还必须"多中",这表明后羿在"多发"即多次快速而连续发射的情况下,保持了"多中"的高命中率,即快速连续发射多少支箭,就命中多少支箭,而绝不存在有不命中而作废的箭,达到了荀子所强调的"百发失一,不足谓善射"[3]的高命中境界。因此,我们将后羿这种精湛的标杆性技术称为"百发百中"。

第二,射亦有"道"。从外在形式来看,射箭是一个简单的肢体动作,但要达到"百发百中"的精确度仅凭外在肢体动作是无法完成和实现的,它需要内与外的结合,这是古人早已深知的道理。古人将达到"百发百中"这一杰出技能的方法和途径称为

---

[1] 刘柯,李克和. 二十二子详注全译·管子译注 [M]. 哈尔滨:黑龙江人民出版社,2003:391.
[2] 刘柯,李克和. 二十二子详注全译·管子译注 [M]. 哈尔滨:黑龙江人民出版社,2003:403.
[3] 荀子. 荀子·劝学 [M]. 安小兰,译注. 北京:中华书局,2007:16.

"道",即射箭和宇宙中万事万物一样,遵循事物发展的永恒和基本的规律和法则。在射箭中,这种基本规律和法则就是"调和其弓矢而坚守之。其操弓也,审其高下"。"调和其弓矢"是将弓箭和身体动作调整到一个最佳的位置而形成"人弓合一"的和谐状态;"坚守之"是对内在情感提出一个"志正""平稳"的要求,"志正"即内心态度端正,"平稳"即对自我"波动"情感的控制;而"审其高下"是正确地内外结合后而做出对目标的正确判断。可见唯有做到"志正""平稳"才能达成正确的"坚守之",而正确的"坚守之"才能做出"审"的正确判断,从而达到"发即中""多发而多中"的精准命中率。因此我们可以说,"调和""志正""平稳"是射箭的基本规律和法则,即射之"道",这也成了后期礼射"君子之于射也,内志正,外体直,持弓矢审固,而后可以言中"[1] 这一基本要求的重要根基。

第三,治国之"道"犹如射之"道"。古人明白万事万物遵循"道"的基本规律,因此在射有"道"的前提下,推断国亦有"道"的基本事实,并由此得出治国之"道"犹羿治射之"道",即"平和其法,审其废置而坚守之"。"平和"是将治国法度调整到一个无私、公正的最佳状态而形成"天下太平"的和谐状态;"审其废置"是基于无私、公正的法度而做出正确的"用废"抉择与判断,进而以内在"无私"和外在"公正"地有力结合去"坚守"治国之"道",从而达到"多举而多当",即国家的治理举措总是得当和得民心的一种"必治"状态。可见,"平和""公正""无私"之于治国恰如"调和""志正""平稳"之于治射,都是遵循宇宙万物之"道"的基本规律,这是古人对"道"的哲学理解。

第四,萌发了以射之"道"来达成治国之"道"的思想。古人在理解了宇宙万物发展之"道"的基本规律后,得出了"道者,羿之所以必中也,主之所以必治也"的结论,强调"道"这一基本规律是后羿百发百中和君主和谐治国的不可或缺的因素,并因此而发出"羿之道非射也"的感慨,感叹射之"道"不仅仅是拉弓弦发出箭这么简单的事而已。正因如此,可以推测,古人既然明白"道"(射之道)亦同"道"(治国之道)的道理,何尝不可以射箭之"道"来教化民众,以实现理想中的国家治理之"道"呢?研究认为,这一时代羿的善射和古人对"道"的理解应该是古人萌发以射之"道"来达成国家治理之"道"的最初思想源泉,这一思想是以射之"道"为形式对人的内外进行合理引导而逐步形成、发展为后期服务于国家治理的一种射礼竞赛形态。

三、"丙弓""疾弓""迟弓"

随着竞赛的发展,射礼中以"君"为标杆的核心技术亦得以不断创新。2003 年,

---

[1] 杨天宇.四书五经译注·礼记译注[M].上海:上海古籍出版社,2010:833.

中国社会科学院考古研究所编著出版了《殷墟花园庄东地甲骨》的考古信息，公布了一批出土甲骨文的研究进展，其中一些甲骨文记录并反映了商代商王、权贵、贵族子弟等相关人员参与射礼竞赛活动的珍贵史料。据宋镇豪先生对《殷墟花园庄东地甲骨》中467、7、37三龟的考证[1]，这些甲骨文反映的是"同事异日习卜"，即一组在不同时间里记载同一件事件的甲骨卜辞，卜辞十分详尽而罕见地记录了晚商时期商王及其王室贵族子弟进行习射之礼的历史资料。甲骨卜辞显示，于晚商时期，商王带领王室贵族子弟进行了一场声势浩大的射礼竞赛，竞赛时间从"甲午"这一天开始，经过了"戊戌""己亥""乙巳""丙午""戊申""癸丑"再到"乙卯"这一天，整场竞赛前后总共持续了20余天，充分体现了商王对射礼竞赛的重视程度及竞赛的规模化。竞赛举办地点也呈现出多样化的特点，分别在"麗""潯""瀍"三个地点进行竞射，其中"潯""瀍"两处竞赛场所是在傍水的水泽边，而"麗"是在类似于水泽原野处。竞赛记录如下：首先，竞赛开始的"甲午"之时在"麗"举行第一场竞赛。其次，"戊戌"之时则安排在"潯"进行第二场竞赛。再次，"己亥"之时则转移至"瀍"进行第三场竞赛。最后，从"乙巳"到"戊申"之时又回到起始的地点"麗"进行最后一场比赛。总体而言，整场竞赛规模庞大，持续时间长，突出反映了此次射礼竞赛的高规格。

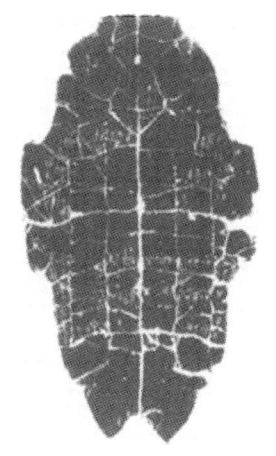
殷墟花园庄东地甲骨-467号

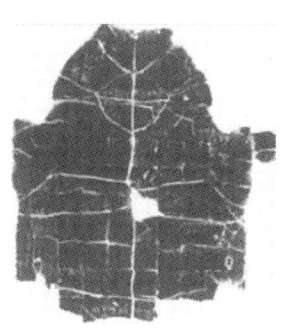
殷墟花园庄东地甲骨-7号

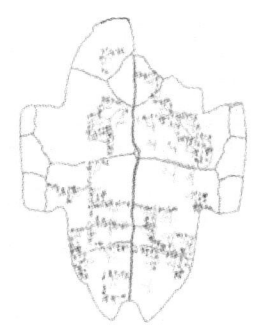
殷墟花园庄东地甲骨-37号

竞赛中最值得关注的是出现在竞赛中的射礼核心技术要素——"丙弓""迟弓""疾弓"。根据宋镇豪先生的研究，竞赛在"甲午"之时开始后进行了"子射于之"，即贵族子弟开始进行竞射，而后从第12日"乙巳"之时的日出之际进入了竞赛的高潮阶段，因为这一天的竞赛出现了别开生面的"丙弓""迟彝弓"相结合的不同竞赛方式；到了第13日"丙午"之时，商王及其权贵又运用了"疾弓于之"的射礼技术来进

---

[1]宋镇豪. 从新出甲骨金文考述晚商射礼 [J]. 中国历史文物, 2006 (1): 10-18.

行竞赛；而到第 15 日 "戊申" 之时，竞赛又出现了 "乎匄马" "疾弓用射萑" 等相关竞射技术的记载。从中我们可以看出，商王带领的权贵团队在整场竞赛中运用了 "丙弓" "迟弓" 竞 "疾弓" 三种不同的竞射技术，这与此前的射礼竞赛对比，在技术上具有较大的突破。

第一种技术称 "丙弓"，是对此前具有一定普遍性的射礼技术的泛称，或者可以说，是对常规射礼技术的一种统称，它是区别于非常规性射礼技术的一种技术性称谓，因此我们将 "丙弓" 称为常规射技。第二种技术称 "疾弓"，顾名思义，属于一种快射技术，是一种与常规射技相对比速度较快的射礼技术形态。而第三种技术称 "迟彝弓"，或者称为 "迟弓"，是与普遍性射礼技术相对比较为缓慢的一种技术形态，也可以将其理解为比常规射箭 "迟" 到靶的一种速度偏慢的射礼竞赛技术。它要求竞射者在 "放矢" 这一环节中掌握并保持对弓弦力度的把控，同时精确命中目标。可见，"迟弓" 是基于 "丙弓" "疾弓" 基础上发展出来的一种竞赛技术形态，它要求竞射者不仅要做到竞射时的缓慢、平稳而徐徐然，而且在此基础上还要达到准确 "命中" 的竞赛结果，因此它对竞射者的弓箭技能提出了新的要求和挑战，是一种更加难以把控的礼射技术。

首先，从技术角度而言，"丙弓" "疾弓" "迟弓" 在竞赛中的运用不仅揭示了商代时期商王自身所具备和引领的卓越技术技能，而且反映了在商王带领下的王室权贵团队整体竞赛技术水平的提升。"丙弓" "疾弓" "迟弓" 的出现有效丰富了射礼竞赛的整体技术结构，让射礼竞赛技术从以往较为简单、单一的只求 "中" "多中" "多发多中" 的竞赛技术，迈入了更为多元化的 "常规射" "快射" "慢射" 的技术时代。其次，从竞赛发展角度而言，"丙弓" "疾弓" "迟弓" 在竞赛中的有效运用，不仅极大地激励了参赛个体对自我能力的不懈追求，而且增加了团队间相互鞭策与竞攀的竞争力，这种突出的个体能力和卓越的团体实力无形中对射礼竞赛的繁荣和发展起到了极大的促进和推动作用。最后，从国家治理角度而言，一方面商王在竞赛中所表现出来的 "丙弓" "疾弓" "迟弓" 的技术水平，充分体现和彰显了商王自身勇猛威武的战斗力，这对在场权贵起到了有效的震慑作用；另一方面商王以多样化的竞赛方式保持对身边权贵集团的督促和控制，是一种十分有效且恩威并举的政权管控手段。

四、"亡废矢" 的 "1+3" 技术

2003 年，中国国家博物馆入藏了一件十分珍贵且不同寻常的商代晚期青铜器——作册般铜鼋[1]，它是商王铭记和彰显自身卓越射礼技术的一种特殊礼器。铜器长 21.4

---

[1] 李学勤. 作册般铜鼋考释 [J]. 中国历史文物, 2005 (1)：4-5.

厘米,宽16厘米,高10厘米,制作成一只大鳖模样的鼋状,整只鼋体保存较为完好,四肢和头部均伸出在外,鼋体上插有四支箭羽,整体形态惟妙惟肖、十分逼真。从制作工艺上看,整个青铜鼋体系一次铸成,箭支部分为分铸,仅将箭支尾端嵌入鼋体表面的凹穴内,箭支上有四翼构成箭羽,且箭支尾部末端的圆形平面上切有一道直径横贯的沟槽"比"[1],即在开弓前利于将箭尾扣入弓

商作册般青铜鼋

弦,以防止箭支脱落的凹槽设计。这些细枝末节告诉我们,鼋体上的箭支的前端箭尖部分已深入并穿透鼋体,而只留下箭的末端即箭羽部分。

从射礼技术的视角来看,作册般青铜鼋体最值得关注的是鼋体上面所显露的四支箭羽:在鼋体左颈部的侧面,斜插入一支箭正入鼋体,左背部的上下方各插入一支箭,而右背部下方也插入一支箭,总共四支箭均准确且深入地插入鼋体并穿透而过,只留下箭羽裸露在外,而且更重要的是,裸露在外的箭羽的长度也几乎相当。可见,四支箭在鼋体上所彰显的位置不仅霸气而形象地展现了射箭者技能的精湛和杰出,而且透露出参射者即商王对弓弦力度非同一般的把控力。殷周时期作为祭祀礼器的青铜器,多半供献给祖先或铭记自己武力征伐的胜利[2],四支箭可能蕴含着与国君的级别地位有关的特殊政治意义,如三星堆金杖上是四鸟、四箭、射杀四鱼,蚩尤衣裳上是四只朱鸟、四只饕餮眼睛等[3]。

作册般铜鼋背甲部刻的4行33字铭文记录了当时商王竞射的情形及制作铜鼋的缘由,铭文如下:

> 丙申,王延玨(于)洹,隻(获)。
> 王一射,占丑(妞)射三,率亡(无)灋(废)矢。
> 王令(命)寑(寝)馗(馗)兄(贶)玨(于)乍(作)册般,
> 曰:"奏玨(于)庸,乍(作)女(汝)宝[4]。

---

[1] "比",亦名"括"。《周礼·考工记·矢人》:"夹其阴阳,以设其比;夹其比,以设其羽。"郑玄注曰:"夹其阴阳者,弓矢比在槀两旁,弩矢比在上下,设羽於四角。郑司农云:比谓括也。"羽在槀四角,与本器箭尾设羽方式同。
[2] 李泽厚. 美的历程[M]. 北京:生活·读书·新知三联书店出版社,2015:39.
[3] 朱小丰. 中国的起源[M]. 上海:上海文艺出版社,2014:208-209.
[4] 朱凤瀚. 作册般铜鼋探析[J]. 中国历史文物,2005(1),1:6-10.

 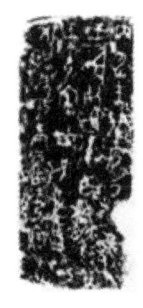  

作册般铜鼋背甲部铭文

该作册般铜鼋铭文为研究"君与射"的核心射礼技术提供了宝贵的资料来源。根据朱凤瀚先生的考释[1],铭文大意如下:丙申之日,商王抵达洹水之地并捕获此鼋。商王先对鼋体射了一箭,继而又连续快射三箭,全部命中而没有作废的箭。商王命令寝官馗将此鼋赏赐给作册般,并说:"将此事铭记于庸器,作为你的传世宝物"。可见,作册般铜鼋所记载的铭文不仅完整再现了晚商时期的商王及其身边权贵近臣射礼竞赛活动的全过程,而且为我们展现了商王在射礼竞赛中所使用的精湛技术,进一步印证了"君"在射礼竞赛技术中的标杆性地位与核心掌控能力。

对本研究而言,作册般铜鼋铭文至少透露了两点至关重要的信息:

其一,"亡废矢"的"1+3"是射礼技术的新突破。商王以捕获的鼋为靶进行射礼竞赛活动,在竞赛中商王先射出一箭,准确命中,继而又连续快速发射三箭,又全部命中,达到"无废矢"的技能境界。因此,我们可以将这种射礼技术称为"一慢三快"技术,或简称"1+3"技术。商王所具备的这种精湛的"1+3"技术是继承于商代之前的射礼技术,同时也是对先前射礼竞赛技术的一种合理化推进。

其二,"1+3"新技术不仅树立了标杆,更彰显了"君"威。首先,商王在展示完"1+3"的精湛技艺后,得意于自我的卓越,命令近臣寝官将插有箭矢的鼋赐给陪同竞赛的作册般,并交代作册般将商王这一令人骄傲的战绩铭记下来,以流芳百世。从这一点可以看出,商王对于自我射礼技术充分自信。其次,可以推断,商王"亡废矢"的"1+3"对在场权贵所形成的震慑作用是十分巨大的,这种威慑以绝对的强权和勇猛的武力为表现形式,对内心有丝毫不安定企图的权贵造成一种"在场"的警示和"后续"的督促,对于商王巩固国家政权和服务国家治理起到了积极作用。最后,从商王

---

[1]朱凤瀚.作册般铜鼋探析[J].中国历史文物,2005(1),1:6-10.

命令作册般将此战绩铭记下来,并作为宝物流芳百世的举动可以看出,商王对于国家政权的管控不仅仅是针对在场的权贵,商王更希望将这一"无废矢"技术所形成的对权贵内心的有效冲击扩大至所有权贵,甚至是整个被统治阶层,因而才命令作册般制作可以永久珍藏的青铜器,并让作册般家族世代以此为荣,从而扩大商王在国家统治中的地位,形成良好的国家治理功效。

总而言之,"1+3"技术是射礼竞赛在"中""多发多中""丙弓""迟弓""疾弓"等基础上继承和发展起来的,商王所具备的这种精湛技术不仅对在场权贵产生了巨大震慑作用、施加让他们臣服的心理压力与鞭策的心理暗示,而且这种"1+3"技术也对礼射技术的后续发展起到极大的引领与推动作用。

五、"五射"

进入西周时期后,射礼竞赛的核心技术体系也迈向了多元化高度发展阶段。这一时期的射礼竞赛技术因不再服务于军事后的全新目的[1],而并非单纯注重射的"中""不中"了,转而更加关注射的"如何中"。换言之,"射中"已不是射礼竞赛唯一的评价标准,取而代之的是更为细腻的模式,更加侧重比武的技巧和敏捷[2],甚至是更有难度、更加艺术化且体现"身心"修炼、修为、修养的更高境界的多样化"射中"形态。在此背景下,射礼竞赛在西周时期形成了一整套高难度、别具一格且十分艺术化的竞赛核心技术体系——五射[3]。所谓"五射",是指射礼竞赛的五种不同射箭技术,这五种技术在分别强化和突出某一方面的同时,以其有效组合为完整体系的方式突显了国家顶层的特定权力指向和对人管理的国家意志。因此,这一时期射礼竞赛的"五射"技术已不仅是"君"之技和参赛权贵团队必备的参赛技能,甚至俨然已成为国家教育贵族子弟的核心教育制度之一。

《周礼·地官·保氏》载:

> 保氏掌谏王恶,而养国子以道。乃教之六艺,一曰五礼,二曰六乐,三曰五射,四曰五驭,五曰六书,六曰九数[4]。(《周礼·地官·保氏》)

可见,"五射"不仅在当时是国君和权贵射礼竞赛的重要技术规范,更是在国君意志下,成为国家权贵教育体系"六艺"中的一项十分重要的"道"的技艺,以服务于

---

[1] Hauser W B. Armed martial arts of Japan: Swordsmanship and archery [J]. American Historical Review. 1999, 104(5): 1651-1651.
[2] 乔治·维加雷洛. 从古老的游戏到体育表演——一个神话的诞生 [M]. 乔咪加,译. 北京:中国人民大学出版社,2007:6.
[3] 阮元. 十三经注疏·周礼注疏 [M]. 北京:中华书局,1980:731.
[4] 郑玄,注,贾公彦,疏. 十三经注疏·周礼注疏 [M]. 上海:上海古籍出版社,2010:499.

国君"养国子",即对权贵阶层的教育和国家的治理。

具体而言,"五射"即五种不同形式的竞射技术,但是古今往来,对于"五射"技术的具体细节众说纷纭、未能统一。古代诸多学者、经学家、史学家、军事家等都对"五射"技术进行了深入的研究,并已形成各自的观点。为充分了解"五射"技术体系的具体技术细节,本文参阅了具有代表性的东汉经学家郑司农、北魏大臣王琚、唐代经学家贾公彦、明代学者李呈芬、明代学者李恕谷,以及清代经学大师孙诒让等人的观点,现综合各家代表性意见,将"五射"技术以表格形式呈现,如下表所示,并以此为基础进行分析。

射礼竞赛"五射"技术考

学者	技法					
	《周礼·地官·保氏》所载之"五射"				
[北魏]王琚《教射经》	一白矢:矢白镞至指,縠率	二参连:矢行急疾而连参	三剡注:以弓弰直指于前以送矢,劈"扌室"	四襄尺:平其肘,肘上可置杯水	五井仪:开弓形,怀中吐月
[唐]贾公彦《周礼注疏》	矢在侯而贯侯过,见其镞白	前放一矢,后三矢连续而去	羽头高镞低而去,剡剡然	臣与君射,不与君并立,襄君一尺而退	四矢贯侯,如井之容仪
[明]李呈芬《射经》	白镞至指,縠率。弯弓之法	先发一矢,三矢夹于三指间,相继拾发,不至断绝。注矢之法	箭发则靡其弰,直指于前以送矢。或矢头剡处,直往注于侯,即水平箭。发矢之法	平其肘,使肘上可置杯水。或以肱腋其胸肋,无使他人之矢从虚而入。自防之法	开弓圆满似井形。或四矢集侯如井容仪,即诗四鍭如树。射之妙法
[明]李恕谷《学射录》	右手持一矢树之,投于左手大指、食指间,见其矢白于土	捣三挟一,相次叁然而连	以目从矢镞直贯于鹄,剡然而锐注,审	引弓满后,前后肘平直,体直而固	四矢集正鹄如井字,诗曰四矢如树,射中之巧
[清]孙诒让《周礼正义》	审拟的质而发	后镞中前括,发发相及,矢矢相属,视之若一	羽头高镞低而去,剡剡然	笴三尺,少退于物	四矢之发悉如井仪,中的之正

上表呈现的是几位比较有代表性的学者关于"五射"技术的几种具体细节的主要观点,本研究在综合参考各家意见的基础上,对"五射"具体技术细节做出如下解释:

第一,白矢。对于"白矢"技术,古代学者争议较大,且存在两种不同的观点。一种观点认为"白矢"是强调射礼竞赛的一种"弯弓之法"即开弓技术,如《教射经》中"白矢:矢白镞至指也,所谓縠率也"[1]、《射经》中"曰白矢,白镞至指也,

---
[1] 吴龙辉. 中华杂经集成[M]. 北京:中国社会科学出版社,1994:388-389.

此弯弓之法，所谓彀率也"[1]，以及《学射录》中"'白矢'，谓正立拈弓，右手持一矢树之，投于左手大指、食指间，见其矢白于土也"[2]等均为此意。另一种观点以唐代经学家贾公彦为代表，他主张"白矢"是射礼竞赛的一种"力度技术"，要求射箭者射中的"矢在侯而贯侯过，见其镞白"[3]，即撒放出去且射中的箭支要停留在箭靶（侯）上，并且箭身整体要穿靶而过，只留下箭羽的镞白于箭靶上，因而可将这种只在箭靶上见到矢的镞白的射礼"力度控制"技术称为"白矢"。本研究认为，"白矢"技术应当是指第一种技术，即"弯弓之法"。理由有二：其一，著名军事家戚继光在《纪效新书》的《射法篇》中指出："镞不上指，必无中理。指不知镞，同于无目"[4]，这正是对射礼"弯弓之法"技术要领的特指和强调。《武经射学正宗指迷集》亦指出："夫镞不上指者，只因引弓不彀"[5]，这也是对射礼"弯弓之法"技术要领的纠正与强调。由此可见，竞赛时的"镞上指""指知镞"，进而达到"引弓入彀"的"白矢"状态是射礼竞赛至关重要的技术要领，而将这一核心技术单独抽出并作为竞赛的一种重要技术要求是必要且合乎情理的。其二，著名历史学家许倬云先生言："周人天命靡常惟德是亲的历史观和政治观开启了中国道德主义的政治传统"[6]，可知周代"惟德是亲"的政治传统促成了周朝摒弃武力而推行"以礼治国"的政治纲领。《礼记·乐记》亦载："天下知武王之不复用兵也。'散军而郊射，左射狸首，右射驺虞，而贯革之射息也"[7]。可见，"以礼治国"的政治纲领不仅影响、明确了周王的治国理念讲求"礼""文"为宗旨，而且也决定了射礼竞赛从强调"主皮之射""贯革之射"等"习武之射"向主张"狸首""驺虞"等"习礼之射"转型与发展的趋势。因此，本研究认为，"白矢"当是射礼竞赛一种"弯弓之法"的开弓技术，而非射穿箭靶的"力度技术"。

第二，参连。上述研究已表明，"参连"技术继承于商王"1+3"技术，因此对于西周时期的"参连"技术，学者争议不大，解释亦较为统一，均是指连续三次放箭，但这三次连续放箭后需达到什么要求，亦存在不明确的说法。一种解释强调的重点放在"连贯"上，如《射经》的"矢行急疾而连参也"[8]，贾公彦的注解"前放一矢，后三矢连续而去也"[9]，李呈芬的"谓先发一矢，三矢夹于三指间，相继拾发，不至

---

[1] 吴龙辉. 中华杂经集成 [M]. 北京：中国社会科学出版社，1994：394-395.
[2] 王云五. 学射录 [M]. 太原：山西科学技术出版社，2012：11.
[3] 郑玄. 十三经注疏·周礼注疏 [M]. 上海：上海古籍出版社，2010：500.
[4] 戚继光. 纪效新书 [M]. 马明达，点校. 北京：人民体育出版社，1988：299-300.
[5] 高颖. 武经射学正宗·武经射学正宗指迷集 [M]. 台北：射箭協会丛書之三，1985：75-76.
[6] 许倬云. 西周史 [M]. 增补二版. 北京：生活·读书·新知三联书店，2012：125.
[7] 杨天宇. 十三经译注·仪礼译注 [M]. 上海：上海古籍出版社，2004：500-501.
[8] 吴龙辉. 中华杂经集成 [M]. 北京：中国社会科学出版社，1994：388-389.
[9] 郑玄注，贾公彦，疏. 十三经注疏·周礼注疏 [M]. 上海：上海古籍出版社，2010：500.

断绝,此注矢之法也"[1],以及李恕谷《学射录》的"三矢相次,叁然而连也"[2]等,都是指先射一箭,后连续发射三箭,且重点在于三箭的连续。而另一种解释除了明确三箭连发的连贯外,还着重强调连贯后的结果,如孙诒让指出的"善射者,能令后镞中前括,发发相及,矢矢相属,前矢造准而无绝落,后矢之括犹衔弦,视之若一焉,是为参连。"[3] 这种技术不仅要求发射时的"三连贯",还要求在"三连贯"后每支箭的"镞"(箭头)都依次射中前一支箭的"括"(箭末端),由此达到四支箭不仅笔直射中箭靶,而且都精确命中箭靶上的一个点,形成四只箭的头尾相连,而"视之若一"。综上,本研究认为,从射礼竞赛技术发展史的视角来看,可知射礼技术从远古时期的"君与"发展成为国家顶层权贵的"国术",充分展现了其卓越性,而至西周时期的射礼技术理应较之前有所发展。因此,"叁连"技术不只要求发射的连贯性,而应是要求更高、更精确,且更艺术化的"连贯"后的头尾相连而形成的"视之若一"的更高阶层面。

第三,剡注。"剡注"技术也存在不同的解释。一种说法是以王琚为代表的所谓射礼的"发射之法"。《射经》指出:"剡注:注,指也。以弓弰直指于前以送矢,俗所谓劈"才窒"也。剡,锐也。弓,弰也,靡其弰"[4]。所谓"靡其弰",是指在箭发射时有一个独特的"以前手点弰,如掷物之状,令上弰指的,下弰抵胛骨下也"[5] 的动作,让"弓弰直指于前以送矢",最终达到"以后手摘弦,如'劈'断之状,翻手向后,仰掌向上,令见掌纹是也"的一种技术状态。简言之,"剡注"就是射箭在转把和侧卧弓的时候,顶弓之手虎口打开,其余中指、无名指和小指微微松开,以此达到上弓弰顺着箭向前飞行的轨迹而指向靶心,下弓弰则上翘抵住肩胛骨,即所谓的"靡其弰"。另一种说法指的是一种"瞄准之法"。贾公彦所谓的"羽头高镞低而去"是指瞄准时箭身要前低后高,即箭镞低而羽头高,以使得箭支在发射后能达到"剡剡然(徐徐然)"[6] 的一种状态。而同样是指"瞄准之法",学者李呈芬则持截然不同的观点,他认为"矢头剡处,直往注于侯,不从高而下,即谚所谓水平箭"[7],也就是说,李呈芬所认为的"剡注"技术是一种"直往"的直线瞄准技术,这种技术摒弃"从高而下",从而在发射时使箭身形成"水平箭"。综上,本研究认为学者贾公彦的解释较为合理,"剡注"应当是一种"羽头高镞低而去"以达到"剡剡然"(徐徐然)状态的一种射礼技术。之所以未选用王琚"靡其弰"的观点是因为"靡其弰"在射箭中乃属于

---

[1] 吴龙辉. 中华杂经集成 [M]. 北京:中国社会科学出版社,1994:394-395.
[2] 王云五. 学射录 [M]. 太原:山西科学技术出版社,2012:11.
[3] 孙诒让. 十三经清人注疏·周礼正义 [M]. 北京:中华书局,2013:1012.
[4] 吴龙辉. 中华杂经集成 [M]. 北京:中国社会科学出版社,1994:388-389.
[5] 吴龙辉. 中华杂经集成 [M]. 北京:中国社会科学出版社,1994:388-389.
[6] 郑玄,注,贾公彦,疏. 十三经注疏·周礼注疏 [M]. 上海:上海古籍出版社,2010:500.
[7] 吴龙辉. 中华杂经集成 [M]. 北京:中国社会科学出版社,1994:394-395.

一种正确而必须掌握的一般技术要领，非某一竞赛技术的特指。而学者李呈芬的"水平箭"和李恕谷的"以目从矢镞，直贯于鹄"的瞄准观点均不足以达到形成一种独特竞赛技术的条件。因此，以学者贾公彦的"刻刻然"作为射礼竞赛的一种特定技术能更贴切、更直观的体现射礼的技巧与"礼射，不主皮"[1]的竞赛宗旨。

第四，襄尺。对于"襄尺"技术，目前主要存在三种解释。第一种解释是从技术的角度来解读"襄尺"，王琚认为"襄尺"是"引弓入彀"的一个技术要领，是在引弓时做到前肘水平的"入彀"状态，甚至达到在手肘上可以放置一杯水的稳固水准，即"水平肘"[2]。李恕谷也是主张"襄尺"是参射者引满弓后的一种"水平肘"技术[3]。第二种解释认为"襄尺"技术不仅是要达到"平其肘，使肘上可置杯水"的"臂直如矢"的标准状态，还应将肘到手的部分当作一把"护尺"，用以"蔽其胸肋"（即庇护、保护射礼者自身的胸肋部位），形成一种具备射礼竞赛"攻防"意识的技术状态，避免敌人的箭乘虚而入击中胸肋处的要害部位。第三种解释并非从技术角度来解读"襄尺"技术，而是从射礼礼仪的视角作出解释，贾公彦指出作为臣下与国君一同比试时，臣下不应与国君并排而立，而应后退一尺，以示"君尊"而"礼让"[4]。经学大师孙诒让亦强调"襄尺"即"让一尺""让君一尺"，属于一种礼节性技术[5]。综合以上三种解释，本研究认为第三种解释即"礼节技术"较为合理。理由如下：其一，"水平肘"不适合作为竞赛的一种评价技术，因为"引弓—入彀—水平肘"三步是任何参与射礼的人所必须掌握的基本技术，只有将这三步技术的每一步都做到位，才"可以言中"[6]。其二，将庇护胸肋的"攻防"技术作为特定竞赛评价技术也略显牵强，一方面是手臂护胸肋的动作似乎不太现实且难以实现，另一方面"五射"技术是培养谦谦君子"修身养德"的重要形式，且"贯革之射息"[7]到"礼射，不主皮"[8]的竞赛理念也决定了射礼竞赛所追求的是育人而非实战的意义，因此"襄尺"的"攻防"技术之解亦不成立。其三，射礼竞赛修身养德的理念决定了"襄尺"是一种礼节性的特指和必要性。一方面，射礼自"君与"而形成的技术权威发展至国家权贵团队的一种竞赛技术，其自身便具有国君尊贵象征，因此"臣与君射"时，臣应后退以让君一尺以示"尊上"，这种"尊上"礼节在大射礼竞赛中有多处体现。另一方面，射礼因"君与"而具备了国家顶层政权管控的国家意志，因此，正是射礼形成以竞赛达到育人、教化和警示权贵团体的国家治理手段的目的，催生了射礼竞赛将"襄

---

[1] 杨天宇. 十三经译注·仪礼译注 [M]. 上海：上海古籍出版社，2004：133.
[2] 吴龙辉. 中华杂经集成 [M]. 北京：中国社会科学出版社，1994：388-389.
[3] 王云五. 学射录 [M]. 太原：山西科学技术出版社，2012：11.
[4] 郑玄. 十三经注疏·周礼注疏 [M]. 上海：上海古籍出版社，2010：500.
[5] 孙诒让. 十三经清人注疏·周礼正义 [M]. 北京：中华书局，2013：1012.
[6] 杨天宇. 四书五经译注·礼记译注 [M]. 上海：上海古籍出版社，2010：833.
[7] 朱熹. 四书章句集注 [M]. 北京：中华书局，2011：65.
[8] 杨天宇. 十三经译注·仪礼译注 [M]. 上海：上海古籍出版社，2004：133.

尺"作为一种特定礼节的可行性与必要性。正因如此，原本属于"臣让君"的"襄尺"要求，在竞赛中逐步衍生为一种在竞赛时下级避让上级的必备礼节，此之故也。

第五，井仪。对于"五射"最后一种技术——"井仪"而言，虽说从字面上较好理解，但仍存在两种不同的解释。一种解释是以学者王琚为代表，王琚在其著作《射经》中明确指出："井仪：开弓形，所谓怀中吐月也"[1]，王琚认为"井仪"技术在是拉满弓时，弓和弦所构成的弓口圆如井口，因此，也将其比喻为"怀中吐月"，是对礼射拉弓技术的一种描述。另一种解释是受多数人认可的一种解读，这种解释认为"井仪"是箭在箭靶上位置的描述，如贾公彦言："云'井仪'者，四矢贯侯，如井之容仪也"[2]；李呈芬言："曰井仪，谓四矢集侯如井字，即诗四矢如树，此射法之妙也。呜呼，射之道备矣。"[3] 李恕谷言："井仪：谓四矢集鹄如'井'字，诗曰'四矢如树'，此射之中也，巧也。"[4]，以及孙诒让言："井仪，井古作丼，侯有上下舌，其形如丼，中设正方二尺，如井丼之。诗行苇曰：'既挟四镞，四镞如树。'树谓仪表，言四矢之发悉如井仪，言其中的之正也。"[5]，等等。这些解释均一致指出，"井仪"是射中靶的四支箭在靶上所形成的，如同"井"字状的技术要求。因为"井"字"最初写作'丼'，中有一点，像汲水之桶。而古代的箭靶，其中央部分叫做'中'，长宽各一丈，而'中'的上方下方分别缀有一条长四丈和长三丈的布带，叫做舌，这样，上下两条舌夹着中间的'中'，其形状正如井字"[6]。因此，本研究认为，"井仪"应当以第二种解释为宜，即射中的四支箭在箭靶上所形成的如同"井"字状排列的一种竞赛技术，这又可以与《诗经·大雅·行苇》中的"四镞如树"[7] 相互印证，即四支箭如四棵大树一样直挺挺地插在箭靶上如同一个"井"字，此即"井仪"之竞赛技术。

六、"五善"

西周不仅是国君以德治国的重要发展时期，更是射礼竞赛技术发展的鼎盛时期。国君亲自参与的祭祀大型射礼，礼化权贵的宾射礼、燕射礼等，都进行得如火如荼。而且，这一时期的礼射竞赛技术更是发展到精妙绝伦且充满人文教化的智慧。如果说"五射"是基于"君之技"而衍生出来的对艺术化和礼仪化的追求与探索，那么"五射"之后形成的"五善"就是国君治理国家思想的最佳体现。换言之，如果说"五

---

[1] 吴龙辉. 中华杂经集成 [M]. 北京：中国社会科学出版社，1994：388-389.
[2] 郑玄，注，贾公彦，疏. 十三经注疏·周礼注疏 [M]. 上海：上海古籍出版社，2010：500.
[3] 吴龙辉. 中华杂经集成 [M]. 北京：中国社会科学出版社，1994：394-395.
[4] 王云五. 学射录 [M]. 太原：山西科学技术出版社，2012：11.
[5] 孙诒让. 十三经清人注疏·周礼正义 [M]. 北京：中华书局，2013：1012.
[6] 吕友仁. 周礼译注 [M]. 郑州：中州古籍出版社，2004：174.
[7] 程俊英. 四书五经译注·诗经译注 [M]. 上海：上海古籍出版社，2010：441.

射"技术是由"武"到"礼"的一种探索与过渡,体现的是国君"技术治理"的主体思想,那么"五善"就是以"造就一种知识体系"[1]的方式实现"对活人的治理"的竞赛思维。

所谓"五善",具体而言是礼射竞赛基于五个方面的独特要求。《论语·八佾》载:"子曰:'射不主皮,为力不同科,古之道也。'"何晏集解:"马(马融)曰:'射有五善焉:一曰和志,体和。二曰和容,有容仪。三曰主皮,能中质。四曰和颂,合《雅》《颂》。五曰兴武,与舞同。'"邢昺疏曰:"射有五善焉,不但以中皮为善,亦兼取礼乐容节也"[2]。可见,"五善"不仅保持着对射礼纯粹精准技术的一贯专注,还对自我身体、社交仪容、内在心灵,甚至是精神情感等方面提出了前所未有的高标准。这五大方面的技术规范在分别引导、强化和突出某一技术领域的同时,彰显了射礼竞赛特定技术体系的国家制造与权力话语体系之间的关系。

《周礼·地官·乡大夫》载:

> 退而以乡射之礼五物询众庶:一曰和,二曰容,三曰主皮,四曰和容,五曰兴舞。此谓使民兴贤,出使长之;使民兴能,入使治之。[3]

《周礼·地官·乡大夫》中所记载的这段话意思是指"掌管其乡之政教禁令"[4]的乡大夫在接受国家授权以代表国家在场的前提下,推行"五物"以荐举有贤德和有才能的人来进行领导和对民众进行管理,以服务于国君意志的地方治理,其中的"五物"即是"五善"之意,即以"和""容""主皮""和容""兴舞"五种射礼竞赛技术要求实行对人的规训。从《周礼》中记载可知,"五善"技术已不仅存在于以"君"为核心的权贵竞赛文化圈,它甚至也已承载国家意志而成为地方乡绅用于地方治理的重要手段,以服务于君王国家治理中的基层管理。

第一,"和"——一种身体管理技术。"和",又称"和志"[5],阮元注曰:"志体和"[6],即所谓"内志"和"外体"的和谐一统。"内志"谓"所思、所想","外体"谓"所行、所动"。《礼记·射义》曰:"内志正,外体直"[7],正是强调在射礼竞赛时是否做到了内在的"沉着冷静"和外在的"身体正直"[8]。竞赛中思想指导并影响言行,因此内心端正,则外体挺直。故而,形体的有失偏颇,反映的是内心"心

---

[1] 米歇尔·福柯. 规训与惩罚 [M]. 刘北成, 杨远婴, 译. 北京: 生活·读书·新知三联书店, 2012: 32.
[2] 何晏. 论语注疏 [M]. 北京: 中国致公出版社, 2016: 41.
[3] 郑玄注, 贾公彦, 疏. 十三经注疏·周礼注疏 [M]. 上海: 上海古籍出版社, 2010: 418-419.
[4] 杨天宇. 十三经译注·周礼译注 [M]. 上海: 上海古籍出版社, 2004: 170.
[5] 孙诒让. 十三经清人注疏·周礼正义 [M]. 北京: 中华书局, 2013: 851-853.
[6] 阮元. 十三经注疏·周礼注疏 [M]. 北京: 中华书局, 1980: 716-717.
[7] 杨天宇. 四书五经译注·礼记译注 [M]. 上海: 上海古籍出版社, 2010: 833.
[8] 吕友仁. 周礼译注 [M]. 郑州: 中州古籍出版社, 2004: 149-151.

术"的不端。对于"和",经学大师贾公彦云:"和谓闺门之内行也"[1],"闺门"即指自我的"份内之事",言下之意是"和"主张与强调从自我身体入手来进行思想的管理与约束,将属于自我"份内之事"的内心做好,从而达到"由内而外"身体的和谐统一。由此可见,"将射必先正志,志和则身体和韵"[2]已成为射礼竞赛的首要技术,它对"与射者"自我身体的管理提出了全新的高要求,目的在于从"身"与"心"两方面入手,对与射的权贵施行引导和管理,是一种"君在场"下的监督与管控。

第二,"容"——一种礼节养成技术。"容",又称"容貌"[3]或"和容"[4],学者阮元注曰:"容,有容仪"[5],意指在射礼竞赛中,要求"与射者"做到"使行步举动和柔"[6]的优雅仪容。《礼记·射义》中强调:"进退周还必中礼"[7],就是要求参射者在射箭时的所有举止都做到"无论前进还是后退,左旋还是右转,每个动作都符合礼的要求"[8]。可见,在以"和"为引导"与射者"自我身体管理的首要技术后,"容"则专注于社交仪节之"礼"。《礼记·曲礼》曰:"礼者,毋不敬"[9],它要求"与射者"言行举止都符合礼,以养成敬畏谦卑之心。《左传·昭公二十五年》亦言:"夫礼,天之经也,地之义也,民之行也。"[10]竞赛中,国君及权贵展现出"文质彬彬、然后君子"[11]的完美形象是"众之纪"(众人的纲纪),也是国民凝聚力的黏合剂,若不慎重则"纪散而众乱"[12](纪律松散而混乱),国君及其权贵集团都有礼,"则外谐而内无怨,故物无不怀仁"[13]。因此,"和容"是国君对社交之"礼"行为范本的一种精心考量与周密设计,目的在于将射礼技术中的国家意志作用于权贵,将国家顶层政权"温文尔雅"的政权形象示范于社会,使之对社会产生暗示力量,进而促进国家政权的稳固和社会关系的和谐,让权贵阶层"内外无怨"而归心于其仁德和威望。

第三,"主皮"——一种精准保持技术。"主皮",谓"能中质"[14],"中质"即射

---

[1] 郑玄,注,贾公彦,疏.十三经注疏·周礼注疏 [M].上海:上海古籍出版社,2010:418.
[2] 孙诒让.十三经清人注疏·周礼正义 [M].北京:中华书局,2013:851-853.
[3] 郑玄,注,贾公彦,疏.十三经注疏·周礼注疏 [M].上海:上海古籍出版社,2010:418.
[4] 孙诒让.十三经清人注疏·周礼正义 [M].北京:中华书局,2013:851-853.
[5] 阮元.十三经注疏·周礼注疏 [M].北京:中华书局,1980:716-717.
[6] 孙诒让.十三经清人注疏·周礼正义 [M].北京:中华书局,2013:851-853.
[7] 杨天宇.四书五经译注·礼记译注 [M].上海:上海古籍出版社,2010:833.
[8] 吕友仁.周礼译注 [M].郑州:中州古籍出版社,2004:149-151.
[9] 杨天宇.四书五经译注·礼记译注 [M].上海:上海古籍出版社,2010:1.
[10] 李梦生.春秋左传译注·昭公二十五年 [M].上海:上海古籍出版社,2010:1147.
[11] 金良年.四书五经译注·论语译注 [M].上海:上海古籍出版社,2010:119.
[12] 杨天宇.四书五经译注·礼记译注 [M].上海:上海古籍出版社,2010:291.
[13] 杨天宇.四书五经译注·礼记译注 [M].上海:上海古籍出版社,2010:284.
[14] 阮元.十三经注疏·周礼注疏 [M].北京:中华书局,1980:716-717.

中，也即经学大师贾公彦所指的"善射"[1]，体现的是射礼竞赛中的"射中"这一基本技能。显而易见，"主皮"技术强调的是能够精准地射中，即所谓的"不贯不释，盖取其中也"[2]。"不贯不释"就是竞赛中要射中靶心才被计算成绩，由此可知，"主皮"是对射箭命中率的一项基本要求[3]。从竞赛角度而言，之所以将"主皮"技术作为"五善"中的一项重要技术而予以强调，是因为精准技术不仅是射礼之"根"，而且是竞赛之"本"，失去精确命中的礼射就失去了竞赛的意义。"主皮"的意义在于"击中的礼仪，而非力量的彰显"[4]。正因如此，可以说"主皮"是对过去射礼竞赛精准技术的一种文化技能的延续，既是一种礼射竞赛"尚武"内涵、思想的强化，也是国君竞赛革新与发展的一大根基。

第四，"和容"——一种心灵控制技术。《礼记·乐记》曰："音之起，由人心生也"[5]，对于音乐与心灵的关系，古人从未停止探索，并早已形成了独具特色的真知灼见。"五善"中的"和容"技术正是古人以竞赛探寻音乐与内心关系的最好体现，它标志着礼射竞赛由纯粹与质朴进入抽象且复杂的内心世界的高级探索阶段。"和容"，又称"和颂"[6]或"合雅颂"[7]，意指在射礼竞赛中"能为乐"[8]，即射箭的整个技术动作和节奏与伴奏的音乐都合拍才能计算成绩[9]。因此，"和容"是"射时有歌乐，言虽能中质，而放捨节奏必令兴雅颂之声和合也"[10]，也是孔子"射之以礼乐也，何以射？何以听？修身而发，而不失正鹄者，其唯贤者乎？"[11]对"射"与"听"完美合一的贤能所发出的赞美和感叹。显然，"和容"技术明确传达了一种国家意志下的竞赛理念，即虽然"主皮之射"所强调的射中是射礼竞赛的根本，但从竞赛角度而言，符合音乐节拍的"主皮之射"才是国家所应倡导的"与射者"内外合一的不懈追求。"礼以道其志，乐以和其声"[12]，"夫乐者，乐也。人情之所不能免也。故人不能无乐。……使其声足以乐而不流，使其文足以辩而不諰，使其曲直、繁省、廉肉、节奏，足以感动人之善心，使夫邪污之气无由得接焉。"[13]总之，从纯粹而直接的"射中"

---

[1] 郑玄注，贾公彦，疏．十三经注疏·周礼注疏[M]．上海：上海古籍出版社，2010：418．
[2] 孙诒让．十三经清人注疏·周礼正义[M]．北京：中华书局，2013：851-853．
[3] 吕友仁．周礼译注[M]．郑州：中州古籍出版社，2004：149-151．
[4] Kirill Ole Thompson. The Archery of " Wisdom" in the Stream of Life；" Wisdom" in the "Four Books" with Zhu Xi's Reflections[J]. Philosophy East & West，2007，57（3）：330-344．
[5] 杨天宇．四书五经译注·礼记译注[M]．上海：上海古籍出版社，2010：467．
[6] 郑玄注，贾公彦，疏．十三经注疏·周礼注疏[M]．上海：上海古籍出版社，2010：418．
[7] 阮元．十三经注疏·周礼注疏[M]．北京：中华书局，1980：716-717．
[8] 郑玄注，贾公彦，疏．十三经注疏·周礼注疏[M]．上海：上海古籍出版社，2010：418．
[9] 吕友仁．周礼译注[M]．郑州：中州古籍出版社，2004：149-151．
[10] 孙诒让．十三经清人注疏·周礼正义[M]．北京：中华书局，2013：851-853．
[11] 闻钟．孔子家语译注[M]．北京：商务印书馆，2015：198．
[12] 杨天宇．四书五经译注·礼记译注[M]．上海：上海古籍出版社，2010：468．
[13] 荀子．荀子[M]．北京：中华书局，2007：196．

到追求复杂和抽象的内在心灵的"和容",射礼竞赛完成了国君心目中从内心深处对人进行支配与控制的宏伟政治理想和远大抱负。

第五,"兴舞"——一种情感引导技术。"兴舞",即"与舞同"[1]或称"舞乐"[2],是竞赛中"与射者"手持弓矢与音乐而起舞,所谓"非唯声合雅颂而已,乃至使射容与乐舞趣兴相会,进退同也"[3],意思是指在竞赛进行到歌曲奏乐的环节时,参射者手持弓矢而起舞。舞蹈有"《云门》《大卷》《大咸》《大韶》《大夏》《大濩》《大武》等"[4],同时以参射者起舞的舞姿来对其进行评判[5]。由此可见,"兴舞"是"五射"中极具情感标识的一项竞赛技术。从"兴舞"技术我们可以窥知,将"兴舞"作为礼射竞赛重要评价标准之一的布局与安排,是国君深度考量的智谋之举,因为"舞蹈时最强大的力量尽管只是潜在的,却通过动作的灵活丰富而透露了出来"[6]。《周礼·春官·大司乐》言:"大射,王出入,令奏《王夏》,及射,令奏《驺虞》;诏诸侯以弓矢舞。"[7] 竞赛中,国君不仅与诸侯权贵在竞赛中尽情载歌载舞以抒发情感,竞赛后还有国君"众无不醉"的命令和诸侯贵族们"敢不醉"的应答,以及"射唯欲"(谁想参加比赛都可以)、"无筭爵"(不计次数地酬酒)、"无筭乐"(不计遍数地奏乐)等体现国君恩威并举和一片欢乐与祥和气氛的组织安排[8],这些都是国君着重从情感和精神上对权贵群体予以引导、笼络和安抚,以强化并彰显统治阶层其乐融融向心力的重要政权治理举措。

总而言之,"体育和娱乐促成了贵族和士绅的绝妙组合"[9]。从原始而质朴的"中"到高级而智慧的"五善",射礼竞赛不仅勾勒出其自身的技术发展史,同时也向我们描绘了国君的政治理念。无论是氏族部落时期因生存所需,还是尧舜时期争夺国家政权所需,抑或是商周时期国君为治理国家所需,以"君"身份参加礼射始终须具备善射的武力。不仅如此,国君亲自参与的礼射常常以卓越而精湛的技艺引领着竞赛核心技术的发展,而且以此为标杆对"与射"的权贵施行威慑和督促式的控制。国君在竞赛中所表现出来的精湛技术,一方面凸显了国君勇猛威武、英勇表率的卓越战斗力,另一方面也是国君在礼射竞赛中向权贵树立威严和榜样,这些核心技术是国君精心设计的对在场权贵精英施行有效管控、监督国家顶层权贵的治理技术。

---

[1] 阮元. 十三经注疏·周礼注疏 [M]. 北京:中华书局,1980:716-717.
[2] 郑玄. 十三经注疏·周礼注疏 [M]. 上海:上海古籍出版社,2010:418.
[3] 孙诒让. 十三经清人注疏·周礼正义 [M]. 北京:中华书局,2013:851-853.
[4] 杨天宇. 十三经译注·周礼译注 [M]. 上海:上海古籍出版社,2004:326.
[5] 吕友仁. 周礼译注 [M]. 郑州:中州古籍出版社,2004:149-151.
[6] 尼采. 悲剧的诞生 [M]. 周国平,译. 南京:译林出版社,2014:57.
[7] 杨天宇. 十三经译注·周礼译注 [M]. 上海:上海古籍出版社,2004:331.
[8] 杨天宇. 十三经译注·仪礼译注 [M]. 上海:上海古籍出版社,2004:188-216.
[9] Johnes M. Archery, Romance and Elite Culture in England and Wales, 1780—1840 [J]. History, 2004, 89 (294):193-208.

第二章
大射礼竞赛之制度层：群体规训的权力运作

钱穆先生在《中国历代政治得失》中强调："每一项制度之推行与继续，必待有一种与之相当的道德意志与服务忠诚之贯注。否则徒法不能以自行，纵然法良意美，终是徒然"[1]。因此，在以国君为核心的权贵群体的共同作用下，礼射竞赛逐步衍生和发展出一套服务于国君的"道德意志"、规范权贵的行为举止，以及彰显至高无上"权威关系"的特殊竞赛制度。制度是某一个群体的信念，为满足或达成某个群体的需求，而形成一种以相对特定或较为固定的组织形式，以此为手段和载体，促成群体共同行动的一种结合物[2]。因此，礼射的竞赛制度是在特定的历史条件下因需要而形成的以一定的规则、形式和运作模式来规范个体或群体行为举止的一种特殊社会制度。这些制度的出现彰显了礼射竞赛特定历史背景下的国家意志和权力指向，蕴含了国家层面上的特定社会功能与核心价值，同时，制度的出现和运作也表明了社会顶层一种特定的国家秩序。礼射竞赛制度的出现不仅让礼射竞赛走向规范化、伦理化和仪式化的发展道路，同时也成为承载国君政治权力意志的重要载体，对参与竞赛的权贵群体发挥着规训和治理的实际效用。

第一节 伦理化与人性化的竞赛规则

作为服务于国家顶层的一种特殊竞赛，礼射衍生出与之相呼应的竞赛规则。事实上，基于国家秩序建构的宏观视角，国君赋予竞赛规则不可估量的重要性并决定了它的历史发展轨迹。规则的产生、施行与演进是国君对那些会产生危害的与射者的一种判断与防范，因而，规则的目的在于提出长期遵守的要求。从这个意义上来说，射礼竞赛规则既是"权威关系"[3]下的制约式，又是"社会关系"[4]下的伦理式，同时

---
[1] 钱穆. 中国历代政治得失 [M]. 北京：生活·读书·新知三联书店，2012：62.
[2] 爱德华·麦克诺尔·伯恩斯，菲利普·李·拉尔夫. 世界文明史·第一卷 [M]. 罗经国，等，译. 北京：商务印书馆，1988：22.
[3] 周雪光，练宏. 中国政府的治理模式：一个"控制权"理论 [J]. 社会学研究，2012，27 (5)：69-93.
[4] 彼得·布劳. 社会生活中的交换与权力 [M]. 孙非，张黎勤，译. 南京：华夏出版社，1987：108-109.

也是"科层关系"[1]下的霸权式。

一、"亡废矢"

晚商青铜器作册般铜鼋背甲上的铭文是现存最早的关于礼射竞赛规则记载的文物史料，该铭文记录了商王带领身边权贵在洹水之地竞射铜鼋之事，其中"王一射，㪝（妯）射三，率亡（无）瀍（废）矢"[2]中，商王的"亡废矢"是射礼竞赛规则产生的滥觞。"亡废矢"即全部命中，没有出现不命中的矢。由此可知，至迟从晚商时期开始，这一源自商王的"亡废矢"规则即开始对参射者的技能发挥评价、督促作用。直到西周早期，青铜器柞伯簋的出土再次证明了"亡废矢"仍旧是这一时期射礼活动的重要竞赛规则。

柞伯簋铭文是一篇记载周王在都城举行大型射礼活动的宝贵史料，铭文中"柞白（伯）十爯（称）弓，无法（废）矢，王则畀柞白（伯）赤金十反（钣）"[3]中的"无废矢"是晚商时期"亡废矢"规则的另一种称谓。而且，对于柞伯十次举弓都射中的符合"亡废矢"的完美与精湛表现，周王不仅十分肯定，还赐予"十钣赤金"作为奖赏，以示鼓励[4]。可见，国君的肯定既构成对"亡废矢"规则权威性的一种普遍认可，同时也是对竞赛权贵的"命中"技术提出了"压力"式的鞭策与高要求。总而言之，从晚商至西周前期，"亡废矢"竞赛规则源于商王进而向权贵普及，成为一种不可或缺的竞赛评判规范，还扮演了国君评价参射权贵技术的一项重要指标。

二、"敬又臤"

除了"亡废矢"，柞伯簋铭文中还出现了另一种称之为"敬又臤"的竞赛规则与要求。铭文载："王曰：'小子、小臣，敬又🕭（臤），隻（获）则取'"[5]。其中"敬又🕭"正是一种特定竞赛规则的体现，然学者争议较大。李学勤先生解释为"敬又夬"，意指竞射者扳指已就绪[6]；宋镇豪先生则将其解释为"敬有佑"，意思是重复射中[7]；而袁俊杰先生将"敬又臤"解释为仪态谦恭，且动作稳固[8]。本研究认同第三种，即认为袁先生的解释较为合理，将"敬又🕭"当作"敬又臤"来解，即要求

---

[1] 张云昊. 规则、权力与行动：韦伯经典科层制模型的三大假设及其内在张力[J]. 上海行政学院学报，2011，12（2）：49-59.
[2] 朱凤瀚. 作册般铜鼋探析[J]. 中国历史文物，2005（1）：6-10.
[3] 李学勤. 柞伯簋铭考释[J]. 文物，1998（1）：67-69.
[4] 王龙正，姜涛，袁俊杰. 新发现的柞伯簋及其铭文考释[J]. 文物，1998，(9)：53-58.
[5] 王龙正，姜涛，袁俊杰. 新发现的柞伯簋及其铭文考释[J]. 文物，1998，(9)：53-58.
[6] 李学勤. 柞伯簋铭考释[J]. 文物，1998（1）：67-69.
[7] 宋镇豪. 从花园庄东地甲骨文考述晚商射礼[J]. 中国文物研究，2006，(1)：10-18.
[8] 袁俊杰. 两周射礼研究[M]. 北京：科学出版社，2013：133-135.

竞射者在竞赛中需做到仪态谦恭的"内志正"和持弓矢审固的"外体直"[1]，而后才能成为达到"亡废矢"的贤能之人，这恰好符合、印证了《孝经·广要道》中"礼者，敬而已矣"[2]对"敬"的分外注重、强调，以及《春秋·穀梁传》中"贤者多才也"[3]对"贤"的确切肯定与认可。

简言之，"敬又臣"即对竞射者在竞赛中的行为、举止、仪表、仪态等方面的考核与评判，目的在于以严格的外部规范来合理、正面、积极地引导竞射者内部的自我管理与约束。总而言之，将"敬又臣"变为特定而明确的竞赛规则，不仅反映了商王对权贵外在竞射技能的关注，更凸显了商王对权贵内在竞赛态度的格外注重，因为这对于商王政权的管理起到至关重要的作用。

三、"四鍭如树"

收集了西周初年至春秋中叶诗歌总集的《诗经》中记载了这一时期出现的另一种特定射礼竞赛规则——"四鍭如树"。《诗·大雅·行苇》是一篇描述周朝统治者和族人宴会、比射的诗歌[4]，诗中形象、直观地展现了欢乐祥和、场面宏大的宴会气氛，其中描写射礼竞赛的诗句"敦弓既坚，四鍭既钧，舍矢既均，序宾以贤。敦弓既句，既挟四鍭。四鍭如树，序宾以不侮。"中就涉及射礼竞赛规则"四鍭如树"。"树"是竖立之意，"四鍭如树"意指四支箭都笔直地竖立在箭靶上[5]。可见，《行苇》篇的记载告诉我们，"四鍭如树"已成为西周时期服务于国君及其权贵射礼活动的一种特殊竞赛规则之一，它要求"与射者"必须合理控制好将四支箭笔直竖立在箭靶上的力度，不能出现废箭、歪箭、掉箭等情况。这一竞赛规则的出现，不仅透露出国君对于射礼竞赛的重视，而且对参与竞赛权贵构成一种暗示其臣服的威严。

当然，国君对于"恩威"的权衡和运用在射礼竞赛中是无处不在的，因为参射权贵若符合"四鍭如树"的规则，则"序宾以贤"，即按胜负的贤能排以座位等次[6]，若没有达到要求，则"序宾以不侮"，"不侮"即不怠慢，意指国君对于失败者也不轻易怠慢[7]，反而是以安慰、宽容的方式去对待他们。可见，"四鍭如树"的竞赛规则和"序宾以不侮"的赛后处理方式两者相辅相成，共同构成"君之大柄"而用于"治政安君"[8]，成为国君政权管控的有效手段而服务于国君的国家治理。

---

[1] 杨天宇. 四书五经译注·礼记译注 [M]. 上海：上海古籍出版社，2010：833.
[2] 阮元. 十三经注疏·孝经注疏 [M]. 北京：中华书局，1980：2556.
[3] 阮元. 十三经注疏·春秋穀梁传注疏 [M]. 北京：中华书局，1980：2406.
[4] 程俊英. 四书五经译注·诗经译注 [M]. 上海：上海古籍出版社，2004：440.
[5] 程俊英. 四书五经译注·诗经译注 [M]. 上海：上海古籍出版社，2004：441.
[6] 程俊英. 四书五经译注·诗经译注 [M]. 上海：上海古籍出版社，2004：441.
[7] 程俊英. 四书五经译注·诗经译注 [M]. 上海：上海古籍出版社，2004：441.
[8] 杨天宇. 四书五经译注·礼记译注 [M]. 上海：上海古籍出版社，2010：271.

四、"三番射"

随着射礼竞赛在西周蓬勃发展,规则也得以不断改进与完善。"三番射"便是射礼鼎盛时期最具代表性,是伦理化和人性化的竞赛规则。"三番射"是指在竞赛中分三个阶段来进行,是对三种竞赛形式的特定评判。

第一番射是礼貌性试射,规则为"获而未释获"[1],或者称"唱获不释获",即报分者(获者)报出(唱获)射中的人,但不予以计分(释获),这一环节着重强调、体现"与射者"竞射前相互之间的尊敬与谦让。

第二番射是上下级之间既合作又竞争的正式比射,规则为"不贯不释"[2],即箭不贯穿靶正中不予以计数,且规则中还特别增加对国君表示优待以示"尊上"的细则,如"中离维纲,扬触捆复,公则释获,众则不与。唯公所中,中三侯皆获",即万一国君的箭出现微小偏差或失误都予以计数,这一环节着重灌输竞争、合作与包容的团队凝聚力和对上级敬重的等级观念。

第三番射是陶冶情操的礼乐之射,规则为"不鼓不释"[3],即射箭在发射时不合音乐节奏则不予以计数,竞赛完毕之后还有国君"众无不醉"的命令和贵族们"敢不醉"的应答,以及"射唯欲"(谁想参加比赛都可以)、"无筭爵"(不计次数地酬酒)、"无筭乐"(不计遍数地奏乐)等规定,这一环节着重从情感和精神上对权贵群体予以笼络和安抚,以强化君王和权贵之间其乐融融的向心力[4]。

总而言之,"心灵并非武力所能征服,但可被爱或德量所征服"[5],这些投射出伦理化、人性化的规则背后既是国君的"在场"和针对射礼群体的精心设计,也是对权贵精英施恩威并举的一种规训制度。

第二节 等级森严的组织形式

因"君与"的特殊性,射礼竞赛在西周时期的盛行不仅表现在竞赛规则的日趋完善,在竞赛组织形式上也发展出了一套服务于国家意志的强调亲亲尊尊、上下有别的等级秩序的独特形式。从国家政权秩序的意义上看,竞赛的组织形式意在构建"贵贱有等,长幼有差,贫富轻重皆有称者"[6]的"和谐"与"理想"状态,从而创建并

---

[1] 杨天宇. 十三经译注・仪礼译注 [M]. 上海:上海古籍出版社,2004:189.
[2] 杨天宇. 十三经译注・仪礼译注 [M]. 上海:上海古籍出版社,2004:195.
[3] 杨天宇. 十三经译注・仪礼译注 [M]. 上海:上海古籍出版社,2004:208.
[4] 杨天宇. 十三经译注・仪礼译注 [M]. 上海:上海古籍出版社,2004:188-216.
[5] 巴鲁赫・德・斯宾诺莎. 伦理学 [M]. 贺麟,译. 北京:商务印书馆,2015:230.
[6] 荀子. 北京大学《荀子》注释组. 荀子新注 [M]. 北京:中华书局,1979:141.

实现"君与"行为下的一种"百王之所积"的[1]的政治制度。正因如此，竞赛组织形式的积极推行、实施和强化，竞赛的有效运作对国家秩序的权威塑造起到了至关重要的促进作用。

一、井然有序且庄严肃穆的赛前筹备

射礼竞赛举办前的组织形式是竞赛权威性的重要体现，因此官方正式的通告、有序的筹备和庄严的开幕成为国君分外注重的内容。

《仪礼·大射》记载，首先在礼射竞赛举办前，先是"君有命戒射"即国君命令宣告举行射箭比赛，再由"宰戒百官有事于射者，射人戒诸公卿大夫射，司士戒士射与赞者"即由宰把君的命令统一向百官中与射事有关的人员宣告，再由与射者通知诸公和卿大夫，又由司士通知士和赞等人准备参赛，如此依次逐级通告相关人士，彰显竞赛的正式性和权威性。其次，在竞赛开始前三天，先是"宰夫戒宰及司马。射人宿视涤"，即竞赛筹备由专人安排落实，如宰、司马和与射人员等负责祭器的洗涤和场地的卫生；继而"遂命量人、巾车张三侯"，即量人和巾车分别负责侯道、乏、射器、侯的摆设；"乐人宿县于阼阶东"，即乐人负责乐器的悬挂；"司宫尊于东楹之西，两方壶，膳尊两甒在南"，即司宫负责各种器具、宾客席位的摆放和食物，以及由"小臣设公席于阼阶上"即小臣负责国君阼阶上的席位，而宰夫、司马作为总负责人执行具体工作的监管与管理，一切工作安排合理、细致而有序[2]。最后，竞赛开始前，国君命令南宫和师罍傅分别率领朝中卿大夫士等众多权贵、小臣仆人，以列队形式庄重入场，以此象征和凸显权贵身份与地位的显赫[3]。可见，在国君精心而周密布局下，射礼竞赛的赛前组织、筹备、工作安排、运作、管理等方面都得以合理、有序地进行，这不仅充分展示了射礼竞赛正式权威与严肃庄重的国家性，同时也反映了国君管控理想下国家政权的等级有序。

二、尊卑有别且上下有序的赛中运作

竞赛中体现尊卑有别且上下有序的严密组织形式更是彰显"君与"下的举国竞赛的一种庄重政治宣言与威严形象。

第一，竞赛开始时，当"宾"进入射宫门之时，"乐工"即开始演奏《肆夏》[4]，以示宾之贵，此举凸显"宾"身份与地位的显赫，以及国君对权贵阶层的肯定与爱护。

第二，在每一番竞赛开始前，司射都要向国君请示，第一番射前司射要"右巨指

---

[1] 李泽厚. 中国古代思想史论 [M]. 北京：生活·读书·新知三联书店，2014：112.
[2] 杨天宇. 十三经译注·仪礼译注 [M]. 上海：上海古籍出版社，2004：169-173.
[3] 李学勤. 柞伯簋铭考释 [J]. 文物，1998 (11)：67-69.
[4] 杨天宇. 十三经译注·仪礼译注 [M]. 上海：上海古籍出版社，2004：174.

钩弦"说："为政请射"即臣下们请求开始射箭比赛[1]，第二番射要"请释获于公"即请示此次比射开始计分[2]，第三番射则"请以乐于公"即请示演奏音乐以辅助竞射[3]。此外，国君在竞射中不必亲自带箭，而是由小臣师"以巾递授"，并有专人（大射）站立在国君身后，"以矢行告于公：下曰留，上曰扬，左右曰方"，即当国君射的不准时，就以"留"（发矢过低）、"扬"（发矢过低）、"左方右方"（发矢偏左或偏右）等关键词及时告知国君，以帮助国君纠正，这些都充分凸显了国君的权威并肯定主从的上下关系。

第三，在竞射时权贵要按等级匹配人选，规定"大夫与大夫，士御于大夫"（大夫与大夫为耦，大夫如余有单数，就由士侍从大夫为耦），而且恪守"公射大侯，大夫射参，士射干"[4]（君射大侯，大夫射参侯，士射干侯）的准则，严禁越级而射，以强化等级秩序的神圣不可侵犯。

第四，竞赛中的奏乐在等级与组织上也作出严格规定与区分，如国君以《驺虞》为节奏而射，诸侯以《狸首》为节奏而射，卿大夫以《采蘋》为节奏而射，士以《采蘩》为节奏而射，等等[5]。

可见，竞射中方方面面组织形式的精心安排，体现的不仅是"君与"礼射竞赛的规范和严谨，更是国君以此为手段，向权贵传达亲尊有别、上下有序的一种国家治理观。

三、秉正无私又恩威并御的赛后怀柔

从组织形式的视角来看，射礼竞赛后的内容与安排更多体现的是国君对权贵部下的怀柔政策，即对胜者的肯定、奖赏，对败者的安抚、鼓励。如竞赛后在司射监督下由"释获者数筹"（计分者进行算分）并向君报告竞赛结果，而后以竞射时的耦为顺序，依次上"西阶"（颁奖赏罚台）进行"颁奖"，即获胜者靠"右站"，不胜者当众"饮射爵"（饮罚爵或饮罚酒），且上下耦在上下台阶交汇时还需"相揖"（互行揖礼），以展示相互间的礼让[6]；国君则在饮罚酒后"又举奠觯"（又拿起席前的一觯），把酒赐给贵宾、诸公、卿中的长者等大夫权贵，以行"旅酬礼"的方式表达对权贵的肯定与爱护，继而国君与众权贵"升就席"（升堂就席）与"羞庶羞"（进献众多美食佳肴），同时国君发布命令："众无不醉"（大家都要尽情喝酒，喝个一醉方休），权贵们皆起身应答："诺，敢不醉"（遵命，不敢不醉），并且席间"公坐取宾所媵觯兴，唯公所赐"，即国君在席上拿取宾所媵觯起身，任君所意地向众权贵尽情敬酒以示宠爱有

---

[1] 杨天宇. 十三经译注·仪礼译注 [M]. 上海：上海古籍出版社，2004：186.
[2] 杨天宇. 十三经译注·仪礼译注 [M]. 上海：上海古籍出版社，2004：194-195.
[3] 杨天宇. 十三经译注·仪礼译注 [M]. 上海：上海古籍出版社，2004：208.
[4] 杨天宇. 十三经译注·仪礼译注 [M]. 上海：上海古籍出版社，2004：186.
[5] 杨天宇. 四书五经译注·礼记译注 [M]. 上海：上海古籍出版社，2010：834.
[6] 杨天宇. 十三经译注·仪礼译注 [M]. 上海：上海古籍出版社，2004：200-202.

加,最后更是在"射唯欲"(谁想再次参加比赛都随意参加)、"无筭爵"(不计次数地放开进酬酒)、"无筭乐"(不计遍数地尽情奏乐)等组织形式中展现出一片欢乐祥和的和谐景象[1],甚至国君有时还会在竞赛后按等级差别赏赐给部下赤金[2]、车马、铜勒[3]等丰厚物品。

总而言之,礼射竞赛过程中这些森严的组织形式都是"君与射"在竞赛中刻意强化等级和伦理秩序的重要表现。《荀子·富国》曰:"知夫为人主上者,不美不饰之不足以一民也,不富不厚之不足以管下也,不威不强之不足以禁暴除悍也。故必将撞大钟、击鸣鼓、吹笙竽、弹琴瑟,以塞其耳;必将雕琢刻镂,黼黻文章,以塞其目,必将刍豢稻粱、五味芬芳,以塞其口……"[4]可见,礼射竞赛在赛前、赛中和赛后的各种组织形式中无处不透露着国君以"美饰""富厚""威强"等手段施行"一民""管下""禁暴除悍""塞其耳、目、口"等"政权管控"思维。从某种意义上来说,正是这种精心设置的灌输亲尊有分、贵贱有序的等级思想和组织形式的过程,形成了君王对精英阶层切实的权力控制,因而它"鲜明地显示了处于上升阶段的统治阶级有增进生产提高生活远为开阔的眼界和气概;无论在理论上还是实际上,它都更符合历史的需要"[5]。

---

[1] 杨天宇. 十三经译注·仪礼译注 [M]. 上海:上海古籍出版社,2004:211-216.
[2] 李学勤. 柞伯簋铭考释 [J]. 文物,1998(11):67-69.
[3] 郭沫若. 西周金文辞大系图录考释·199 [M]. 北京:科学出版社,1957:20-40.
[4] 荀子. 荀子新注 [M]. 北京:中华书局,1979:149-150.
[5] 李泽厚. 中国古代思想史论 [M]. 北京:生活·读书·新知三联书店,2014:64.

第三章
大射礼竞赛之核心层：国家认同的文化归属

如同神祇是国家权力体系的隐喻一样[1]，射礼竞赛也是在国家权力下被制造的。从外显层的参与人员和技术体系，到制度层的竞赛规则和组织形式，礼射竞赛逐渐发展，由外而内渐入人心。显然，被权力所制造的射礼竞赛不仅局限于外部的调教和制度上的规训，射礼竞赛的最终目的是要在国君意志下让手握国家政权的权贵阶层形成一种自发的、由内而外的国家归属感与民族自豪感。国家"是一个共同体能够借以产生共同意志和共同行动的条件"[2]，因此，射礼竞赛通过对权贵共同体的积极引导与敦促，以及制度上的严苛规训，不仅形成了竞赛群体内部共同的意志和文化认同，更是在射礼理念和竞赛精神的引导下升华为一种具有强烈文化归属感的国家认同。

第一节 和谐一统的竞赛理念

"和谐一统"是射礼竞赛最重要的价值和目标导向，这种"注重过程而非结果"[3]的竞赛，不仅对个人、群体和整个社会而言具有深刻意义，同时也印证了中国古代"主合"与"政教合"[4]的独特文化传统。个体和谐益于自我管理，群体和谐益于社会互动，而社会和谐则益于国家安定。在这个意义上，立足国家大一统，成为"智德兼备的文明之国"[5]的政治高度，射礼形成了"以人为本、以和谐为根、以国家为依归"的核心竞赛理念。

一、个体合

尽管"人与权力化的社会空间"之间具有与生俱来的复杂性[6]，但是射礼竞赛最

---

[1] 武雅士.中国社会中的宗教与仪式[M].彭泽安，邵铁峰，译.南京：江苏人民出版社，2014：133.
[2] 伊格尔斯.德国的历史观[M].彭刚，顾杭，译.南京：译林出版社，2006：321.
[3] Klein J. Of Archery and Virtue: Ancient and Modern Conceptions of Value [J]. Philosophers Imprint, 2014, 14 (19): 1-16.
[4] 钱穆.文化学大义[M].北京：九州出版社，2011：181-182.
[5] 福泽谕吉.文明论概略[M].北京编译社，译.北京：商务印书馆，2014：45-46.
[6] 岳永逸.空间、自我与社会：天桥街头艺人的生成与系谱[M].北京：中央编译出版社，2007：19.

核心的目的仍是实现国君对权贵个体的权力支配。只有和权贵这一主体相关联，只有在锻造主体的意义上，我们才能洞悉、把握、理解射礼的权力生产，因为"个体不仅被法律塑形，而且被权力塑形"[1]。因此，射礼竞赛将目光聚焦于权贵个体，引导其"身"与"心"、"内"与"外"的和谐一统，形成权贵个体自我管理、自我约束下的最佳状态。

一方面，《礼记·射义》强调："故射者，进退周还必中礼，内志正，外体直，然后持弓矢审固；持弓矢审固，然后可以言中，此可以观德行矣。"[2] 其中"进退周还必中礼""外体直"和"持弓矢审固"正是对个体外在的行为举止作出严格要求，它反对行为举止鲁莽、不正与无礼的情况，因为竞赛中的一切行为举止都将毫无保留地反映出个体"内志"的端正与否，这种内外结合传达的是对人"内心"和"外体"的双重追求。在这种严厉的"权力知识"制度下，权贵个体不自觉地接受这种价值观，并将其内化为一种"自我管理"技术，对自我在竞赛中的身心、思想言行，甚至在日常生活中的一切行为的规矩和尺度都进行不自觉的自我建构，以适应射礼竞赛理念下和谐一统的国家观。

另一方面，竞赛还秉持"音之起，由人心生也。人心之动，物使之然也。"[3] 意思是歌曲的起因，产生于人心。人心的萌动，是事物影响的结果。"乐由中出，礼自外作"[4] 即乐从内心发出，礼从外貌上表现的竞赛理念，对权贵个体推行"礼以道其志，乐以和其声"[5]，即用礼来引导人们的志向，用乐来调和人们的性情的竞赛政策，切实地以"礼""乐"相结合的礼制来"积极规范、及时纠正、不断监督"权贵个体身体的外显行为和内在的心灵世界，全方位地引导权贵个体内外的和谐一统。

可见，射礼竞赛以从内到外的制度方式对权贵个体施行"道之以德，齐之以礼，有耻有格"[6]，即用德行来教导，用礼仪来整治，令民众有廉耻而且敬服的管理方式，"使个体能够从一确定的境地过渡到另一同样确定的境地"[7]，即引导权贵个体"学射则必张弓挟矢，引满中的"[8]，形成深入认识竞赛的"知"即"行之始"和具体身体实践的"行"即"知之成"二者合一[9]的功夫，以履行并完成国君理想中的"德礼之效，则有以使民日迁善而不自知"[10]，即德和礼是达到使民众不自觉日益近善的最佳手段。

---

[1] 米歇尔·福柯. 福柯文选Ⅰ[M]. 汪民安，编译. 北京：北京大学出版社，2015.
[2] 杨天宇. 四书五经译注·礼记译注[M]. 上海：上海古籍出版社，2010：833.
[3] 杨天宇. 四书五经译注·礼记译注[M]. 上海：上海古籍出版社，2010：467.
[4] 杨天宇. 四书五经译注·礼记译注[M]. 上海：上海古籍出版社，2010：474.
[5] 杨天宇. 四书五经译注·礼记译注[M]. 上海：上海古籍出版社，2010：468.
[6] 金良年. 四书五经译注·论语译注[M]. 上海：上海古籍出版社，2010：68.
[7] 阿诺尔德·范热内普. 过渡礼仪[M]. 张举文，译. 北京：商务印书馆，2012：5.
[8] 王守仁. 王阳明全集[M]. 北京：中国书店，2014：41-42.
[9] 王守仁. 王阳明全集[M]. 北京：中国书店，2014：4.
[10] 朱熹. 四书章句集注[M]. 北京：中华书局，2011：55.

二、群体合

对于国家统治阶层而言,权贵阶层是一个特殊的权力群体。他们没有国君"普天之下莫非王土,率土之滨莫非王臣"[1]的绝对政治权威,却有着让国君也畏惧三分的权势。在这个权力结构的背景下,国君寄望于以射礼竞赛,让权贵阶层认可、接受、内化对于权力的结构认同,从而实现在其掌控下的一种政权自由发展状态,以便更好地巩固政权而服务于国家治理。因此,权贵之间的社交礼仪在群体中的良性运作即成为引导权贵群体和谐一统的关键所在。

《礼记·乐记》曰:"是故先王之制礼乐,人为之节……射乡食飨,所以正交接也。礼节民心,乐和民声"[2],这段话十分精炼而独到地告诉我们,先王(国君)之所以制定礼乐,是让人们用来节制自己的情欲,而制定射礼、乡饮酒礼、食礼和飨礼,目的则在于使人们的社交活动正常化,因为音乐可以陶冶性情,而礼乐则是民声的基础[3]。从中可知,在射礼中加入礼节、仪式、音乐、舞蹈等元素,不仅是使竞赛形式丰富多彩的思维,而是国君意在以"礼者殊事,合敬者也。乐者异文,合爱者也"[4],即用礼来区别事务,目的在于使人们相互尊敬。不同的歌舞,目的在于使人们用相互亲爱的"合敬,合爱"礼制理念来规范人与人之间的交往,由此促进权贵群体间社交活动的伦理化和正常化,并教导其"合父子之亲,明长幼之序,以敬四海之内"[5],即使父子融合相亲、使长幼关系明确、使天下的人都相互尊敬,最终达到权贵群体人人和谐共存的稳固政权目的。

总而言之,礼射竞赛"是以天子制之"(天子制定),让"诸侯务焉"(诸侯致力于习射)的一项国家制度,是国君之所以"养诸侯而兵不用,诸侯自为正之具也"[6](用来抚育诸侯而不动干戈,以及诸侯用来修正自己的办法)的治国思想的重要体现,它在"推广礼仪"和"同化阶层"方面具有历史性的重大意义。[7]

三、社会合

礼射竞赛的终极目的是国家安定下的社会安稳和人民安居,因而礼射竞赛将权贵群体"组织起来、团结起来,按一定的社会秩序和规范来进行生产和生活,以维系整

---

[1] 程俊英. 四书五经译注·诗经译注 [M]. 上海:上海古籍出版社,2010:349.
[2] 杨天宇. 四书五经译注·礼记译注 [M]. 上海:上海古籍出版社,2010:472.
[3] 马克思·韦伯. 中国的宗教:儒教与道教 [M]. 康乐,简惠美,译. 桂林:广西师范大学出版社,2010:178.
[4] 杨天宇. 四书五经译注·礼记译注 [M]. 上海:上海古籍出版社,2010:474-475.
[5] 杨天宇. 四书五经译注·礼记译注 [M]. 上海:上海古籍出版社,2010:474.
[6] 杨天宇. 四书五经译注·礼记译注 [M]. 上海:上海古籍出版社,2010:835.
[7] 诺贝特·埃利亚斯. 文明的进程——文明的社会发生和心理发生的研究 [M]. 王佩莉,袁志英,译. 上海:上海译文出版社,2013:19.

个社会的生存和活动"[1]，以此形成具有极为重要社会功能和政治作用的繁文缛节的竞赛礼仪。法国著名社会人类学家克洛德·列维-斯特劳斯指出，仪式的繁文缛节具有一种秩序的微调作用，即"不使任何一个生灵、物品或特征遗漏掉，要使它们在某个类别中都占有各自的位置。"[2] 因此，射礼竞赛以这种独特的竞赛理念，通过对权贵群体的积极规训、持续不断的审查，不仅完成了权贵个体的形塑和群体的互动，而且以此为中心向外辐射，意在实现整体社会的"和合共生"。

首先，射礼竞赛教导人们："射者，仁之道也。射求正诸己，己正而后发，发而不中，则不怨胜己者，反求诸己而已矣。"[3] 这是告诉参赛权贵和民众：射箭体现了仁的道理，重点在于先端正自己，自身端正而后再发射，即使发射而没有射中，也不要埋怨胜过自己的人，相反要寻求自身的问题、不足。其中仁即是做人的基本准则，也是社会和谐交往的关键所在，而且有了仁才会从内心端正自己，才会反求诸己，这正是促进社会和谐的重要竞赛理念。

其次，射礼竞赛教导人们："君子无所争。必也射乎！揖让而升，下而饮。其争也君子"[4]。这是告诉人们，君子是社会所倡导的道德楷模，作为一个合格的君子是没有什么值得争强好胜的，如果有的话，那就是射礼竞赛了。在礼射竞赛中，君子上场相互鞠躬、下场不胜者饮罚酒的竞赛规则和理念才是君子的竞争。可见，与其说君子式竞赛理念的教导、灌输是引导权贵群体成为国君推崇、人们敬仰的"谦谦君子"，不如说这种理念是国君意在培养、营造、创建具有"敬""礼""仁""德"等优秀品质的社会和谐之气，目的在于以权贵群体的"和"促进整体社会之"和"。

最后，礼射竞赛还以"五射"中的"襄尺"[5]（下级退让上级）为等级秩序观念。"为人父者，以为父鹄。为人子者，以为子鹄。为人君者，以为君鹄。为人臣者，以为臣鹄"，意思是做父亲的，以所射的靶心考验自己是否够资格做父亲；做儿子的，以所射的靶心考验自己是否够资格做儿子；做国君的，以所射的靶心考验自己是否够资格做国君；做臣子的，以所射的靶心是考验自己否够资格做臣子。所谓"各射己之鹄"[6]，即礼射竞赛的人各射心目中考验自己的靶心，引导权贵阶层和民众形成仁爱、礼让、中和、忠孝、节义等人生观、价值观、世界观来促进社会整体的和合共生。

总而言之，和谐一统的竞赛理念是国君对权贵个体管理、约束的治理理念，它创

---

[1] 李泽厚. 中国古代思想史论 [M]. 北京：生活·读书·新知三联书店，2008：3.
[2] 克洛德·列维-斯特劳斯. 野性的思维 [M]. 李幼蒸，译. 北京：中国人民大学出版社，2006：11.
[3] 杨天宇. 四书五经译注·礼记译注 [M]. 上海：上海古籍出版社，2010：839.
[4] 金良年. 四书五经译注·论语译注 [M]. 上海：上海古籍出版社，2010：80.
[5] 阮元. 十三经注疏·周礼注疏 [M]. 北京：中华书局，1980：731.
[6] 杨天宇. 四书五经译注·礼记译注 [M]. 上海：上海古籍出版社，2010：837.

建了"讲究礼仪,用理性抑制人的情感以及恰如其分的举止"[1] 三个国家顶层政权的显性秩序与观念,不仅强化了权贵精英的国家、民族等文化认同,也是国君以射礼竞赛促进国家和谐、安定、团结等治理思想的最佳体现。

第二节 民族精神的国家象征

因"君与"的射礼竞赛成为一种特殊竞赛形式,也因"君与"的射礼竞赛在"国之大事,在祀与戎"[2] 的权威下具备了一种国家的象征,更因"君与"的射礼竞赛在君的引领、带动下凝聚了一种前所未有的民族精神。所以民族既是人的信念、忠诚和团结的产物[3],也是一种想象的政治共同体[4],因之礼射竞赛不仅以国君的国家信念和权贵的忠孝实践构建了和谐一统的民族文化,更在一定意义上深化了权贵对民族精神的文化认同。

一、对竞赛"超越自我"精神的文化认同

射礼竞赛在引导、规范权贵竞赛身心行为的同时传达了一种民族"突破自我"的竞争精神。

一方面,《礼记·射义》中"为人父者,以为父鹄。为人子者,以为子鹄。为人君者,以为君鹄。为人臣者,以为臣鹄"的"各射己之鹄"[5],对参射者提出了一种全新的挑战,它引导参射者将靶看成是自我角色的符号,将自己放置于箭靶上,同时以第三者的眼光客观而尖锐地审视自己,并且在射箭时不断检讨自己,以寻求自我技术、角色、关系等方面的"今日之我"和行为、举止、观念的"昨日之我"竞争下的全新突破,这是一种自我竞争精神的文化认同。

另一方面,《礼记·射义》还强调:"射求正诸己,己正而后发,发而不中,则不怨胜己者,反求诸己而已矣"[6],其中的"反求诸己"也体现了一种突破自我的竞争精神。这种"反求诸己"的竞赛精神意在向参射者强调,"射不中的,非目的不当,亦非射者之地位不当,乃射'艺'有不当。……过不在人,而在己。不能以己志不得归罪他人。此犹中国人尊尚人权之大权所在"[7]。可见,射箭的成败在于自我心态与心

---

[1] 诺贝特·埃利亚斯.文明的进程——文明的社会发生和心理发生的研究[M].王佩莉,袁志英,译.上海:上海译文出版社,2013:14.
[2] 杨天宇.四书五经译注·礼记译注[M].上海:上海古籍出版社,2010:578.
[3] 盖尔纳·厄内斯特.民族与民族主义[M].韩红,译.北京:中央编译出版社,2002:9.
[4] 本迪尼克特·安德森.想象的共同体:民族主义的起源与散步[M].吴叡人,译.上海:上海人民出版社,2011:6.
[5] 杨天宇.四书五经译注·礼记译注[M].上海:上海古籍出版社,2010:837.
[6] 杨天宇.四书五经译注·礼记译注[M].上海:上海古籍出版社,2010:839.
[7] 钱穆.文化学大义[M].北京:九州出版社,2011:129.

志的修炼与调整，内心端正后，即使是发射而不中，也不可怨天尤人乃至埋怨射中的人，而应当反躬自责、冷静反思，从自身找原因，因为只有树立一种正确的竞争心态、观念，才能突破自我、反败为胜。

总之，射礼竞赛所强调的这种聚焦自我、审视自我和超越自我的竞争精神始终贯穿竞赛始末，促进、提升、强化了与射权贵对竞赛精神的心理认同。

二、对国家"崇文尚武"精神心理认同

伴随文明的发展，源自武术文化的射礼，摆脱了"野蛮"和"暴力"的标签而成为服务于国君政权治理的竞赛管控之术后，逐步融入了"礼"的文化元素与内涵，成长、演变为既文又武的，既不失射礼本质又凸显射礼内涵的高度人文智慧。这种因"君与"而形成的特殊竞赛文化，旨在让手握政权的权贵阶层以亲身参与的竞赛形式获得对国家"崇文尚武"精神的一种心理认同。

因此，一方面，射礼竞赛以"多发多中"[1]"迟弓、恒弓、疾弓"[2]"无废矢"[3]"五射"[4] 等精湛射技来突出国君及其权贵集团的尚武精神，从而彰显国家统治阶层精英的勇武威猛与国家实力的强盛；另一方面，竞赛还以燕礼、饮酒礼、祭祀礼、食礼、飨礼等礼的形式，以《驺虞》《狸首》《采蘋》《采蘩》[5] 等乐的文化，以及以《云门》《大卷》《大咸》《大韶》《大夏》《大濩》《大武》[6] 等舞的元素对竞赛进行"文"的修饰与融合，体现竞赛人文内涵的文明话语。这种"文"与"武"完美结合的竞赛形式，不仅展示了国家的竞赛文明认知和竞赛智谋，也增进、强化了"与射"的权贵对国家"崇文尚武"精神的一种心理认同。

三、对民族"重礼厚德"精神的国家认同

"重礼厚德"是彰显民族优秀传统文化底蕴的最重要表现之一。射礼竞赛通过一种温文尔雅、文质彬彬的竞赛形式，不仅展现了民族突破自我的竞争精神和国家崇文尚武的文化精神，更是在国君以身作则和亲自表率下，让国家统治阶层的权贵形成了民族"重礼厚德"精神的国家认同。

一方面，射礼竞赛中无处不在的礼仪规范传达了民族对礼的格外重视，如竞赛开始前的"饮酒礼""燕礼""祭祀礼"；竞赛进行中的"进退周还必中礼"[7]"揖让而

---

[1] 韩格平. 二十二子详注全译·管子译注 [M]. 哈尔滨：黑龙江人民出版社，2002：391.
[2] 宋镇豪. 从新出甲骨金文考述晚商射礼 [J]. 中国历史文物，2006（1）：10-18.
[3] 李学勤. 作册般铜鼋考释 [J]. 中国历史文物，2005（1）：4-5.
[4] 郑玄. 十三经注疏·周礼注疏 [M]. 上海：上海古籍出版社，2010：499.
[5] 杨天宇. 十三经译注·仪礼译注 [M]. 上海：上海古籍出版社，2004：169-217.
[6] 杨天宇. 十三经译注·化礼译注 [M]. 上海：上海古籍出版社，2004：326.
[7] 杨天宇. 四书五经译注·礼记译注 [M]. 上海：上海古籍出版社，2010：472.

升，下而饮"[1]，交汇时的"相揖"[2]；竞赛后的"食礼""飨礼""旅酬礼"；等等，无不以"文质彬彬，然后君子"[3] 的行为方式传达了礼对于国家、国民的重要性、必备性，乃至对合乎礼仪之邦民族的国家性。这些礼仪文化的贯彻、推行、实施，无形中强化了"中国人民与统治者之间共利观念和认同感的新型关系"并"在政治上转变为一种民族观念"[4]。

另一方面，射礼竞赛中的"德"更是展示了民族对"德"的格外崇尚，如"射以观德"[5]"上贤以崇德"[6]，即尊重贤能的人以崇尚道德，"大备，盛德也"[7]，即完备，是人具有完美的道德。"礼乐皆得，谓之有德。德者得也"[8] 等，无不以"天道至教，圣人至德"[9] 即天道的规律是对人最高的教诲，圣人的德行是最高的德行的理念，传达"德"的必要性。由此可见，礼射竞赛以礼提高权贵的行为涵养，以德教诲其"毋不敬"[10] 的内心修养，最终切实强化了权贵阶层对民族"重礼厚德"精神的"集体记忆"[11] 和国家认同。总之，"君与"时期的礼射竞赛是以"考礼，正刑，一德，以尊于天子"[12]，即考察诸侯国的礼仪、正定诸侯国的刑律、整齐诸侯们的德行为手段，以"内和睦权贵臣下，外安抚诸侯邦君"为目的，以服务于国君制驭天下、维护王朝统治的国家治理为终极目标。

总之，在大型礼射竞赛中，"没有'源初自由的空间'，权力无处不在"[13]。从物质到制度再到精神层面，礼射竞赛文化完成了从斗争性到组织性再到融合性[14]的政权管理历程。"一切问题，由文化问题解决。"[15]《荀子·君道篇》曰："请问为国？曰：闻修身，未尝闻为国也。君者，仪也；民者，景也；仪正而景正。君者，槃也；民者，水也；槃园而水园。君者，盂也；盂方而水方。君射则臣决。楚庄王好细腰，故朝有饿人。故曰：闻修身，未尝闻为国也。"[16] 这贴切地说明了礼射并非纯粹的休闲竞技，

---

[1] 金良年. 四书五经译注·论语译注 [M]. 上海：上海古籍出版社，2010：80.
[2] 杨天宇. 十三经译注·仪礼译注 [M]. 上海：上海古籍出版社，2004：200-202.
[3] 金良年. 四书五经译注·论语译注 [M]. 上海：上海古籍出版社，2010：119.
[4] 柯文. 在传统与现代性之间：王韬与晚清改革 [M]. 雷颐，罗检秋，译. 南京：江苏人民出版社，2003：147.
[5] 杨天宇. 四书五经译注·礼记译注 [M]. 上海：上海古籍出版社，2010：833.
[6] 杨天宇. 四书五经译注·礼记译注 [M]. 上海：上海古籍出版社，2010：156.
[7] 杨天宇. 四书五经译注·礼记译注 [M]. 上海：上海古籍出版社，2010：284.
[8] 杨天宇. 四书五经译注·礼记译注 [M]. 上海：上海古籍出版社，2010：470.
[9] 杨天宇. 四书五经译注·礼记译注 [M]. 上海：上海古籍出版社，2010：299.
[10] 杨天宇. 四书五经译注·礼记译注 [M]. 上海：上海古籍出版社，2010：1.
[11] 莫里斯·哈布瓦赫. 论集体记忆 [M]. 毕然，郭金华，译. 上海：上海人民出版社，2002：92-94.
[12] 杨天宇. 四书五经译注·礼记译注 [M]. 上海：上海古籍出版社，2010：148.
[13] 佘碧平. 现代性的意义与局限 [M]. 上海：上海三联书店，2000：86.
[14] 钱穆. 文化学大义 [M]. 北京：九州出版社，2011：20.
[15] 钱穆. 文化学大义 [M]. 北京：九州出版社，2011：2.
[16] 北京大学《荀子》注释组. 荀子新注 [M]. 北京：中华书局，1979：195.

而是一种隐含治理目的的、被权力制造的竞赛，通过"君"之"仪"、之"盘"、之"盂"和之"射"，引导权贵达成"景正""水圆""水方"和"君射则臣决"的治理目的，这是射礼竞赛被制造的"为国"的国家意义。

"君与"的大射礼是被制造的竞赛，不仅是从以君为核心的人员构成、以君为标杆的技术体系，还是从伦理化与人性化的竞赛规则，以及等级化的组织形式，甚至是从和谐一统的理念和竞赛中所体现的民族精神方面，都表现明显。可见，大射礼是被权力制造的竞赛，归根结底，它是被权力所生产的知识体系即一种政治的权力话语，这也是它对于国家而言的价值与意义。

中 篇

君不与：被塑造的国家

> **题 记**
>
> 知夫为人主上者，不美不饰之不足以一民也，不富不厚之不足以管下也，不威不强之不足以禁暴胜悍也。
>
> ——《荀子·富国》
>
> 人类所有之真、善、美，历史多与以相当的地位。其未得相当的地位者，则多其不真真、不真善、不真美者也。
>
> ——冯友兰《中国哲学史》
>
> 社会起源和心理起源、情感控制和本能的形成、外部强制与自我强制、难堪的界限、社会的实力、垄断的必然过程以及其他一些概念表达了历史发展的必然过程。
>
> ——诺贝特·埃利亚斯《文明的进程：文明的社会起源和心理起源的研究》

第四章

乡射礼:"君不与射"的社会化竞赛与"国家在场"的地方治理

"君不与"是区别于"君与"的一种竞赛行为,意指国君不亲自参与竞赛。"不与"即不参与其中,如"宾不与"[1]指宾长不参与;"民不与焉"[2]指民众不参与;"众宾不与射者不降"[3]表示三位宾长如果不参加射箭,就不下堂,这里的堂指临时搭建的用于射箭的高台。

历史地看,社会化的乡礼射、角抵、武举等武术竞赛均为"君不与"的典型。尽管在这些竞赛中,国君常常是以"不与",即不亲自参与的方式予以出现,但在某种程度上,国君却从未停止过对竞赛之"与"亦即"干预"。换言之,"君不与"的乡礼射、角抵、武举等武术竞赛是以其独特的、非显性的"君与"形式而存在和体现的。因此,"君不与"的"在场"是"君"缺席的"国家在场",国君在竞赛背后"形塑国家"的无形之"手"对竞赛产生的影响至深、至巨。

文化是"塑造我们的模具"[4],也是"一个善于为社会树立榜样的领域,人类社会以此来确认自己的价值和选择"[5],在其中"社会事件、行为、制度或过程得到可被人理解的描述(深描)"[6]。可见,从国君的视角而言,竞赛文化的目的在于创建、推行、普及国家的"一道德同风俗",即把国家和士大夫认定的最理想的"秩序",从观念层面落实到生活世界,使大家都认同这个士大夫理想中的风俗和道德[7],从精神、思维、认知层面上塑造一个国君企望、民众寄望的共同体——"国家"。"国家是文明社会的概括",是使社会得以正常运转和走向秩序的一个最硬的拳头[8],因之

---

[1] 杨天宇. 十三经译注·仪礼译注 [M]. 上海: 上海古籍出版社, 2004: 131.
[2] 杨天宇. 十三经译注·礼记译注 [M]. 上海: 上海古籍出版社, 2010: 428.
[3] 杨天宇. 十三经译注·仪礼译注 [M]. 上海: 上海古籍出版社, 2004: 133.
[4] 爱德华·霍尔. 无声的语言 [M]. 何道宽, 译. 北京: 北京大学出版社, 2010: 27.
[5] 维加雷洛. 从古老的体育游戏到体育表演——一个神话的诞生 [M]. 乔咪加, 译. 北京: 中国人民大学出版社, 2007: 6.
[6] 克利福德·格尔茨. 文化的解释 [M]. 韩莉, 译. 南京: 译林出版社, 2014: 18.
[7] 葛兆光. 思想史研究课堂讲录续编 [M]. 北京: 生活·读书·新知三联书店, 2012: 93.
[8] 邵望平. 中国文明起源和早期国家形态研讨会发言摘要 [J]. 考古, 2001 (2): 86-95.

"这种从社会中产生但又自居于社会之上且日益同社会脱离的力量"[1]便需要、必须"被标榜"乃至"被塑造"。简言之,"君不与"的乡射礼、角抵、武举等武术竞赛以宏观的国家、国民、民族等定位为基准,培育和践行核心价值观,并以积极引导"民与"的方式,无论从身体上还是从精神上,塑造一个道德、富强、平等、昌盛的国家形象。

第一节 射义儒家化:人伦价值系统的重建

春秋时期,周室衰微,社会剧动,"上自国土、政治,下及人心、风俗,皆与此前截然划一鸿沟"[2]。曾经"君与射"的举国大射礼因"君"的长期缺席而不复存在,取而代之的是争当"霸主"的各诸侯异邦的射侯礼[3]、射鱼礼[4]、享射礼[5],以及承载国家意志的地方乡绅和民众阶层的乡射礼和习武礼等[6],射礼进入"君不与射"的大众化和世俗化时代。然而,尽管春秋以降国君在射礼中长期缺席,但代表国家在场的"君"却从未缺席。国君"缺席的在场"使原本政治集权化的射礼走向社会化,并在"君"的影响下构建起一个阶层化和地方化的竞赛形态,形成基于儒家思想、伦理仪式和礼制符号的集礼教、选贤等为一体的服务于国家治理的竞赛机制。正如美国学者杜兰特等在《历史的教训》中指出:"征服者的命令就是被征服者最早的法律,这些命令加上民族的民俗,就创造了新的社会秩序。"[7] 因之,乡射礼竞赛机制的贯彻与实施不仅是社会新秩序的再造,同时也是国家"竞赛""管理""治理"意志在地方的切实贯彻与实施。要而言之,从最初"君与"的举国大射至"君不与"后的民众乡射,礼射勾勒出了竞赛文化中"君—权贵—乡绅—民众"这条由上及下的国家治理主脉,如下图所示。

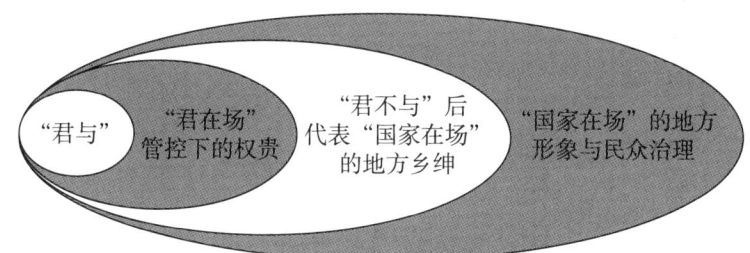

射礼竞赛国家形象与治理路径

---

[1] 恩格斯. 家庭、私有制和国家的起源[M]. 中共中央编译局,译. 北京:人民出版社,1972:168.
[2] 梁启超. 梁启超论中国文化史[M]. 北京:商务印书馆,2012:211.
[3] 程俊英. 四书五经译注·诗经译注[M]. 上海:上海古籍出版社,2010:154-155.
[4] 李梦生. 四书五经译注·春秋左传译注[M]. 上海:上海古籍出版社,2010:22.
[5] 李梦生. 四书五经译注·春秋左传译注[M]. 上海:上海古籍出版社,2010:865.
[6] 阮元. 十三经注疏·春秋左传正义[M]. 北京:中华书局,1980:1918.
[7] 威尔·杜兰特,阿里尔·杜兰特. 历史的教训[M]. 倪玉平,张闶,译. 成都:四川人民出版社,2014:158.

春秋以降，曾经服务于国家政权治理的大型礼射活动因"周朝廷颓微"[1]而日趋衰败，取而代之的是以地方治理为目的的乡射礼竞赛。以历史发展的眼光来看，当"人类心智的创造力与传统内部的潜力相遇时，便产生变迁"[2]。因而，由于乡礼射竞赛是源自王公贵族专属的宫廷大射，具备一种高层次的身心教化功能，传播至民间社会后，乡射礼竞赛便自然而然地承载了国家教化民众的政治使命和教育职责，成为国家地方治理和礼化民众的一个重要文化载体。在这个背景下，"以天下为己任"和"担负着中国教育与政治之双重责任"[3]的儒家思想便对"君不与"后的乡射礼进行道德化的改造与新解，试图以儒家所倡导的思想重塑"君不与"的道德权威，以此礼化和改善[4]民众，为国君创建具有伦理道德的和谐社会。由此，射礼便涵化了儒家思想的新意，同时"也在礼的形式中吹进了一番新的精神"[5]。

首先，以孔子为代表的儒家重新定义了"射"的内涵[6]。哲学家杜兰特认为，儒家的"认识论就是关于现实生活中各种重要关系的知识"[7]，因之作用于民众的礼射竞赛理应涵盖"处世接人慎终追远的仪文"和"一切社会习惯风俗所承认的行为的规矩"[8]等重要知识，以构建民众对新思想、新文化的认知。以孔子为代表的儒家不仅十分厌恶暴力征伐[9]，也摒弃背信弃义、尔虞我诈之争，崇尚智、仁、勇等思想境界，因此孔子在乡礼射竞赛中明确提出"君子无所争，必也射乎。揖让而升，下而饮，其争也君子"[10]的根本准则，极力推崇君子之争式的礼射竞赛，强调如果人与人之间存在必要的竞争，也要以既有相互尊敬（揖让）又有高下之分（饮罚酒）的竞赛规则，这才是文明社会所倡导的君子之争。这里的"君子"即如君王般有涵养的君王之子[11]，即贵族的个体成员[12]，它的指向既是阶级的，也是伦理的[13]，礼射要符合"人格高尚、有道德、尽人道"[14]的君子竞争行为。从而，这种"人道普遍化（即将本来行之于贵族之间的礼仪观念普化于大众之间）"[15]的"射"的竞赛内涵便从原始的"野蛮之斗"进化、升华为一种"文明之争"，礼射竞赛也因此融入了儒家思想的

---

[1] 朱小丰. 中国的起源[M]. 上海：上海文艺出版社，2014：406.
[2] 爱德华·希尔斯. 论传统[M]. 傅铿，吕乐，译. 上海：上海人民出版社，2014：229.
[3] 钱穆. 民族与文化[M]. 北京：九州出版社，2012：12.
[4] 尼采. 偶像的黄昏[M]. 李超杰，译. 北京：商务印书馆，2013：42.
[5] 郭沫若. 中国古代社会研究·下册[M]. 石家庄：河北教育出版社，2007：689.
[6] Stephen Selby. Chinese Archey[M]. Hong Kong：Hong Kong University Press，2003：70-71.
[7] 杜兰特. 哲学的故事[M]. 蒋剑锋，张程程，译. 北京：新星出版社，2013：5.
[8] 胡适. 中国哲学史大纲[M]. 北京：商务印书馆，2011：110-111.
[9] 彭林. 中国古代礼仪文明[M]. 北京：中华书局，2013：178.
[10] 金良年. 四书五经译注·论语译注[M]. 上海：上海古籍出版社，2010：80.
[11] 冯友兰. 中国哲学简史[M]. 赵复三，译. 北京：三联书店，2015：171.
[12] 李泽厚. 中国古代思想史论[M]. 北京：生活·读书·新知三联书店，2014：21.
[13] 雷海宗. 中国文化与中国的兵[M]. 长沙：岳麓书社，2010：9.
[14] 胡适. 中国哲学史大纲[M]. 北京：商务印书馆，2011：92.
[15] 许倬云. 中国古代文化的特质[M]. 北京：新星出版社，2006：58.

其次，由于儒家"重德化而轻刑罚"的人伦及道德特性[1]，儒家把理性"引导和贯彻在日常现实世间生活、伦常感情和政治观念中，而不作抽象的玄思"[2]，推行、强化了康德所强调的一种"纯粹实践理性"即基于道德法则的"自由意志"[3]。在竞赛中，儒家表现为将其思想融入竞赛"内在"和"外显"的各个环节，引导民众对射礼竞赛形成"由道德情感的'敬重'引向宗教情感的'敬畏'"[4]，并以此规范审视自我。射礼竞赛还提出"进退周还必中礼，内志正，外体直"的行为准则，要求参与者必须能够把握分寸，做到自我内心和外在行为都端正才"可以言中"[5]。《中庸》中甚至强调"射有似乎君子，失诸正鹄，反求诸其身"[6]，这些都是把儒家"仁""贤""中庸"等"被认为是正确的"[7]思想融入射礼竞赛，目的在于向民众强调唯有"心正、身正而后矢正，才能射中"的"自省"思想，从而达成一种"士"与"民"相融合、相贯通的"共通的文化意念"[8]。

最后，儒家持"质胜文则野，文胜质则史"[9]的观念，将属于"质"的野蛮弓箭进行"文"的切实化改造，并制定、颁布、推行一系列行为规范与准则。例如，根据儒家思想在礼射前需按等级"先行燕礼"和"乡饮酒礼"，目的在于贯彻"明君臣之义"和"明长幼之序"的伦理道德思想；又如，提出"以为父鹄，以为子鹄，以为君鹄和以为臣鹄"[10]的竞赛思想，教导竞射者将箭靶看成对自我内心修为和社会角色的考察，不断健全自我的社会人格；再如，孔子射于瞿相之圃时，更是着重强调了对"贲君之将，亡国之大夫，与为人后者"的批判和对"幼壮孝弟，不从流俗，好礼不变"[11]的赞赏，是对民众一切行为的规矩尺度进行"统治"和"管理"[12]，是儒家从具体行为中规定了参与射礼的道德门槛，更是儒家伦理思想、道德标准、社会规范在射礼竞赛中的隐喻[13]、推行、贯彻和重建。

总之，儒家化的射礼竞赛代表了"礼治社会"的重建，即"把每一颗螺丝放回它

---

[1] 吕思勉. 中国政治思想史[M]. 北京：中华书局，2012：129.
[2] 李泽厚. 美的历程[M]. 北京：生活·读书·新知三联书店，2015：52.
[3] 依曼努尔·康德. 实践理性批判[M]. 张永奇，译. 北京：中国社会科学出版社，2009：80-81.
[4] 李泽厚. 哲学纲要[M]. 北京：北京大学出版社，2011：51.
[5] 杨天宇. 四书五经译注·礼记译注[M]. 上海：上海古籍出版社，2010：833.
[6] 金良年. 四书五经译注·中庸译注[M]. 上海：上海古籍出版社，2010：30.
[7] Yu Jiyuan. The Mean, the Right and Archery[J]. Procedia Social and Behavioral Science，2010，2（5）：6796-6804.
[8] 乔健，潘乃谷. 中国人的观念与行为[M]. 天津：天津人民出版社，1995：17.
[9] 金良年. 四书五经译注·论语译注[M]. 上海：上海古籍出版社，2010：119.
[10] 杨天宇. 四书五经译注·礼记译注[M]. 上海：上海古籍出版社，2010：837.
[11] 杨天宇. 四书五经译注·礼记译注[M]. 上海：上海古籍出版社，2010：836.
[12] 李泽厚. 由巫到礼 释礼归仁[M]. 北京：生活·读书·新知三联书店，2015：50.
[13] Camus, Rina Marie. Comparison by Metaphor：Archery in Confucius and Aristotle[J]. Journal of Comparative Philosophy，2017，16（2）：165-185.

们恰当的位置并锁稳"[1]。换言之，儒家试图用"一种普遍的方式来推行某种道德，使之从心灵上支配那些不懂得这种道德的人"[2]。这种在思想、形式、内容、性质上全然是世俗的"给士人的教养试验"[3]，目的在于让普通民众赋予射礼竞赛一种"巫术性"的"卡里斯玛"[4]，即尽善尽美的道德楷模意义，形成一种与道家以"纯粹经验忘我"之方法相区别的以"爱之事业"[5]的儒家理念与实践。基于此，儒家化的礼射竞赛的目的在于培养为国家服务的社会之人[6]。"管理全国各地的百姓不仅需要刑罚威慑，同时也需要文化怀柔和道德训诫"[7]，故而，以竞赛为形式的"儒治"摆脱了上层专权蛮横的严苛立法所形成的法家式单子论[8]的控制理念。法家不大考虑人情伦理在构设人际网络关系时的作用，更不承认道德对社会控制与皇帝的统治会具有显著的支配性影响[9]。

第二节 伦理仪式化：等级象征的内涵表达

伦理是回答和指明"我应当作什么？"[10]，而仪式是"权力的演绎"，它们"从情感上打动、吸引观众"，并以此"建构社会秩序和共同的归属感"[11]，从而"表达性和符号性"[12]的仪式意义便并不只外在形式，也不仅是隐含的伦理秩序，而是一种约束人的制度[13]。因此，自周王室衰落后，负有培养人才重任的儒家承国家"宣传倡导道德法令"[14]的意志而着手对"君不与"的乡射礼竞赛进行道德、伦理的规范、重

---

[1] 王汎森. 权力的毛细血管：清代的思想、学术与心态 [M]. 北京：北京大学出版社，2015：45.
[2] 米歇尔·福柯. 疯癫与文明：理性时代的疯癫史 [M]. 刘北成，杨远婴，译. 北京：生活·读书·新知三联书店，2012：243.
[3] 马克思·韦伯. 中国的宗教：儒教与道教 [M]. 康乐，简惠美，译. 桂林：广西师范大学出版社，2010：183.
[4] "卡里斯玛"（Charisma）是指某种人格特质，某些人因具有这种特质而被认为是超凡的、具有超自然的或至少是特殊的力量或品质。他们具有神圣或至少是表率的特性。某些人因具有这些特性而被视为"领袖"。所谓"卡里斯玛支配"，即被支配者对能够证实其卡里斯玛禀赋的领袖产生一种完全效忠和献身的情感性归依下，所成立的支配类型。"如果领袖在很长一段时间中，无法创造奇迹或成功；如果神或魔性或英雄性等力量似乎抛弃了领袖；最重要的，如果领袖无法继续使跟随者受益，他的卡里斯玛支配很可能因此丧失"，此即韦伯所指"卡里斯玛支配的原则"之意涵。
[5] 冯友兰. 中国哲学史（上）[M]. 上海：华东师范大学出版社，2011：79.
[6] 冯友兰. 中国哲学史（上）[M]. 上海：华东师范大学出版社，2011：34.
[7] 费正清. 中国：传统与变迁 [M]. 张沛，张源，顾思兼，译. 长春：吉林出版集团有限责任公司，2013：201.
[8] 谷川道雄. 中国中世社会与共同体 [M]. 马彪，译. 北京：中华书局，2002：67.
[9] 杨念群. "感觉主义"的谱系：新史学十年的反思之旅 [M]. 北京：北京大学出版社，2012：18.
[10] 伊曼纽尔·康德. 逻辑学讲义 [M]. 许景行，译. 北京：商务印书馆，2010：23.
[11] 洛蕾利斯·辛格霍夫. 我们为什么需要仪式 [M]. 刘永强，译. 北京：中国人民大学出版社. 2009：4-5.
[12] 杰克·古迪. 神话、仪式与口述 [M]. 李源，译. 北京：中国人民大学出版社，2014：26.
[13] 葛兆光. 古代中国文化讲义 [M]. 上海：复旦大学出版社，2012：48.
[14] 吴思. 血酬定律：中国历史中的生存游戏 [M]. 北京：语文出版社，2009：90.

建，大力推崇"礼""乐""仁"等"关于行为之知识"[1]的人伦思想，并以"国家在场"的形式将象征化和仪式化的伦理道德以"直接作用于身体的权力形式"[2]传达给民众，并从仪式化的程式即竞赛时间、仪节、程序等方面予以贯彻、推行与实施。

第一，是竞赛时间的定期化和规律化。射礼竞赛以一种重复、规律、定期的时间安排灌输、强调礼射竞赛中的礼仪，以强化仪式化的伦理与道德。何为"礼"，"礼"是一朝一代的典章制度，是一族一姓的良风美俗，更是从时代的积累所递传下来的人文进化的轨迹[3]。换言之，"一切合于道理，可以做行为标准，可以养成道德习惯，可以增进社会治安的规矩，都成为礼"[4]。可见，礼是"规矩"而非"法律"，是一种在规律化、重复化和持续化的基础上而"'习'出来的礼俗"[5]。因此，在这个意义上，乡射礼竞赛在举办时间上即是强调一种重复式的"习礼"行为、要求与准则，它不仅继承了西周时期的三月、八月、十一月等时间段[6]，还在儒家"礼""乐"思想的规范下逐步发展，从而固定如大型礼射、射侯礼、乡射礼等定于每年春、秋两季定期举行，射鱼礼定为每年春季，射牲礼定为每年九月，以及其他一些礼射竞赛定于籍礼、觞饮、飨宴后或遵循"春射秋飨"[7]的竞赛文化传统。

第二，是竞射仪式的程式化。射礼竞赛的程式化是在长期运作的过程中所形成的一套固有模式，如竞射仪式规定，诸侯之射，"必先行燕礼"，卿大夫、士之射，"必先行乡饮酒礼"，而将祭之射，"必先习射于泽"，而后再"射于射宫"[8]，可见将祭而射的先"射于泽"后"射于射宫"、诸侯之射的先"燕礼"、士之射的先"乡饮酒礼"即礼射竞赛所规定和要求的一种固定程式。而地方乡射礼则囊括了更为精心的伦理化仪式步骤与设计，如射前包含了"主人戒宾、宾出迎、席宾、主速宾、迎宾、献宾"等礼节，射后涵盖了"旅酬、坐燕、送宾、宾拜赐"[9]等仪节。总之，"朝聘礼的跪拜上下，乡饮酒礼和士相见礼的揖让进退，丧服礼的制度等差，祭礼的昭穆祧迁，都是要分辨家庭、社会一切伦理的等差次第"[10]，将竞赛与"燕饮礼""乡饮酒礼"和"祭祀礼"等礼节互为融合，目的在于使之形成一种程式化的仪式来强化君臣之义、长幼之序、孝悌之行的伦理道德，以达到以礼引导民众志向和行为的目的。

---

[1] 泡尔生. 伦理学原理 [M]. 蔡元培，译. 北京：北京理工大学出版社，2013：20.
[2] 布尔迪厄. 男性统治 [M]. 刘晖，译. 北京：中国人民大学出版社，2011：53.
[3] 郭沫若. 中国古代社会研究 [M]. 石家庄：河北教育出版社，2007：688.
[4] 胡适. 中国哲学史大纲 [M]. 北京：商务印书馆，2011：110-111.
[5] 费孝通. 乡土中国 [M]. 北京：人民出版社，2008：7.
[6] 袁俊杰. 两周射礼研究 [M]. 北京：科学出版社，2013：295-297.
[7] 阮元. 十三经注疏·毛诗正义 [M]. 北京：中华书局，1980：524.
[8] 杨天宇. 四书五经译注·礼记译注 [M]. 上海：上海古籍出版社，2010：833-838.
[9] 杨天宇. 十三经译注·仪礼译注 [M]. 上海：上海古籍出版社，2004：89-140.
[10] 胡适. 中国哲学史大纲 [M]. 北京：商务印书馆，2011：110-113.

第三，是仪式乐、舞等级的象征化。朱熹言："天下无一物无礼乐"[1]，孔子亦认为，"合乎规矩的音乐有助于产生合乎规矩的道德观念"[2]。正因如此，射礼竞赛分外注重音乐对人心的调节、引导、疏通，如在竞射时"王以六耦射三侯，三获三容，乐以《驺虞》，九节五正。诸侯以四耦射二侯，二获二容，乐以《狸首》，七节三正。孤卿大夫以三耦射一侯，一获一容，乐以《采苹》，五节二正。士以三耦射豻侯，一获一容，乐以《采蘩》，五节二正"[3]，规定诸侯以四耦对应射两个靶，配备两名报数者和两个庇护，用七遍《驺虞》伴乐，射前先听三遍，其余卿大夫、士绅按规定依次递减和调换乐曲，象征了一种森严的等级秩序。同时，还提出"五善"的竞赛要求："一和，志体和；二容，有容仪；三主皮，能中质；四和容，合雅颂；五兴舞，与舞同"[4]，以及伴乐起舞如弓矢舞、长袖舞、执矢舞、象舞等，起舞者还需按级别匹配，或二，或三，或四，或众耦等[5]。这些礼、乐、舞的制度安排在彰显设计的周密、用心之时，也符合"仁之实，事亲是也；义之实，从兄是也；智之实，知斯二者弗去是也；礼之实，节文斯二者是也；乐之实，乐斯二者，乐则生矣；生则恶可已也，恶可已，则不知足之蹈之手之舞之"[6]的礼乐思想和理念。显然，乡射礼竞赛中的"礼"的实质在于对儒家所强调的"仁"和"义"的调节和修饰，而"乐"的实质在于表达竞赛行为的积极和快乐要素，只要产生了快乐之感，就无法抑制而不自觉地手舞足蹈起来了，这是竞赛深层内涵的一种独特表达。

总而言之，标志中国特殊性[7]的礼的核心是等级制度[8]，这些贯穿于乡射礼竞赛中的时间、仪式、程序等安排是一种"规定节奏、安排活动、调节重复周期"的活动控制[9]，它十分注重礼之本和乐之理，不只强调形式节奏矣[10]。《礼记·乐记》曰："凡人者，生人心者也。情动于中，故形于声。声成文，谓之音。是故治世之音安，以乐其政和。乱世之音怨，以怒其政乖。亡国之音哀，以思其民困。声音之道，与政通矣"[11]。可见，正因为"声音之道，与政通矣"，儒家才会将礼、乐融入射礼竞赛，以服务国家的地方治理。对国家而言，乡射礼中的礼乐思想所起到的是一种教化民风的作用，它把外在的礼和仪式从一种竞赛的行为规范与约束，转变为人内在的精

---

[1] 朱熹. 论语集注 [M]. 济南：齐鲁书社，1992：178.
[2] 费正清. 中国：传统与变迁 [M]. 张沛，张源，顾思兼，译. 长春：吉林出版集团有限责任公司，2013：39.
[3] 阮元. 十三经注疏·周礼注疏 [M]. 北京：中华书局，1980：845.
[4] 阮元. 十三经注疏·周礼注疏 [M]. 北京：中华书局，1980：716-717.
[5] 袁俊杰. 两周射礼研究 [M]. 北京：科学出版社，2013：465.
[6] 孟子. 孟子 [M]. 万丽华，蓝旭，译注. 北京：中华书局，2007：167.
[7] 邓尔麟. 钱穆与七房桥世界 [M]. 北京：社会科学文献出版社，1995：7.
[8] 许宏. 何以中国：公元前2000年的中原图景 [M]. 北京：生活·读书·新知三联书店，2014：8.
[9] 米歇尔·福柯. 规训与惩罚 [M]. 刘北成，杨远婴，译. 北京：生活·读书·新知三联书店，2012：169.
[10] 冯友兰. 中国哲学史 [M]. 上海：华东师范大学出版社，2011：44.
[11] 杨天宇. 四书五经译注·礼记译注 [M]. 上海：上海古籍出版社，2010：468.

神需求；把竞赛中"揖让而升，下而饮"等僵硬的强制要求，提升为一种融入民众日常生活的自觉意识；把追求"君子"行径的"宗教性"思维变为人情伦常，"从而使伦理规范与心理欲求融为一体"[1]；同时，还赋予显得十分烦琐的贯穿竞赛始末的"繁文礼节"一种实践理性的心理学阐释，进而将这种按部就班的强制性礼节转化为参赛者内在欲求的主动性，最终形成乡射礼竞赛的"服务和服从于人"[2]的儒家礼乐思想、理念、行为。"礼云礼云，玉帛云乎哉？乐云乐云，钟鼓云乎哉？"[3] 显然，儒家正是以这种重复化、程序化和象征化的固定竞赛形式来传达"情感有节，行为有度"[4]的伦理思想与道德的仪式化"文明"形态，而服务于国家的社会治理，是一种代表"国家在场"权力的隐性表达。

第三节 礼制符号化：国家意义的公众感知

符号化是人类赋予符号以人类价值的过程，而意义则是"被构造的、被产生的"[5]。借助"礼""乐"思想制度，射礼竞赛表达了等级秩序"神圣不可侵犯"的威严，以此强化"国家在场"的政治符号[6]。射礼符号的确立，目的在于凝聚社会群体公共生活空间的共同精神，让公众感知射礼竞赛的"国家意义"。基于此，儒家对国家底层的社会礼治的政治使命和对人伦理思想的培养动机正是射礼竞赛得以符号化的内在机制。

一方面，"君不与"转化为射礼尊贵的国家标签。春秋以降而"君不与射"后，儒家思想者将礼射礼仪进一步赓续和国家化，让臣子万民不自觉地内化这种价值取向而形成一种特定的文化符号，如《仪礼·大射》载："大射之仪。君有命戒射。宰戒百官有事于射者，射人戒诸公、卿大夫射，司士戒射与赞者。"大型射礼的举行，须由国君宣告，再由宰下传指令逐级往下通知，断不可越级而告，而且在竞射环节中，有大量"请君命""拜稽首，公答拜"的庄重礼节，旨在体现国君之尊与礼制之贵[7]。这种因"君尊"而"礼贵"的国家标签在乡射礼中也成为一种具备国家意义的象征性符号而存在，如乡射礼竞赛前需"主人戒宾。宾出迎，再拜。主人答再拜，乃请"，而且三次竞射要三次"请射于宾"[8]，等等。从中可见，由主人、乡大夫等士绅所代表的

---

[1] 李泽厚. 中国古代思想史论 [M]. 北京：生活·读书·新知三联书店，2014：15.
[2] 李泽厚. 美的历程 [M]. 北京：生活·读书·新知三联书店，2015：52-53.
[3] 金良年. 四书五经译注·论语译注 [M]. 上海：上海古籍出版社，2010：273.
[4] 诺贝特·艾利亚斯. 文明的进程——文明的社会发生和心理发生的研究 [M]. 王佩莉，袁志英，译. 上海：上海译文出版社，2013：234.
[5] 斯图尔特·霍尔. 表征：文化表象与意指实践 [M]. 徐亮，陆兴华，译. 北京：商务印书馆，2013：33.
[6] 戴国斌. 中国武术的文化生产 [M]. 上海人民出版社，2015：22-23.
[7] 杨天宇. 十三经译注·仪礼译注 [M]. 上海：上海古籍出版社，2004：169-217.
[8] 杨天宇. 十三经译注·仪礼译注 [M]. 上海：上海古籍出版社，2004：101.

"君尊"的礼制符号意在向民众表彰射礼"尊贵"意义的国家感知。

另一方面,"君"将射礼化为国家"制度"的标识。天子以"射中者则得与于祭,不中者不得与于祭"[1]的方式选拔参与国家级祭祀的贤士,以此宣扬具备高尚"道德情操"的国家观,这无形中强化了礼制的神圣感与荣誉感。再者,国君还赋予射礼以国家权力,通过"以射选诸侯、卿大夫、士"来作为考察权贵阶层道德礼节的重要制度,而这种机制到了地方则演变为"以射选士、选贤、选能"的礼制考核,以三年一次的乡射礼为竞赛形式,"考其德行、道艺,而兴贤者、能者"[2],以此向民众传达"其人敬于礼,则射多中"[3]的国家意义。

可见,射礼竞赛"是观念意识物态化活动的符号和标记"[4],也是礼制符号化和理念国家化活动的权力印记,它所凝练、聚集在这种竞赛符号形式里的国家意义和社会意识,即国君及其国家政权顶层权贵强调和注重的情感、观念和心理,恰恰使这种符号形式获得了政治内涵和意义,也使民众对它的感受有了一种超感觉和价值,这即是竞赛形式里积淀的国家和社会价值与内容,在感性形式中积淀了权力理性的重要表现,并且在外在客观形象和内在主观感受两个方面都如此。正如福柯所言,"权力以符号学为工具,把'精神'(头脑)当作可供铭写的物体表面;通过控制思想来征服肉体;把表象分析确定为肉体政治学的一个原则,这种政治学比酷刑和处决的仪式解剖学要有效的多"[5]。可以说,乡射礼竞赛是以"士大夫与国君共治天下"[6]为代表"国家在场"的一种察举、塑造机制,同时也是符号化的国家意志和国家选贤制度在地方的贯彻与实施。

总而言之,将"在民众之间的教化视为广泛自觉的行动"[7]的儒家,其核心问题是如何为政治社会运行提供一种"道德实践"的方式和目标[8],如何"通过士大夫知识分子的思想、行为和心理状态而弥漫和影响整个社会"[9],而射礼竞赛的射义儒家化正是对这个问题的最好回答。钱穆先生言:"每一项制度之推行与继续,必待有一种与之相当的道德意志与服务忠诚之贯注。否则徒法不能以自行,纵然法良意美,终是徒然。"[10] 因此,从竞赛的角度而言,"以情感为其根本"[11]的"君不与"的乡射礼竞赛中所宣扬的礼乐、德行和为国、为民的"独善其身"正是其得以被推行和被国家

---

[1] 杨天宇. 四书五经译注·礼记译注 [M]. 上海:上海古籍出版社,2010:838.
[2] 阮元. 十三经注疏·周礼注疏 [M]. 北京:中华书局,1980:716-717.
[3] 十三经注疏·毛诗正义 [M]. 阮元,校刻. 北京:中华书局,1980:535.
[4] 李泽厚. 美的历程 [M]. 北京:生活·读书·新知三联书店,2015:10.
[5] 米歇尔·福柯. 规训与惩罚 [M]. 刘北成,杨远婴,译. 北京:生活·读书·新知三联书店,2012:113.
[6] 费孝通,吴晗. 皇权与绅权 [M]. 上海:华东师范大学出版社,2014,9:32.
[7] 杨念群. "感觉主义"的谱系:新史学十年的反思之旅 [M]. 北京:北京大学出版社,2012:35.
[8] 杨念群. "感觉主义"的谱系:新史学十年的反思之旅 [M]. 北京:北京大学出版社,2012:6.
[9] 李泽厚. 中国古代思想史论 [M]. 北京:生活·读书·新知三联书店,2014:227.
[10] 钱穆. 中国历代政治得失 [M]. 北京:生活·读书·新知三联书店,2012:62.
[11] 梁漱溟. 中国文化要义 [M]. 上海:学林出版社,1987:119.

认同的深层原因。但从国君的角度而言,"一个国家的政治,到底还是脱离不了权。而政治权之稳固,一定要依赖于一种为社会大众所共同遵守、共同信仰的精神上的权"[1]。在这个意义上,乡射礼竞赛所"创造"的礼制既是一种举国性的政治管理,又是一种普世性的国民信仰,目的在于"将其群体组织起来、团结起来,按着一定的社会秩序和规范来进行生产和生活,以维系整个社会的生存和活动"[2]。因为只有以竞赛为载体,"才拥有使渺小的个体所不能抵抗、不可争辩、无法阻挡的力量而被认同、服从和履行,使它成为个体自觉意识到人生意义、生活价值、安身立命、终极关怀之所在。"[3]

---

[1]钱穆.中国历代政治得失[M].北京:生活·读书·新知三联书店,2012:171.
[2]李泽厚.中国古代思想史论[M].北京:生活·读书·新知三联书店,2008:3.
[3]李泽厚.哲学纲要[M].北京:北京大学出版社,2011:18.

第五章

角抵：宣扬国威与点缀升平的张弛之道

根据《述异记》中所载的"蚩尤以角斗轩辕"[1] 至少从上古时代开始，或根据《事物纪原》中所载的"汉武始作"[2] 从汉代算起，"君不与"后的古代武术竞赛的焦点与重心逐步转向角抵。历史上，上至皇亲贵族、下至市井百姓喜闻乐见的竞赛项目，角抵被置于"国之大事"的显赫位置，在国家外交、军事训练、节庆娱乐等关键场合发挥了"经国家、定社稷、序民人、利后嗣"[3] 的积极作用。从而，这个"关乎千秋"的"国之大事"，作为具备武术竞赛构成条件的角抵即具备参与人群、物质条件、组织管理等竞赛要素[4]，是武术竞赛学甚至是武术政治学研究的重要问题。

"角抵"又称为"觳抵"[5]。"觳"即"音觉、与角同，校也，兢也，触也"[6]，与"角"相通；《说文解字》中"觳"指"射具，从角，彀声，读若斛"[7]。与先秦射礼一脉相承[8]的角抵在历史中有许多不同的称谓：一是角力，如"与角力而不胜"[9]"请与之戏"[10]"请与君之士戏"[11] 等，"戏"即"角力"[12]；二是角抵，如"秦更名角抵"[13]，"作角抵戏"[14]"名此乐为角抵者"[15]"京师民观角抵于上林平乐

---

[1] 任昉.述异记 [M].北京：中华书局，1962：1-2.
[2] 高承.事物纪原·博弈嬉戏部·角抵 [M].北京：中华书局，1989：492.
[3] 李梦生.春秋左传译注·隐公十一年 [M].上海古籍出版社，2010：43.
[4] 王亚琼.运动竞赛学 [M].北京：北京师范大学出版社，2009：3.
[5] 司马迁.史记·李斯列传 [M].长沙：岳麓书社，2011：1227.
[6] 康熙字典 [M].上海：汉语大词典出版社，2002：1119.
[7] 许慎.说文解字 [M].上海：上海古籍出版社，1981：188.
[8] 卜键.角抵考 [J].文学遗产，2000（3）：20-25.
[9] 陈奇猷.韩非子新校注 [M].上海：上海古籍出版社，2000：727.
[10] 邬国义，胡果文，李晓路.中华古籍译注丛书·国语译注 [M].上海：上海古籍出版社，1994：474.
[11] 李梦生.春秋左传译注·僖公二十八年 [M].上海：上海古籍出版社，2010：303.
[12] 王引之，杨家骆.经义述闻（下）[M].台北：世界书局印行，1975：413.
[13] 班固.汉书·卷二十三·刑法志第三 [M].北京：中华书局，1962：1085.
[14] 班固.汉书·卷六·武帝纪第六 [M].北京：中华书局，1962：194.
[15] 班固.汉书·卷六·武帝纪第六 [M].北京：中华书局，1962：194.

馆"[1]"未央庭中设角抵戏"[2]等;三是相搏,如"屏左右而相搏"[3]"手相搏曰交手"[4]等;四是相打,如"如与人相打"[5]"与人相打"[6]等;五是相扑,如"争倒曰相扑也"[7]"使宠胡何猥萨后园与绰相扑"[8]"相结伴为相攒之戏,攒即扑也"[9]等;六是相角,如"欲与相角"[10]等;七是相掊,如"令侍卫等掊而絷之"[11]等;八是相攒,如"五月间相结伴为相攒之戏"[12]、"街坊则相攒为乐"[13]等;九是争交,如"相扑争交,谓之角抵之戏"[14]等。与射礼、武举竞赛一样,"君不与"下的角抵竞赛始终与国家政权休戚与共、紧密相关。尽管未有"君与"的亲身参与常态,但角抵竞赛依然在"君在场"的直接"干预"和推动下取得了在政权顶层和基层社会两个层面的繁荣与发展。

第一节 "君之所好"的人员构成与技术体系

角抵自诞生之日起就备受国君的推崇,《角力记》中"然此技随君主之所好,必逐处而出也"[15]的记载表明,角抵竞赛的蓬勃发展与"君之所好"息息相关。历史上,角抵竞赛经历了一个从早期以"与"君到后期"君不与"的历史发展进程。国君的喜好不仅对竞赛的发展起到了至关重要的促进作用,在很大程度上影响并决定了竞赛的人员构成及其相应的技术样态。

一、从顶层权贵到基层民众的人员构成

(一) 引领与推动的国君

以国君为首的角抵参与人员最早可追溯到"人民少而禽兽众"[16]的上古之世。人民

---

[1] 班固.汉书·卷六·武帝纪第六[M].北京:中华书局,1962:198.
[2] 翁士勋.《角力记》校注[M].北京:人民体育出版社,1990:118.
[3] 李学勤.十三经注疏·春秋穀梁传注疏·僖公卷第七·僖公元年[M].北京:北京大学出版社,1999:107.
[4] 翁士勋.《角力记》校注[M].北京:人民体育出版社,1990:33.
[5] 房玄龄.晋书·卷八十五·诸葛长民传[M].北京:中华书局,1974:2213.
[6] 梁沉约.宋书·卷八十三·黄回传[M].北京:中华书局,1974:2122.
[7] 调露子.角力记[M].太原:山西科学技术出版社,2012:3.
[8] 李百药.北齐书·卷十二·列传第四·南阳王传[M].北京:中华书局,1972:160.
[9] 翁士勋.角力记校注[M].北京:人民体育出版社,1990:34.
[10] 李百药.北齐书·卷四十一·綦连猛[M].北京:中华书局,1972:540.
[11] 赵尔巽,柯劭忞.清史稿·卷六·圣祖本纪一[M].北京:中华书局,1977:177.
[12] 调露子.角力记[M].太原:山西科学技术出版社,2012:3.
[13] 调露子.角力记[M].太原:山西科学技术出版社,2012:17.
[14] 孟元老.东京梦华录·西湖老人繁胜录[M].上海:古典文学出版社,1957:97.
[15] 调露子.角力记[M].太原:山西科学技术出版社,2012:17.
[16] 陈奇猷.韩非子新校注[M].上海:上海古籍出版社,2000:1085.

为了更好生存，除了使用石头与棍棒等简要武器之外，还必须依靠自己的身体技能与野兽进行殊死搏斗。角抵正是因此需要而得以"催生"。而在"游团—部落—酋邦"[1]的社会组织结构进程中，为了组织成员更好地生存下去，首领常常扮演武力引领者的角色，而角抵正是在这一发展过程中成为"君"最重要的生存与发展手段。《史记·律书》载："夏桀、殷纣，手搏豺狼，足追四马，勇非微也；百战克胜，诸侯慑服，权非轻也。"[2] 显然，作为首领的夏桀、殷纣是以"手搏豺狼，足追四马"的勇猛赢得民众的认可与拥护的，也是一种令众多诸侯臣服的威猛技能。同样，《史记·殷本纪》也记载：殷纣王"材力过人，手格猛兽。"[3] "手格猛兽"也是指徒手与猛兽搏斗，以此彰显殷纣王所具备的善搏之技。随着人类文明的发展，人们逐渐用自己的智慧战胜了野兽，因此角抵也从"人与兽斗"转而至"人与人斗"。《述异记·卷上》记载："今有蚩尤，齿长二寸，坚不可碎。秦汉间说，蚩尤氏耳鬓如剑戟，头有角，与轩辕斗，以角抵人，人不能向。今冀州有乐名'蚩尤戏'，其民两两三三，头戴牛角而相抵。汉造角抵戏，盖其遗制也。"[4] 可见，蚩尤与轩辕搏斗时所带"角"正是一种源于"人与兽斗"而发展出来的搏斗技能，这不仅成为角抵后世竞赛文化的滥觞，也对其在社会中的发展起到了至关重要的推动作用[5]。在南阳画像石中，角抵图像较为常见，《汉书·张骞传》载："大角氏，出奇戏诸怪物，多聚观者，行赏赐。""大角氏"又称为"大校猎"，以较量凶勇技能。其角抵人员多著面具，显其凶勇，并防兽伤其肤面，称作"象人"。

南阳汉石角抵戏图画像

此后，这种以徒手搏斗为雏形的角抵技能因具备实战、军事训练、竞技等功能而深受国君喜爱，在其参与和推动下得以蓬勃发展。《史记·秦本纪》载："武王有力好戏，力士任鄙、乌获、孟说皆至大官"[6]，《史记·李斯列传》载："是时二世在甘泉，

---

[1] 张光直. 中国青铜器时代 [M]. 北京：生活·读书·新知三联书店，2013：95.
[2] 司马迁. 史记·律书 [M]. 长沙：岳麓书社，2012：325.
[3] 司马迁. 史记·殷本纪 [M]. 长沙：岳麓书社，2012：49.
[4] 任昉. 述异记 [M]. 北京：中华书局，1962：1-2.
[5] 南阳汉画像石概述 [J]. 河南省博物馆文物，1973，(6)：16-25.
[6] 司马迁. 史记·秦本纪 [M]. 湖南：岳麓书社，2012：108.

方作觳抵优俳之观"[1],《荀子·王霸》亦记载:"俳优、侏儒、妇女之请谒以悖之"[2]。可见,国君不仅喜爱角抵竞赛和角抵技术卓越人才,甚至赋予了他们重要的官职,这无形中对角抵的发展起到了积极的促进作用。同样的情况也出现在后代一些国君身上,如《汉书·哀帝纪·赞》载汉哀帝刘欣"雅性不好声色,时览卞射武戏"[3],汉主刘玢十分"好手搏",曾因闻"弘熙令指挥使陈道庠引力士刘思潮、谭令禋、林少强、林少良、何昌廷等五人习手搏于晋府"而"悦之",并召集各诸侯设宴于长春宫"观手搏,至夕罢宴,汉主大醉"[4],这些都充分反映了国君作为旁观者对角抵竞赛的喜好[5]。

汉代角抵画像石

盛唐时期,"君之所好"情形尤为典型。唐宪宗曾于麟德殿,宴赏群臣权贵,"观击鞠角抵之戏,大合乐,极欢而罢,以锦彩银器颁赐有差"[6],展现了角抵竞赛所带来的欢乐。唐穆宗也是表现了对角抵的喜爱,《旧唐书·穆宗本纪》载:"(元和十五年)幸左神策军观角抵及杂戏,日昃而罢"[7],甚至"自是凡三日一幸左右军及御宸晖、九仙等门,观角抵、杂戏"[8]。可见,唐穆宗不仅观看角抵竞赛直至深夜才罢休,而且每隔三天就要欣赏一次。《资治通鉴》亦记载:唐敬宗"上御三殿,令左右军、教坊、内园为击球、手搏、杂戏。戏酣,有断臂、碎首者,夜漏数刻乃罢"[9],表明在角抵竞赛中不仅出现了"断臂、碎首"的情况,甚至表现出了"上游戏无度,狎暱群

---

[1] 司马迁. 史记·李斯列传 [M]. 湖南:岳麓书社,2012:1227.
[2] 王先谦.《荀子集解》卷七 [M]. 北京:中华书局,1988:226.
[3] 班固. 汉书·卷十一·哀帝纪第十一 [M]. 北京:中华书局,1962:345.
[4] 司马光. 资治通鉴·卷第二百四十三·后晋纪四 [M]. 北京:中华书局,1956:9249.
[5] 孙世文. 汉代角抵戏初探——对汉画像石中的角抵戏的考察 [J]. 东北师大学报,1984,(4):67-71.
[6] 王钦若. 册府元龟·卷第一百一十一·帝王部·宴享第三 [M]. 南京:凤凰出版社,2006:1204.
[7] 刘昫. 旧唐书·卷十六·穆宗本纪 [M]. 北京:中华书局,1975:476.
[8] 刘昫. 旧唐书·卷十六·穆宗本纪 [M]. 北京:中华书局,1975:479.
[9] 司马光. 资治通鉴·卷第二百四十三·唐纪五十九 [M]. 北京:中华书局,1956:7850.

小，善击球，好手搏，禁军及诸道争献力士，又以钱万缗付内园令召募力士，昼夜不离侧"[1]的痴迷程度。《旧唐书·文宗本纪》亦载：唐文宗"（开成四年）幸勤政楼观角抵、蹴鞠"[2]，而后唐庄宗李存勖是"及长，善骑射，胆勇过人，稍习《春秋》，通大义，尤喜音声歌舞、俳优之戏"[3]。对此，宋代史料也予以旁证："（同光三年二月），帝（李存勖）在邺，己巳，击毬于行宫之鞠场，诸皇弟从臣等供奉，赐定州王都金鞍御马。鞠罢，宴王都于武德殿之山亭宣教坊，乐陈百戏俳优角抵，夜漏一鼓方罢"[4]。《资治通鉴·后唐纪二》亦载："初，帝尝与右武卫上将军李存贤手搏，存贤不尽其技，帝曰：'汝能胜我，我当授藩镇。'存贤乃奉诏，仅仆帝而止。及许存审入觐，帝以存贤为卢龙行军司马，旬日除节度使，曰：'手搏之约，吾不食言矣'。"[5] 这些记载均显示，国君不仅酷爱角抵竞赛直至"夜漏一鼓方罢"，甚至达到了如后唐庄宗"云自能此戏"[6]的程度，即指国君亲身掌握角抵技能并即兴参与其中。综上可见，国君作为旁观者和爱好者不仅积极、热情地参与角抵竞赛，而且极大地推动了皇宫角抵竞赛的专业化发展道路。

《塞宴四事图》中乾隆皇帝观角抵的场景

（二）核心权贵

由于国君的直接提倡，权贵阶层成为角抵竞赛的核心主角。权贵精英们在国君意志的影响下，积极、主动投身角抵竞赛，形成了一只手握国家政权的庞大角抵人员队伍。在权贵阶层中，最早的角抵活动可追溯到《诗经》中所记载的郑庄公的弟弟共叔段，《诗经·郑风·大叔于田》载："叔在薮，火烈具举。袒裼暴虎，献于公所。"[7]这是说郑庄公的弟弟共叔段在打猎时空手搏猛虎，并将其敬献给郑庄公。《毛诗故训传》释："暴虎，空手以搏之。"[8]可见，尽管当时还未形成正式的角抵竞赛形式，但空手之搏无疑是角抵发展的原始形态，表明权贵阶层正是以这样一种积极、主动的方式参与其中，以赢得国君的信任。

---

[1] 司马光. 资治通鉴·卷第二百四十三·唐纪五十九 [M]. 北京：中华书局，1956：7851.
[2] 刘昫. 旧唐书·卷十七·文宗本纪 [M]. 北京：中华书局，1975：577.
[3] 欧阳修. 新五代史·卷五·唐本纪第五·李存勖 [M]. 北京：中华书局，1974：41.
[4] 王钦若. 册府元龟·卷一一一·帝王部·宴享第三 [M]. 南京：凤凰出版社，2006：1207.
[5] 司马光. 资治通鉴·卷第二百四十三·后唐纪二 [M]. 北京：中华书局，1956：8917.
[6] 调露子. 角力记 [M]. 太原：山西科学技术出版社，2012：9.
[7] 程俊英. 四书五经译注丛书·诗经译注 [M]. 上海：上海古籍出版社，2010：121.
[8] 周伟良. 古代武术的历史分期及其基本特征研究 [J]. 中华武术（研究），2012，1（7）：14-33.

首先是国家的军事将帅。《礼记·月令》记载："孟冬之月……天子乃命将帅讲武，习射御、角力"[1]，《淮南子·时则训》载："命将帅讲武，肄射御，角力劲"[2]，以及"光启中，左神策军王卞由振武军到镇，排设次，命角抵。"[3]和《汉书·刑法志》中"春秋之后，灭弱吞小，并为战国，稍增讲武之礼，以为戏乐，用相夸视"[4]的记载都告诉我们，国君经常召集手下将帅进行角抵的军事实战训练，目的在于以场面宏大的竞赛或以选手对抗赛的形式来提升、彰显国家强大的军事实力，以达到威慑、耀武的目的[5]。

其次是朝廷重要武官。如《汉书·甘延寿传》中记载的西汉名门将领甘延寿，"甘延寿字君况……少以良家子善骑射为羽林，投石拔距绝于等伦……试弁，为期门，以材力爱幸"[6]，孟康注曰："弁，手搏"[7]。"试弁"即比试角抵之意；又如唐朝大臣刘悟，《资治通鉴·唐纪五十七》载："悟多力，好手搏，得郓州三日，则教军中壮士手搏，与魏博使者庭观之，自摇肩攘臂，离坐以助其势。"[8]刘悟不仅自身喜好角抵，还教军中的壮士角抵技术；再如后唐右武卫上将军李存贤，《旧五代史·唐书·李存贤》载："存贤少有材力，善角抵。初，庄宗（后唐）在籓邸，每宴，私与王郁角抵斗胜，郁频不胜。庄宗自矜其能，谓存贤曰：'与尔一博，如胜，赏尔一郡。'即时角抵，存贤胜，得蔚州刺史。"[9]李存贤甚至以角抵比赛的获胜而获得了蔚州刺史的重要官职，这与《元史·武宗本纪》中所载的元武宗大德十一年（1307年）"以拱卫直都指挥使马谋沙角抵屡胜，遥授平章政事（此职位仅次于丞相）"[10]一事共同印证了角抵不仅深受权贵阶层的喜爱，甚至还能得到官职晋升的特殊待遇。

最后是宫廷贵族子弟。如《春秋谷梁传》中记载："公子友帅师败莒师于丽，获莒挐……屏左右而相搏，公子友处下，左右曰："孟劳！孟劳者，鲁之宝刀也。公子友以杀之。然则何以恶乎给也？曰，弃师之道也[11]。"文中的"相搏"即是指角抵搏斗比赛，参加角抵竞赛的公子友是春秋时期鲁恒公季子，即鲁公子季友，莒挐则是莒君的弟弟，可见角抵在权贵中已相当普及，甚至都出现了"晋侯梦与楚子搏，楚子伏己而盬其脑，是以惧"[12]的情况。此外，还有"凡所出敌，殊无敌者"的内应官都知李青

---

[1] 李学勤.十三经注疏·礼记正义［M］.北京：北京大学出版社，1999：551.
[2] 何宁.淮南子集释·卷五［M］.北京：中华书局，1998：424.
[3] 调露子.角力记［M］.太原：山西科学技术出版社，2012：7.
[4] 班固.汉书·卷二十三·刑法志第三［M］.北京：中华书局，1962：1085.
[5] 谢幼春，吕利平，郭成杰.漫画春秋战国时期的手搏与举鼎［J］.体育文化导刊，2006（6）：94-95.
[6] 班固.汉书·卷七十·傅常郑甘陈段传第四十［M］.北京：中华书局，1962：3007.
[7] 班固.汉书·卷七十·傅常郑甘陈段传第四十［M］.北京：中华书局，1962：3007.
[8] 司马光.资治通鉴·卷第二百四十三·唐纪五十九［M］.北京：中华书局，1956：7766.
[9] 许嘉璐.旧五代史·卷五十三·列传第五·李存贤［M］.上海：汉语大词典出版社，2004：506.
[10] 宋濂.元史·卷二十二·武宗本纪一［M］.北京：中华书局，1976：481.
[11] 李学勤.十三经注疏·春秋穀梁传注疏［M］.北京：北京大学出版社，1999：107.
[12] 李梦生.春秋左传译注·僖公二十八年［M］.上海：上海古籍出版社，2010：303.

州,五代时期"遂好相扑,少有对偶"的伪吴国国王王愈子,"幼便受父训""好此戏"(喜爱相扑)且"拳手亦高"(拳术高明)的儿子王八四[1],以及"膂力过人"且任"兼河头相扑都知"的姚估耳和自矜"举国绝对"的伪南唐中主李景,等等[2]。总之,权贵阶层是角抵竞赛中重要的参与人员,这支队伍的壮大与"君之所好"密切相关,国君的推崇、动员甚至是命令权贵积极投身角抵竞赛,都极大地推进了角抵竞赛的历史进程。

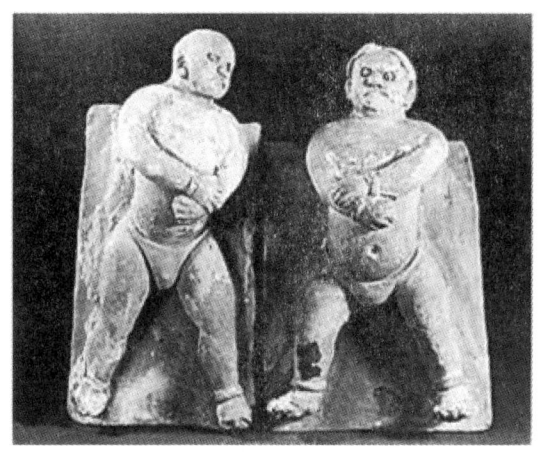

金代相扑泥俑(陕西省博物馆藏)

(三)普通民众

在国君的推崇、权贵的参与等顶层政权的带动下,角抵竞赛之风"逐处而出",于社会各阶层间掀起了巨大的浪潮。众多民众身体力行、投身其中,成为角抵竞赛基层的忠实拥护者。当中一些"膂力过人"且在民众角抵竞赛中"举国绝对"的翘楚逐渐崭露头角,成为角抵竞赛民众队伍的代表人物。例如,唐代名声大噪的蒙万赢就是来自民间,他自小便"选隶小儿园"[3]。小儿园即唐代皇帝内宫招募并教以歌舞杂技的儿童内园,"方年十四五"时被相中而"寻入相扑朋"[4]。"相扑朋"是中唐时期官方相扑机构,与《旧唐书》中的"左右军"[5]、《隋书·礼仪志》中的"角抵队"[6],以及唐代赵璘《因话录》中"本司进相扑人"的"本司"[7] 相同。他不仅让同辈

---

[1] 调露子. 角力记 [M]. 太原:山西科学技术出版社,2012:13.
[2] 调露子. 角力记 [M]. 太原:山西科学技术出版社,2012:15.
[3] 翁士勋. 《角力记》校注 [M]. 北京:人民体育出版社,1990:79.
[4] 翁士勋. 《角力记》校注 [M]. 北京:人民体育出版社,1990:79.
[5] 刘昫. 旧唐书·卷十七·敬宗本纪 [M]. 北京:中华书局,1975:520.
[6] 魏徵,令狐德棻. 隋书·卷十二·志第七·礼仪七 [M]. 北京:中华书局,1982:280.
[7] 赵璘. 因话录·卷一·宫部 [M]. 上海:上海古籍出版社,1979:72.

"皆惮其拳手轻捷",而且在相扑竞赛中"擅长多胜",故称呼其"万赢"[1]。又如《唐语林》所记载:"李相绅督大梁日,闻镇海军进健卒四人,一曰富仓龙,二曰沈万石,三曰冯五千,四曰钱子涛,悉能拔檄角抵之戏;……独五千瞑目张口,两手捧炙如虎啖肉。丞相曰:'真壮士也,可以扑采西域健胡。'又令试觝戏,仓龙等亦不利,独五千胜之。十万之众,为之披靡。于是独留五千,仓龙等退还本道"[2]。其中,被镇海军进送的健卒富仓龙、沈万石、冯五千、钱子涛四人即来自军中的民间角抵高手。同样,《北齐书·南阳王传》中蜀王氏后主,为与凤翔李西平茂贞通好而"送相扑人述"的相扑人士"述""后主不忍显戮,使宠胡何猥萨后园与绰(南阳王高绰)相扑,搤杀之"[3]的宠胡何猥萨,以及"实蜀之高手角力者"[4]石彦能等,均透露了来自民间的角抵佼佼者不仅深受权贵的喜爱,甚至还成为国家外交的珍贵"礼物"。此外,唐代时期还有颇受民间认可、推崇的"绝有力,少有对敌"的谢建,能与谢建"相次耳"的李长子[5],甚至还有在元武宗至大三年,"辛未,赐角抵者阿里银千两、钞四百锭"[6]的被赏赐者阿里,等等。总之,这些代表普通民众的角抵杰出力士的人才辈出,既凸显了角抵竞赛蓬勃的社会化发展态势,也传达了角抵竞赛背后所蕴含的国家意志。

敦煌壁画摔跤对峙白描图

高句丽舞俑墓角抵对峙白描图

总而言之,从角抵竞赛的参与人员来看,如果说早期的"君与"是角抵后期发展最重要的引领者,因为他们的"勇猛表现"强有力地促进了角抵这项重要生存技能的

---

[1]调露子.角力记[M].太原:山西科学技术出版社,2012:13.
[2]王谠.唐语林校注[M].北京:中华书局,1987:337-338.
[3]李百药.北齐书·卷十二·列传第四·南阳王传[M].北京:中华书局,1972:160.
[4]调露子.角力记[M].太原:山西科学技术出版社,2012:15.
[5]调露子.角力记[M].太原:山西科学技术出版社,2012:13.
[6]宋濂.元史·卷二十三·武宗本纪二[M].北京:中华书局,1976:524.

继承，那么作为喜好和旁观者的"君与"就是切切实实推动角抵竞赛在社会普及与发展的关键要素。正如《角力记》中"然此技随君主之所好，必逐处而出也"[1]的描述一样，角抵竞赛在国君意志的作用下，获得了前所未有的大繁荣与大发展，不仅影响、决定了身边的权贵阶层，促使他们以积极、主动、热情的方式投身其中，而且极大地影响、带动了代表底层社会的普通民众，让角抵走向民间，激活了"民间的活力、发展的动力和全社会的创造力"[2]。可见，角抵竞赛在展示国家尚武的强大实力的同时，也宣告了良好的"君民互动"与社会繁荣的大气象。

二、从强势到制服的技术体系

如果说角抵竞赛的参与人员反映的是从国君到权贵再到民众的格局，那么角抵竞赛技术彰显的就是从"恃强之击"到"争势之摔"再到"控制之锁"的制服之术。从技术上来看，角抵是一种"以决胜负，驰趫捷"的搏斗技能；从心智上来看，角抵技术具备了"宣勇气、量巧智"[3]的重要作用；而从国家层面来看，与国君在人员布局上的谋略一样，角抵技术透露的不仅是对对手的制服，更是一种对社会、对国家和对人心的征服。因此可以说，角抵竞赛"借助被定位的肉体，被编码的活动和训练有素的能力，建构各种机制"[4]，达成了彰显国君和国家强大的威慑效应。

（一）"击打"——恃强之技

随着竞赛的发展，角抵形成了一套特定的技术体系。"击打"便是角抵竞赛重要的技术形态之一，它是以肢体为武器的徒手形式来战胜对手以凸显自身强大的一种技术手段。

一方面，它表现为"击"。《角力记》载："疑汉世力夫相对，以手击格，谓之角抵也"[5]。"以手击格"即用手进行击打的方法，"或以前肱为格击，手赤未取胜负别"[6]而定胜负的击打技术。《释名疏证补·释名补遗》云："击，搏也，击谓以手拍之曰搏也。"[7]"击"古代亦称"批"，如《左转·庄公十二年》亦载："遇仇牧于门，批而杀之。"[8]"批"，即用手打击。《说文解字》："批，手击也"[9]。可见，"击打"确实是角抵一种重要的技击术，它着重体现为"以手拍之"即用双手拍打对方。此外，

---

[1] 调露子. 角力记 [M]. 太原：山西科学技术出版社，2012：17.
[2] 张מunspecified贤, 戴国斌. 我国武术赛事类型共生共存模式研究 [J]. 沈阳体育学院学报，2016，35（5）：125-131.
[3] 调露子. 角力记 [M]. 太原：山西科学技术出版社，2012：1.
[4] 米歇尔·福柯. 规训与惩罚 [M]. 刘北成，杨远婴，译. 北京：生活·读书·新知三联书店，2012：188.
[5] 调露子. 角力记 [M]. 太原：山西科学技术出版社，2012：3.
[6] 调露子. 角力记 [M]. 太原：山西科学技术出版社，2012：1.
[7] 翁士勋.《角力记》校注 [M]. 北京：人民体育出版社，1990：29.
[8] 李梦生. 四书五经译注丛书·春秋左传译注 [M]. 上海：上海古籍出版社，2010：125.
[9] 许慎. 说文解字 [M]. 上海：上海古籍出版社，2007：610.

中 篇 君不与：被塑造的国家

除了用双手进行击打外，角抵还用到了双脚，即用脚进行踢、蹬、踹、鞭等击打的方式，如《释名·第九》曰："搏，博也，四指广博亦以击之也"[1]。"四指"，即"四肢"[2]，由此可知，用四肢"广博（搏）"的形式进行相互的击打正是角抵竞赛重要的技术表现，它的目的在于以最直接的对抗形式战胜对手，从而突出自我技击能力的强大。总之，"击打"即是"徒搏""人彼此皆空相击，可云徒搏也"[3]。而正如《角力记》中"竞力角技，则非喜非怒，此角力是两徒搏也，且虎有爪牙之利"[4] 所说的，尽管角抵是一种双方徒手进行相互击打搏击的形式，但是这种徒手击打的技术却具备了有如老虎爪牙般的威力和杀伤力，达到了"击必中，中必摧"[5] 的威猛地步[6]。

《塞宴四事图》中的角抵技击

另一方面，"击打"还体现为"搏"的表现形式。《角力记》云："今之用力，可谓相搏也"[7]。可见"搏"即以用力的方式击打对方的一种技术，是一种"其取工巧钝拙"[8]的技术形态，同时也是一种"讲究技巧的相搏"[9]。在著名的荆轲刺秦的记载中，也有"搏"的技术，《史记·刺客列传》载："而卒惶急，无以击轲，而以手共搏之[10]。"这与《史记·宋微子世家》中"万搏牧，牧齿着门阖死"[11]，以及《春秋谷梁传》中记载的："屏左右而相搏，公子友处下"[12] 的记载相同，即指手搏之意。苏轼在《聚星堂雪》中写道："当时号令君听取，白战不许持寸铁"，其中的"白战"也是指徒手相搏、击打的技术。此外，体现空手"击打"技术的不仅仅是"搏"，它还以"空手""空拳（拳）"等词语出现，如《三国志·魏书·文帝纪》中引曹丕《典论·自序》曰："尝与平虏将军刘勋、奋威将军邓展等共饮，宿闻展善有手臂，晓五兵，又称其能空手入白刃"[13]。其中的"空手入白刃"即是指用徒手击打的方式对

---

[1] 刘熙. 释名 [M]. 北京：中华书局, 1985：38.
[2] 翁士勋. 《角力记》校注 [M]. 北京：人民体育出版社, 1990：32.
[3] 调露子. 角力记 [M]. 太原：山西科学技术出版社, 2012：1.
[4] 调露子. 角力记 [M]. 太原：山西科学技术出版社, 2012：1.
[5] 蔡龙云. 琴剑楼武术文集 [M]. 北京：人民体育出版社, 2007：302.
[6] 王世襄. 清代的相扑 [J]. 紫禁城, 1981, (1)：5-7.
[7] 调露子. 角力记 [M]. 太原：山西科学技术出版社, 2012：3.
[8] 调露子. 角力记 [M]. 太原：山西科学技术出版社, 2012：3.
[9] 翁士勋. 《角力记》校注 [M]. 北京：人民体育出版社, 1990：3.
[10] 司马迁. 史记·刺客列传 [M]. 湖南：岳麓书社, 2012：1206.
[11] 司马迁. 史记·宋微子世家 [M]. 湖南：岳麓书社, 2012：567.
[12] 李学勤. 十三经注疏·春秋穀梁传注疏 [M]. 北京：北京大学出版社, 1999：107.
[13] 陈寿. 三国志·卷二·魏书二·文帝纪 [M]. 北京：中华书局, 1999：66.

抗并战胜手持刀刃为武器的对手。又如司马迁在《报任安书》中说："然李陵一呼劳军，士无不起，躬自流涕，沫血饮泣，更张空拳，冒白刃，北首争死敌者"[1]。其中的"张空拳"即是指徒手的击打技法，而"冒白刃"即指迎战手持器械的人。《汉书·李陵传》也有相同的记载："转斗千里，矢尽道穷，士张空拳，冒白刃，北首争死敌，得人之死力，虽古名将不过也"，文颖注曰："拳，弓弩拳也"[2]。可见，"空拳"同"空拳"，均为徒手使拳而击打之意。总之，"击"和"搏"代表的是角抵竞赛最初的以搏、打、踢、靠[3]的恃强技法来击败对手，以获取胜利的一种实战技能[4]。

版刻摔跤图中的徒手相搏动作

（二）"扑摔"——争势之法

如果说击打是一种趋于伤害的恃强之技，那么随着文明的进化、社会和竞赛的发展之需，击打便不再以野蛮的技击为目的，以将对方扑摔倒地作为制胜目标的竞赛方式随即成为角抵技术发展的主流。"扑摔"，即指将对方扑倒或摔倒在地，以让对方"失势"而取得自身"得势"的一种更为人道的竞赛技术。相对于击打，扑摔技术是一种更文明、更高级的角抵技术，因为它以一种道德的方式宣布获胜而不至于造成对手的巨大伤害，而这也是角抵竞赛得以在社会持续发展的关键所在。根据《角力记》记载，所谓相扑"盖取其见交分胜负之名，则取扑倒为名故也"[5]。很明显，《角力记》强调了相扑是一种以"见交分胜负"的竞赛形式，目的在于将对手扑倒在地，而"扑"，即是指"挨也""击其背也"或是"推也"[6]。《春秋穀梁传》记载了两人相搏的竞赛故事，其中就涉及扑摔和道德层面的问题：

---

[1] 班固. 汉书·卷六十二·司马迁传 [M]. 北京：中华书局，1962：2729.
[2] 班固. 汉书·卷五十四·李广苏建传 [M]. 北京：中华书局，1962：2456.
[3] 松田隆智. 中国武术史略 [M]. 吕彦，阎海，译. 四川：四川科学技术出版社，1984：204.
[4] 刘静. 版刻（足率）跤图 [J]. 紫禁城，1980，(3)：11-15.
[5] 调露子. 角力记 [M]. 太原：山西科学技术出版社，2012：3.
[6] 翁士勋.《角力记》校注 [M]. 北京：人民体育出版社，1990：33.

中　篇　君不与：被塑造的国家

冬，十月，壬午，公子友帅师败莒师于郦，获莒挐。莒无大夫，其曰莒挐，何也？以吾获之，目之也。内不言获，此其言获，何也？恶公子之绐。结者奈何？公子友谓莒挐曰："吾二人不相说，士卒何罪？"屏左右而相搏，公子友处下，左右曰："孟劳！"孟劳者，鲁之宝刀也。公子友以杀之。然则何以恶乎绐也？曰，弃师之道也。[1]

这个记载透露给我们两个信息：其一，两人相搏是将对方扑摔倒地为目的，"屏左右而相搏，公子友处下"是指公子友被摔倒甚至是压倒在地，因而处于对手的下方，这印证了角抵扑摔的技术内容；其二，公子友因"处下"而采取了以宝刀"孟劳"将对方杀死的不道德行径，这种行为即被认为是"弃师之道也"即违背了人道或道义。可见，尽管角抵竞赛技术在一开始常常是"然且始举手击要"（即在开始时举手击打其要害部位），但其最终目的是"终在扑也"[2]（即最后在于扑打至对方倒地），而非置对方于死地。《通俗文》亦云："争倒曰相扑也"[3]。可见，扑摔的确是角抵一项"以摔法和体力来进行较量"[4]的重要技术。《角力记》记述了相扑手述在弼子（魏宗弼之子）"欲见新客之技，奈何无偶对，难见精妙"的政治施压下与"蜀之高手角力者"石彦能"出手"而"为石伺入腰交而倒"[5]的情形，这很清晰、直观地告诉我们石彦能是伺机将手插入述的腰部而将对方摔到的[6]，他所运用的即角抵竞赛中的扑摔技法。

此外，在角抵扑摔之前，除了运用"伺入腰"的技术外，还可以使用"抵"的技术，如《汉书·武帝纪》载："抵者，当也。非谓抵触。文说是也"[7]。大意是说面对、阻挡、抵挡，非用角相撞，甚至还可以借势运用拉、拽、拖的手法和方式，如"邢州有善角抵者，多力无对……僧乃悉拽之，拉其头摔于井中，余一乃走"[8]。又如《北齐书·孝昭帝纪》中记载的"后益沉湎，或入诸贵戚家角力批拉，不限贵贱"[9]，其中的"拉"，即是手搏的一种技术方法[10]。概而言之，"扑摔"是角抵竞赛的一项重要技术体系，它是"以压拖、拉棋博等摔法将对手仆地为胜"[11]的一种特殊竞赛技能，着重讲究"其取工巧钝拙"以制胜，而非野蛮暴力以致伤。

---

[1] 李学勤.十三经注疏·春秋穀梁传注疏［M］.北京：北京大学出版社，1999：107.
[2] 调露子.角力记［M］.太原：山西科学技术出版社，2012：3.
[3] 调露子.角力记［M］.太原：山西科学技术出版社，2012：3.
[4] 国家体委武术研究院.中国武术史［M］.北京：人民体育出版社，1996：75.
[5] 调露子.角力记［M］.太原：山西科学技术出版社，2012：15.
[6] 翁士勋.《角力记》校注［M］.北京：人民体育出版社，1990：92.
[7] 班固.汉书·卷六·武帝纪第六［M］.北京：中华书局，1962：194.
[8] 调露子.角力记［M］.太原：山西科学技术出版社，2012：7.
[9] 李百药.北齐书·卷六·帝纪第六·孝昭［M］.北京：中华书局，1972：80.
[10] 翁士勋.《角力记》校注［M］.北京：人民体育出版社，1990：57.
[11] 王凯.郎世宁笔下的《塞宴四事图》［J］.艺术百家，2008（1）：81-85.

版刻摔跤图中的扑摔技法

(三)"扼锁"——制服之术

在角抵竞赛技术中,除了击打和扑摔之外,还需要最终控制住对手,以达到完全制服并防止其伺机反抗的目的,这即是"扼锁"。"扼"是用力"掐住、捉住"[1] 的意思,而"锁"是束缚至如枷锁[2]之意。因此,"扼锁"在角抵技术中是指用肢体控制住对手使其无法动弹和反抗的一种制胜招法与策略。《公羊传·庄公十二年》记载了"扼锁"的技术:"万怒,搏闵公,绝其脰"[3]。"脰",即脖子、颈部,"绝其脰"是指用力控制住他的脖子,使之无法反抗。《史记·刘敬传》中"扼其亢、拊其背"[4] 也是一种扼锁技术,"亢"即喉咙,"扼其亢"就是用力掐住其喉咙处,使其不能动弹。这与《史记·孙子吴起列传》中"夫解杂乱纷纠者不控卷,救斗者不搏撠,批亢捣虚,形格势禁,则自为解耳"[5] 的记载相似,"批亢"即是扼锁住颈部的意思。

古代"扼"又称"搤",如《北齐书·南阳王传》载:"将发,长鸾令绰亲信诬告其反,奏云:'此犯国法,不可赦。'后主不忍显戮,使宠胡何猥萨后园与绰(南阳王高绰)相扑,搤杀之"[6]。文中的"搤"同"扼",因此也是指将其控制住而后杀害的意思。"扼"还称"捽",《战国策·楚策一》载:"吾将深入吴军,若扑一人,若捽一人,以与大心者也,社稷其为庶几乎!"[7] 文中的"捽",即揪,意为揪住敌人头发摔倒在地[8],宋代学者鲍彪注:"扑,击也。捽,持发也[9]"。可见,"捽"是揪住和

---

[1] 辞海编辑委员会编. 辞海 [M]. 上海:上海辞书出版社,1980:670.
[2] 辞海编辑委员会编. 辞海 [M]. 上海:上海辞书出版社,1980:1717.
[3] 中华书局编辑部编. 汉魏古注十三经(下)·春秋公羊传·庄公十二年 [M]. 北京:中华书局,1998:46.
[4] 司马迁. 史记·刘敬传 [M]. 湖南:岳麓书社,2012:1348.
[5] 司马迁. 史记·孙子吴起列传 [M]. 湖南:岳麓书社,2012:959.
[6] 李百药. 北齐书·卷十二·列传第四·南阳王传 [M]. 北京:中华书局,1972:160.
[7] 刘向. 战国策·威王问于莫敖子华 [M]. 西安:三秦出版社,2008:44.
[8] 朱友华. 战国策选译 [M]. 上海:上海古籍出版社,1987:129.
[9] 翁士勋.《角力记》校注 [M]. 北京:人民体育出版社,1990:117.

握住对手的头发或头部将其控制住的意思。《荀子·正论》篇中的"罢侮捽搏"[1] 也印证了这种说法,"捽,持头也。搏,手击也"[2]、"捽,揪着头发。搏,用手打"[3] 都是指控制住或扼锁住其头部。而《汉书·王尊传》篇中记载的"辅常醉过奏大奴利家,利家捽搏其颊,兄子闳拔刀欲剄之"[4] 也是此意,颜师古注云:"捽,持头也,搏,击也"[5],只是其控制的不是头部或头发,而是"颊"即脸颊。《庄子·列御寇》中"齐人之井饮者相捽也"[6] 也说明角力在当时已达一定的水平。简言之,"扼锁"是一种实战性和杀伤性极强的搏杀技术,它以制服并有效控制,宣布对对手的优越和胜利,它透露的不仅是对对手的降服,更是一种对"人心"的征服。

 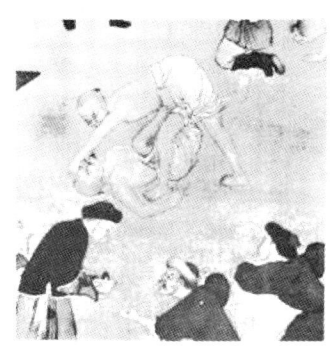

版刻摔跤图中的扼锁制服动作　　　　《塞宴四事图》中的控首屈肩动作

总而言之,角抵作为一种特定的竞赛形式,"既允许冲动又克制冲动"[7]。对于这些特定的角抵竞赛技术,乾隆皇帝在《塞宴四事图》上所作的诗及序中作出了最生动的描述:"健儿揎袖短后衣,席前相扑呈雄嬉。捵拖拗拉矜拎椅,跮踱踶蹯且蹲,乘间伺息出以奇,恶然颠蹶力不支。胜者赐酒跽饮之。别有厄鲁均新附,其扑法乃异旧部,露身赤脚惟著裤"[8]。无论是击打、扑摔还是最终的扼锁制服,角抵技术的要义不仅是戚继光《纪效新书·拳经捷要篇》中所言"惯勤肢体,活动手足,此为初学入艺之门也"[9] 的一种素质训练,同时也是班固所言"技巧者,习手足,便器械,积机关,以立攻守之胜者也"[10] 中的"习手足"的动作技巧。

---

[1] 荀子. 荀子 [M]. 北京:中华书局,2007:152.
[2] 王先谦. 荀子集解 [M]. 北京:中华书局,1988:342.
[3] 荀子. 北京大学《荀子》注释组. 荀子新注 [M]. 北京:中华书局,1979:304.
[4] 班固. 汉书·卷七十六·赵尹韩张两王传 [M]. 北京:中华书局,1962:3235.
[5] 班固. 汉书:第76卷 [M]. 北京:中华书局,1962:3236.
[6] 曹础基. 庄子浅注 [M]. 北京:中华书局,2000:475.
[7] 维加雷洛. 从古老的体育游戏到体育表演——一个神话的诞生 [M]. 乔咪加,译. 北京:中国人民大学出版社,2007:6.
[8] 王世襄. 清代的相扑 [J]. 紫禁城,1981,(1):5-7.
[9] 戚继光. 中华武术文库·古籍部·纪效新书·卷第十四·拳经捷要篇 [M]. 北京:人民体育出版社,1988:307.
[10] 班固. 汉书·卷三十·艺文志第十 [M]. 北京:中华书局,1962:1762.

第二节 "君之所乐"的竞赛规则与组织形式

据《东京梦华录》记载,在正对宣德楼举行角抵竞赛的"御街"上"横列三门"(中间为"都门道",左右为"禁卫门"),"各有彩结"装饰。门上面有"金书大牌",写着"宣和与民同乐"[1]。"宣和"是宋徽宗年号,因此它蕴含的特殊含义是"天子与民同乐"[2]。可见,角抵竞赛蓬勃发展的背后暗含的是一种"君不与"下"君之所乐"的核心思想。在此背景下,角抵竞赛也因"君之所乐"而发展出了相应的竞赛规则和组织形式,以积极呼应国君所寄望的"君民同乐"。

一、人性化与个性化的竞赛规则

规则是角抵竞赛得以进行和持续发展的先决条件,它是在竞赛逐步的发展过程中所获得参与者一致认可的一种客观规范。《都城纪胜》曰:"相扑争交,谓之角抵之戏,别有使拳,自为一家,与相扑曲折相反,而与军头司大士相近也"[3]。显然,这说明了角抵属于一种特殊的竞赛形式,需要与之相对应的特定竞赛规则。在这个意义上,角抵竞赛在"凡执技,论力:适四方,裸肱股,决射御"[4]的理念下,逐步演变、发展出了一套人性化和个性化的制度规范,体现了竞赛独特的人文关怀。

(一)定制化的场地

与很多竞赛项目一样,角抵竞赛具备了较强的竞技性和观赏性,因此在竞赛规则中,对于保证竞赛顺利进行的竞赛场地有着特殊的要求。由于角抵竞赛基于两个人对抗的形式,为此竞赛通常是由一块特定的区域构成,让竞赛双方有足够的地方进行"争交"比赛。它可以是在平地上划定的一片区域,也可以是高出地面的一块特定平台,目的让周

《塞宴四事图》中的角抵竞赛

围的观众更方便地观看和欣赏。这一特定的竞赛区域是一种定制化的场地,属于专场专用。

---

[1] 孟元老. 东京梦华录注·卷之六·元宵 [M]. 北京:中华书局,1982:165.
[2] 孟元老. 中国古代都城资料选刊·东京梦华录·卷第六·元宵 [M]. 贵阳:贵州人民出版社,2008:104.
[3] 孟元老. 东京梦华录·西湖老人繁胜录 [M]. 上海:古典文学出版社,1957:97.
[4] 杨天宇. 四书五经译注·礼记译注 [M]. 上海:上海古籍出版社,2010:159.

第一，在以国君和权贵为主要观赏人群的宫廷中，竞赛有特定的室内和室外场馆，但以室内为主。根据《汉书·武帝纪》记载，元封六年（公元前105年）夏，"京师民观角抵于上林平乐馆"[1]。"上林"是宫廷内的"宫苑名"，"秦时建造，汉武帝扩之"，而"平乐观（馆）"，正是一种官方角抵场所[2]。这一记载说明了角抵竞赛在汉代宫廷是一种盛行的活动，宫中为此还配有专门的竞赛场馆用于角抵比赛，以服务于国君的日常观赏、角抵人员的常规练习，以及招待朝拜的宾客。另外，《文献通考·散乐百戏》中也记载："唐帝用之内殿，以（角抵）宴百辟，非所以正百官而风天下也，君子无取焉"[3]。可见，唐朝武宗以"平乐馆"的角抵竞赛服务"京师民"和用"内殿"中举行的角抵竞赛"宴百辟"的特殊形式，都表明唐代宫廷中设有角抵竞赛的室内专用竞赛场馆。场馆的定制化与专门化不仅展现了角抵竞赛在宫廷中所享有的特殊地位，而且也透露出国君对角抵竞赛的重视。

第二，在宫廷外举行的角抵竞赛的场地主要以室外特定区域为主，它凸显的是国家的富强和社会的繁荣。《隋书·炀帝纪》记载："丁丑，角抵大戏于端门街。天下奇伎异艺毕集，终月而罢。帝数微服往观之"[4]，说明隋朝时期举行角抵竞赛的场地位于"端门街"，而《隋书·音乐志》中"每岁正月，万国来朝，留至十五日，于端门外，建国门内，绵亘八里，列为戏场。百官起棚夹路，从昏达旦，以纵观之"[5]，表明竞赛场地是在端门外和建国门之内的"绵亘八里"。还有记载显示"天津街"也是专门用于举行角抵竞赛的特定场所，如"大业中……然隋皇陈之天津街，以咤夷人"[6]，"突厥启民以下，皆国主亲来朝贺。乃于天津街盛陈百戏，自海内凡有奇伎，无不总萃"[7]，以及"大业中，诸夷来贡方物，乃于天津街盛陈百戏，动以万余人"[8]等，这些都说明隋朝已降的天津街是国君意志下的一种特殊安排，既是服务于国家节庆、外交等重要事务的指定场所，也是展示国家综合实力、显示国威的一种表现。

第三，随着角抵竞赛的逐步发展，民间竞赛的室外场地逐步形成了特定的规范与标准。《东京梦华录》记载了宋代民间社会专门用于角抵竞赛的"露台"的具体细节："楼下用枋木垒成露台一所。彩结栏槛，两边皆禁卫排列，锦袍，幞头簪赐花，执骨朵子，面此乐棚。……万姓皆在露台下观看，乐人时引万姓山呼。"[9] 文中的"枋木"

---

[1] 班固. 汉书·卷六·武帝纪第六 [M]. 北京：中华书局，1962：198.
[2] 翁士勋.《角力记》校注 [M]. 北京：人民体育出版社，1990：37.
[3] 马端临. 文献通考·卷一百四十七·乐考二十·散乐百戏 [M]. 北京：中华书局，1986：1288.
[4] 魏徵，令狐德棻. 隋书·炀帝纪 [M]. 北京：中华书局，1982：74.
[5] 魏徵，令狐德棻. 隋书·音乐志（下）[M]. 北京：中华书局，1982：381.
[6] 马端临. 文献通考·卷一百四十七·乐考二十·散乐百戏 [M]. 北京：中华书局，1986：1288.
[7] 魏徵，令狐德棻. 隋书·音乐志（下）[M]. 北京：中华书局，1982：381.
[8] 马端临. 文献通考·卷一百四十七·乐考二十·散乐百戏 [M]. 北京：中华书局，1986：1288.
[9] 孟元老. 东京梦华录注·卷之六·元宵 [M]. 北京：中华书局，1982：165.

是指一种"大木桩","露台"是指"高台",属于一种高于地面的"临时搭建的演出舞台",而"骨朵子"是"古兵器,棍棒之属,大首如蒜头状,用铁或坚木制成"[1]。从这段记载中,我们可以大致描绘出专门用于举办角抵竞赛的场地——露台的样子,并得出它的标准与规范:首先,露台要求是一种高于地面的专用场地,目的在于聚焦角抵竞赛参赛选手的技能和为现场观众的观赏提供服务;其次,露台搭建的要求是用大木桩垒成,以方便搭建和调整;再次,露台四周规定要用栏槛围成绕场地一圈的栏杆,栏槛的作用是防止竞赛双方在比赛时意外出场而掉落,是一种人性化的保护措施;最后,场地两边必须有禁卫人员排列和现场把守,一方面是突显竞赛的正式和威武,另一方面则是对赛场秩序的维持。由此可见,在国家意志的推动下,角抵竞赛逐步形成了定制化和标准化的专用竞赛场地。场地的规范不仅有效地保证了竞技性和观赏性共存的竞赛效果,而且也标志着竞赛规则在场地设施、布局、配套、要求等方面的逐步成熟。

(二)个性化的装扮

第一,参赛者着装。在角抵竞赛规则中,除了对场地有特殊的要求和规定之外,在人员的着装方面还有一些个性化的独特要求。《唐音癸签·乐通三》载:"角力戏。……引壮士裸袒相搏较力,以分胜负"[2]。可见,角抵参赛者在上场比赛时是要求"裸袒"上身的,这与《文献通考·散乐百戏》中"角力戏。壮士裸袒相搏,而角胜负"[3] 和《西京赋》中"袒裼戟手,奎踽盘桓"[4]("袒裼"是指脱衣赤膊,"戟手"指手如戟的搏击姿态,"奎踽"指开步回旋的搏击之貌[5])的记载相符,均要求参赛选手赤裸上身。一方面,赤裸上身的目的是展现参赛者的威武与勇猛,凸显角逐双方的激烈程度;另一方面,赤裸上身的竞赛也从视觉上强化竞赛的视觉冲击。

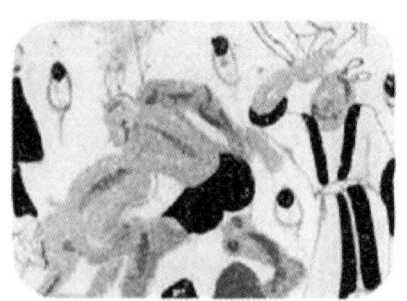

莫高窟第 290 窟壁角抵图

敦煌壁画摔跤白描图

---

[1] 孟元老. 东京梦华录·卷第六·元宵 [M]. 贵阳:贵州人民出版社,2008:105.
[2] 胡震亨. 唐音癸签·卷十四·乐通三 [M]. 上海:上海古籍出版社,1981:160.
[3] 马端临. 文献通考·卷一百四十七·乐考二十·散乐百戏 [M]. 北京:中华书局,1986:1288.
[4] 张衡. 全汉赋评注·西京赋 [M]. 北京:北京大学出版社,1993:418.
[5] 龚克昌. 全汉赋评注 [M]. 石家庄:花山文艺出版社,2003:423.

第二，参赛者发型。角抵竞赛规则中有明确规定，对参赛选手是有特定而别致的发型要求的。《涑水记闻》载："自见县旁山上有庙，世衡葺之，其梁重大，众不能举。世衡乃令县干剪发如手搏者，驱数对于马前，云：'欲诣庙中教手搏。'倾城人随往观之，既至而不教，谓观者曰：'汝曹先为我致庙梁，然后观手搏。'众欣然趋下

密县打虎亭东汉壁画墓角抵图

山，共举之，须臾而上，其权数皆此类。"[1] 种世衡运用民众喜爱观看角抵竞赛的策略，让县干将发型装扮成角抵参赛者的模样装扮，以调动民众兴趣、发动群众共同攻克场地的难题。从中可知，角抵竞赛者确实是有特殊发型要求，并以得到社会的公认。那么，角抵参赛者具体的发型是什么样子呢？《西京赋》给我们提供了答案。《西京赋》载："乃使中黄之士，育获之俦，朱鬕髽髻，植发如竿。袒裼戟手，奎踽盘桓"[2]。"朱鬕"指用红颜料涂抹额头，"髽髻"指露头髻、以麻束发；"植发如竿"则指束发如直立的竹竿，意指猛士的头饰[3]。从这段记载中我们可以大致描绘出角抵参赛者的装扮：额头涂抹色彩鲜艳的红色，以喻示吉祥、喜气、热烈、奔放的竞赛氛围；头发用麻布缠束，并如竹竿一样直立向上，这不仅是防止竞赛中对头发的扯拉，也是彰显参赛者的精神面貌和威武气势。

第三，竞赛辅助人员。竞赛规则中也对竞赛辅助人员的装扮做出了要求。一方面，是对维持秩序的"禁卫"人员。《东京梦华录·元宵》载："两边皆禁卫排列，锦袍，幞头簪赐花，执骨朵子，面此乐棚。……万姓皆在露台下观看，乐人时引万姓山呼"[4]。"山呼"，即封建时代对皇帝的祝颂仪式，叩头高呼"万

《塞宴四事图》中的赛场侍卫

---

[1] 司马光. 涑水记闻 [M]. 北京：中华书局，1989：171.
[2] 张衡. 全汉赋评注·西京赋 [M]. 北京：北京大学出版社，1993：418.
[3] 龚克昌. 全汉赋评注 [M]. 石家庄：花山文艺出版社，2003：423.
[4] 孟元老. 东京梦华录注·卷之六·元宵 [M]. 北京：中华书局，1982：165.

岁"三次[1]。可见，竞赛场地不仅要求有禁卫人员坐镇，而且要求他们要身穿"锦袍"，头戴"赐花"，手持"骨朵子"武器，以突显禁卫人员的威严和维持现场秩序。另一方面，是烘托赛场气氛的乐器演奏人员，如《文献通考》载："角力戏……每群戏既毕，左右军雷大鼓而引之，岂亦古者习武而变欤！"[2]《唐音癸签·乐通三》亦载："角力戏。凡陈诸戏毕，左右两军擂大鼓，引壮士裸袒相搏较力，以分胜负"[3]。由此可见，角抵竞赛专门配备有左、右两支擂大鼓的乐器演奏人员队伍，配合角抵竞赛跌宕起伏的节奏而奏乐，这对制造赛场的热烈情绪、烘托竞赛的激烈气氛，以及调动观众高昂的情绪氛围起到了至关重要的促进作用。

南阳汉大鼓舞画像石

（三）人性化的级别配对

由于角抵是一种两个人对抗的特殊竞赛形式，因此竞赛双方的配对角逐不仅是赛场万众瞩目的焦点，也是竞赛规则的核心所在。从竞赛的视角而言，基于竞赛的公平、公正及可操作性，务必要推行一套特定的制度规范，以约束参赛双方的参赛行为。而对于旁观者而言，竞赛的精彩与激烈程度是首要的。在这种情况下，如果竞赛双方在身高、体重、力量等方面悬殊太大的话，那么就容易导致竞赛过程乏味和竞赛结果显而易见，这无形中降低了竞赛的观赏性和参赛者的积极性。因此，规则制订就需要对参赛双方的级别和配对进行更多的考虑，以服务于竞赛的可持续发展。而在这方面，角抵竞赛已经做出了有益的探索，《文献通考》记载："角者，角其伎也，两两相当，角及伎艺射御也，盖杂伎之总称云。或曰：蚩尤氏头有角，与黄帝斗，以角觝（抵）人，今冀州有乐名《蚩尤戏》，其名两两载牛角而相觝（抵）。汉造此戏，岂其遗象邪！"[4] 其中，"两两相当"正是对参赛者的级别与配对作出的特别规定。这在《汉书》中也被提及与强调，《汉书·武帝纪》记载："三年春，作角抵戏，三百里内皆观。"注引文颖曰："名此乐为角抵者，两两相当角力，角技艺射御，故名角抵，盖杂技乐也。巴俞戏、鱼龙蔓延之属也。汉后更名平乐观"[5]。可见，"两两相当"早已成

---

[1] 孟元老. 东京梦华录·卷第六·元宵 [M]. 贵阳：贵州人民出版社，2008：105.
[2] 马端临. 文献通考·卷一百四十七·乐考二十·散乐百戏 [M]. 北京：中华书局，1986：1288.
[3] 胡震亨. 唐音癸签·卷十四·乐通三 [M]. 上海：上海古籍出版社，1981：160.
[4] 马端临. 文献通考·卷一百四十七·乐考二十·散乐百戏 [M]. 北京：中华书局，1986：1287.
[5] 班固. 汉书·卷六·武帝纪第六 [M]. 北京：中华书局，1962：194.

中 篇 君不与：被塑造的国家

第二，参赛者发型。角抵竞赛规则中有明确规定，对参赛选手是有特定而别致的发型要求的。《涑水记闻》载："自见县旁山上有庙，世衡葺之，其梁重大，众不能举。世衡乃令县干剪发如手搏者，驱数对于马前，云：'欲诣庙中教手搏。'倾城人随往观之，既至而不教，谓观者曰：'汝曹先为我致庙梁，然后观手搏。'众欣然趋下

密县打虎亭东汉壁画墓角抵图

山，共举之，须臾而上，其权数皆此类。"[1] 种世衡运用民众喜爱观看角抵竞赛的策略，让县干将发型装扮成角抵参赛者的模样装扮，以调动民众兴趣、发动群众共同攻克场地的难题。从中可知，角抵竞赛者确实是有特殊发型要求，并以得到社会的公认。那么，角抵参赛者具体的发型是什么样子呢？《西京赋》给我们提供了答案。《西京赋》载："乃使中黄之士，育获之俦，朱鬓髽髻，植发如竿。袒裼戟手，奎踽盘桓"[2]。"朱鬓"指用红颜料涂抹额头，"髽髻"指露头髻、以麻束发；"植发如竿"则指束发如直立的竹竿，意指猛士的头饰[3]。从这段记载中我们可以大致描绘出角抵参赛者的装扮：额头涂抹色彩鲜艳的红色，以喻示吉祥、喜气、热烈、奔放的竞赛氛围；头发用麻布缠束，并如竹竿一样直立向上，这不仅是防止竞赛中对头发的扯拉，也是彰显参赛者的精神面貌和威武气势。

第三，竞赛辅助人员。竞赛规则中也对竞赛辅助人员的装扮做出了要求。一方面，是对维持秩序的"禁卫"人员。《东京梦华录·元宵》载："两边皆禁卫排列，锦袍，幞头簪赐花，执骨朵子，面此乐棚。……万姓皆在露台下观看，乐人时引万姓山呼"[4]。"山呼"，即封建时代对皇帝的祝颂仪式，叩头高呼"万

《塞宴四事图》中的赛场侍卫

---

[1] 司马光. 涑水记闻 [M]. 北京：中华书局，1989：171.
[2] 张衡. 全汉赋评注·西京赋 [M]. 北京：北京大学出版社，1993：418.
[3] 龚克昌. 全汉赋评注 [M]. 石家庄：花山文艺出版社，2003：423.
[4] 孟元老. 东京梦华录注·卷之六·元宵 [M]. 北京：中华书局，1982：165.

岁"三次[1]。可见，竞赛场地不仅要求有禁卫人员坐镇，而且要求他们要身穿"锦袍"，头戴"赐花"，手持"骨朵子"武器，以突显禁卫人员的威严和维持现场秩序。另一方面，是烘托赛场气氛的乐器演奏人员，如《文献通考》载："角力戏……每群戏既毕，左右军雷大鼓而引之，岂亦古者习武而变欤！"[2]《唐音癸签·乐通三》亦载："角力戏。凡陈诸戏毕，左右两军擂大鼓，引壮士裸袒相搏较力，以分胜负"[3]。由此可见，角抵竞赛专门配备有左、右两支擂大鼓的乐器演奏人员队伍，配合角抵竞赛跌宕起伏的节奏而奏乐，这对制造赛场的热烈情绪、烘托竞赛的激烈气氛，以及调动观众高昂的情绪氛围起到了至关重要的促进作用。

南阳汉大鼓舞画像石

（三）人性化的级别配对

由于角抵是一种两个人对抗的特殊竞赛形式，因此竞赛双方的配对角逐不仅是赛场万众瞩目的焦点，也是竞赛规则的核心所在。从竞赛的视角而言，基于竞赛的公平、公正及可操作性，务必要推行一套特定的制度规范，以约束参赛双方的参赛行为。而对于旁观者而言，竞赛的精彩与激烈程度是首要的。在这种情况下，如果竞赛双方在身高、体重、力量等方面悬殊太大的话，那么就容易导致竞赛过程乏味和竞赛结果显而易见，这无形中降低了竞赛的观赏性和参赛者的积极性。因此，规则制订就需要对参赛双方的级别和配对进行更多的考虑，以服务于竞赛的可持续发展。而在这方面，角抵竞赛已经做出了有益的探索，《文献通考》记载："角者，角其伎也，两两相当，角及伎艺射御也，盖杂伎之总称云。或曰：蚩尤氏头有角，与黄帝斗，以角觗（抵）人，今冀州有乐名《蚩尤戏》，其名两两载牛角而相觗（抵）。汉造此戏，岂其遗象邪！"[4] 其中，"两两相当"正是对参赛者的级别与配对作出的特别规定。这在《汉书》中也被提及与强调，《汉书·武帝纪》记载："三年春，作角抵戏，三百里内皆观。"注引文颖曰："名此乐为角抵者，两两相当角力，角技艺射御，故名角抵，盖杂技乐也。巴俞戏、鱼龙蔓延之属也。汉后更名平乐观"[5]。可见，"两两相当"早已成

---

[1] 孟元老. 东京梦华录·卷第六·元宵 [M]. 贵阳：贵州人民出版社，2008：105.
[2] 马端临. 文献通考·卷一百四十七·乐考二十·散乐百戏 [M]. 北京：中华书局，1986：1288.
[3] 胡震亨. 唐音癸签·卷十四·乐通三 [M]. 上海：上海古籍出版社，1981：160.
[4] 马端临. 文献通考·卷一百四十七·乐考二十·散乐百戏 [M]. 北京：中华书局，1986：1287.
[5] 班固. 汉书·卷六·武帝纪第六 [M]. 北京：中华书局，1962：194.

为对于竞赛选手级别与配对的特定规则，而这也得到《角力记》中"今人两两相当角力也"[1]、《事物纪原》中"相当较力"[2] 和《闲居集》中"争雄谁擅场？技力两相当"[3] 的相互印证。

由上可知，"两两相当"是指参赛双方在身高、体重、力量级别等方面相差不大，这种配对有利于增加竞赛的激烈程度和观赏性，对提升竞赛的社会吸引力起到了至关重要的作用。此外，除了"两两相当"的级别配对规定之外，规则还对竞赛双方的出场顺序作出了规定："疑汉世力夫相对，以手击格，谓之角抵也。后世变体，逐一一出场也"[4]。可见，"一一出场"正是对参赛对偶出场顺序的一种规定。总而言之，"两两相当"和"一一出场"是角抵竞赛规则人性化的体现，它不仅以恰当、合理的方式提升了竞赛的社会关注度，而且也展示了古人在赛事运作上的一种人文关怀。

敦煌壁画摔跤白描图

(四) 客观化的执裁标准

如果说人性化是角抵竞赛规则首要的动机和着眼点，那么，对客观输赢的判定就是竞赛规则的最终落脚点。角抵作为一项极具竞技性和观赏性的竞赛项目，一定是围绕输赢结果进行呈现的。因此，设定一个易于操作、客观的判定标准即成为角抵竞赛的最后关键点。基于"凡持技，论力：适四方，裸肱股，决射御"[5] 理念之下的角抵竞赛，因其"以手搏其上"[6] "角量其抵触"[7]（较量那抵触的胜负），以及"则角量力，其取工巧钝拙，分其胜负"[8]（角力就是较量力量，根据技能的熟练巧妙和迟钝笨拙来区分胜负）的竞赛特性，决定了其必须具备一套与之相对应的客观化的输赢判定标准，以对参赛双方做出最终的判定。

在角抵竞赛中，配备有相应的场上执裁人员——"部署"[9]，参赛双方的输赢判定是由场上裁判根据参赛者"三个回合"的竞技情况，以及没有出现"揪住裈儿"

---

[1] 调露子. 角力记 [M]. 太原：山西科学技术出版社，2012：3.
[2] 高承. 事物纪原·博弈嬉戏部·角抵 [M]. 北京：中华书局出版社，1989：492.
[3] 李开先. 李开先集（上册）[M]. 北京：中华书局，1959：87.
[4] 调露子. 角力记 [M]. 太原：山西科学技术出版社，2012：3.
[5] 杨天宇. 四书五经译注·礼记译注 [M]. 上海：上海古籍出版社，2010：159.
[6] 刘熙. 释名 [M]. 北京：中华书局，1985：39.
[7] 调露子. 角力记 [M]. 太原：山西科学技术出版社，2012：3.
[8] 调露子. 角力记 [M]. 太原：山西科学技术出版社，2012：3.
[9] 蔡龙云. 琴剑楼武术文集 [M]. 北京：人民体育出版社，2007：296.

"拽起裤儿""暗算"[1]等违规行为而做出判定的。《通俗文》云:"争倒曰相扑也。"[2]《角力记》亦载:"然且始举手击要,终在扑也"[3]即最后在于扑打至对方倒地。可见,"争倒"或"扑"即指力争让对方倒地而获胜。从裁判的视角来看,角抵竞赛"盖取其见交分胜负之名,则取扑倒为名故也",因此只要一方被"扑倒"后无力反抗,就是竞赛胜负结果的产生,即"处下"(或出局)者为输,"处上"者为赢。这也符合"争倒曰相扑也,言其交相争也,今率土俗间只呼为相扑也"[4]的特性和称谓。

在许多关于角抵的历史事件中,也可以看到以倒地作为输赢判定标准的执裁规范,如《角力记》中记述了相扑手述与"蜀之高手角力者"石彦能"出手"而使对手"为石伺入腰交而倒"[5],当中的"交而倒"即指石彦运用角抵技术将对手摔倒在地而获胜;又如《资治通鉴》记载:"初,帝尝与右武卫上将军李存贤手搏,存贤不尽其技,帝曰:'汝能胜我,我当授藩镇。'存贤乃奉诏,仅仆帝而止"[6]。其中的存贤"仅仆帝而止"即指李存贤与"帝"交手时让"帝"倒地能分出胜负就适可而止了,这正是角抵竞赛所强调的胜负标准的竞赛规则;再如乾隆皇帝在《塞宴四事图》上所作诗及序中所言的"必控首屈肩至地乃为胜"和"两肩著地头倒竖,方得谓之决胜负"[7]均是表明让对方双肩倒地且要控制住头部才算取得竞赛的胜利。总之,从最初相对野蛮的"公子友处下以'孟劳'杀之"的"弃师之道"[8],到后期趋于文明的"争倒",角抵竞赛发展出了有利于可持续发展的具备人文关怀和可操作的客观化竞赛规则,这种以"扑倒"作为输赢判定的"公正"标准不仅是规则体系的客观化体现,而且也是竞赛胜负核心价值观的社会反映。

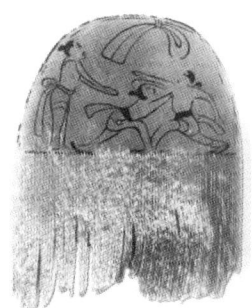

秦墓木篦漆绘角抵图

汉墓帛画摹本角抵图

[1] 蔡龙云. 琴剑楼武术文集 [M]. 北京:人民体育出版社,2007:296.
[2] 调露子. 角力记 [M]. 太原:山西科学技术出版社,2012:3.
[3] 调露子. 角力记 [M]. 太原:山西科学技术出版社,2012:3.
[4] 调露子. 角力记 [M]. 太原:山西科学技术出版社,2012:3.
[5] 调露子. 角力记 [M]. 太原:山西科学技术出版社,2012:15.
[6] 司马光. 资治通鉴·卷第二百四十三·后唐纪二 [M]. 北京:中华书局,1956:8917.
[7] 王世襄. 清代的相扑 [J]. 紫禁城,1981,(1):5-7.
[8] 李学勤. 十三经注疏·春秋榖梁传注疏 [M]. 北京:北京大学出版社,1999:107.

二、"管放并重"的组织形式

从组织形式的角度来看,汉唐以降尤其至宋代,"君之所乐"的角抵竞赛形成了"管放并重"的双重制度设计,这一设计体现了国君宣扬国威与点缀升平的综合指导思想,目的在于推动角抵竞赛向官方和民间两个方向发展转变。"管",是国君以角抵竞赛"飨四夷之客"[1]"宴百辟"[2]的国家发展之举;而"放",则是国君以角抵竞赛的形式传达"天子与民同乐"[3]的社会治理之术。简而言之,"管放并重"既是角抵竞赛多元化发展的必由之路,也是国君所代表的国家意志在竞赛中的切实贯彻。

《塞宴四事图》

(一)顶层之"管"——宣扬国威的专业化组织

在以国君为首的顶层权贵的"管"之下,角抵竞赛形成了以服务国家交往、军事训练、休闲生活和激励权贵等为目的的竞赛组织形式。这一组织形式在国家政策化、仪节化的影响下逐步演变、发展、成熟,乃至不断促成角抵竞赛日趋向官方化、专业化的方向迈进,而官方的专业化角抵竞赛正是宣扬国家综合实力的最佳体现和有力手段。

首先,竞赛以外交规格彰显国威。角抵竞赛并非仅仅是双方"互搏"的对抗性比赛。从最初"国君"的"手格猛兽"[4]"手搏豺狼"[5],到核心权贵的"襢裼暴虎"[6]"命将帅讲武,习射御、角力"[7]等,彰显武力的角抵早已被深深烙上了"勇猛""威武"的个人印记。对个体而言,角抵技能是力量和勇气的最好体现,对于国家而言,角抵竞赛是国家战斗力和威慑力的最佳象征。因此,在这个背景下,角抵竞赛自然而然就成为

---

[1] 马端临. 文献通考·卷一百四十七·乐考二十·散乐百戏 [M]. 北京:中华书局,1986:1287.
[2] 马端临. 文献通考·卷一百四十七·乐考二十·散乐百戏 [M]. 北京:中华书局,1986:1288.
[3] 孟元老. 东京梦华录·卷第六·元宵 [M]. 贵阳:贵州人民出版社,2008:104.
[4] 司马迁. 史记·殷本纪 [M]. 长沙:岳麓书社,2012:49.
[5] 司马迁. 史记·殷本纪 [M]. 长沙:岳麓书社,2012:325.
[6] 程俊英. 四书五经译注丛书·诗经译注 [M]. 上海:上海古籍出版社,2010:121.
[7] 李学勤. 十三经注疏·礼记正义 [M]. 北京:北京出版社,1999:551.

了"君之所好"的"国家竞赛"的代表,也顺理成章成为国家以专业化的、高规格礼节服务彰显"国力强盛,傲视四夷"[1]的威武象征。《文献通考》记载:

> 每春秋圣节三大宴:其第一,皇帝升座,宰相进酒(次并翰林使进),庭中吹觱篥,以众乐和之;赐群臣酒,皆就坐,宰相饮,作《倾杯乐》。第二,皇帝再举酒,群臣立于席后(凡举御酒皆然),乐以歌起。……第十九,角抵,宴毕。其御则辅赐大宴。崇德殿宴契丹使,惟无后场杂剧及女弟子舞队。台南设灯山每上元观灯楼前设露台,台上奏教坊乐,舞小儿队。台南设灯山,灯山前陈百戏,山棚上用散乐、女弟子舞。馀曲宴会、赏花、习射、观稼,凡所游幸,但奏乐行酒,杂剧庆节上寿及将相入辞赐酒,则止奏乐(都知、色长二人摄太官令,升殿对立,告巡周,大宴则唱酒遍,曲宴宰相群臣,虽各举酒,通用慢曲,而无《三台》耳)。所奏凡十八调、四十大曲。[2]

显而易见,这段记载明确了国家是以"大宴"的高规格形式招待外宾。从组织上来看,仪礼、仪节得到充分的重视,有庄重的君臣进酒、赐酒、饮酒礼;有悠扬的吹、作、歌、弹、奏、乐等伴奏礼;有美妙的致辞(述美德)、听辞仪节;有彰显文明的揖让、答拜礼;有国君举酒殿上独弹琵琶、独吹笙、独弹筝、独奏鼓笛曲的精彩环节,而专业化的角抵竞赛则是作为重头戏被精心安排于第十九环节闪亮登场。与此同时,在场地布置上,有设灯山、设露台、搭山棚等绚丽多彩的形式;在内容安排上,还有赏花、习射、观稼等花样繁多的配套活动,以及全程"十八调、四十大曲"的奏乐相伴。由此可见,角抵竞赛是以"设酒池肉林以飨四夷之客,作《巴俞》都卢、海中《砀极》、漫衍鱼龙、角抵之戏以观视之"[3]的高规格仪式被向"四夷"展示的。《文献通考·散乐百戏》亦载:

> 后魏道武帝天兴六年冬,诏太乐、总章、鼓吹增修杂戏,造五兵、角抵、麒麟、凤凰……以备百戏。大飨设之于殿前。明元帝初,又增修之,撰合大曲,更为钟鼓之节……元封中,既广开上林,穿昆明池,营千门万户之宫,设酒池肉林,以飨四夷之客,作巴渝都卢,海中《砀极》(李奇曰:《砀极》,乐名)。漫衍鱼龙,角抵以观示之。[4]

这充分说明了角抵竞赛在"以飨四夷之客"的功能上是一种"以咤夷人"[5]的精

---

[1] 葛兆光.思想史研究课堂讲录续编[M].北京:生活·读书·新知三联书店,2012:18.
[2] 马端临.文献通考·卷一百四十六·乐考十九·俗部乐[M]北京:中华书局,1986:1283.
[3] 班固.汉书·卷九十六下·西域传[M].北京:中华书局,1962:3928.
[4] 马端临.文献通考·卷一百四十七·乐考二十·散乐百戏[M].北京:中华书局,1986:1287.
[5] 马端临.文献通考·卷一百四十七·乐考二十·散乐百戏[M].北京:中华书局,1986:1288.

心安排与设计。此外,《隋书·音乐志》还记载了"万国来朝"和"国主亲来朝贺"时,国家外交"营费钜亿万"的高规格组织形式:

> 每岁正月,万国来朝,留至十五日,于端门外,建国门内,绵亘八里,列为戏场。百官起棚夹路,从昏达旦,以纵观之。至晦而罢。伎人皆衣锦绣缯彩。其歌舞者,多为妇人服,鸣环佩,饰以花毦者,殆三万人。初课京兆、河南制此衣服,而两京缯锦,为之中虚。三年,驾幸榆林,突厥启民朝于行宫,帝又设以示之。六年,诸夷大献方物。突厥启民以下,皆国主亲来朝贺。乃于天津街盛陈百戏,自海内凡有奇伎,无不总萃。崇侈器玩,盛饰衣服,皆用珠翠金银,锦罽缔绣。其营费钜亿万。关西以安德王雄总之,东都以齐王暕总之,金石匏革之声,闻数十里外。弹弦擫管以上,一万八千人。大列炬火,光烛天地,百戏之盛,振古无比。自是每年以为常焉。[1]

足见,国家通过极高规格的组织形式体现了国君对外交礼仪的重视,不仅以"绵亘八里"的大排场和"百官起棚夹路"的礼敬方式欢迎贵宾,而且歌者、舞者装扮"衣锦绣缯彩"和"鸣环佩,饰以花毦"的达到"三万人",甚至还全程配备了一万八千人的"弹弦擫管"队伍。正如郑彦昭所描写的角抵竞赛的威武场面:"红云霭霭护棕毛,紫风翩翩下彩绦。武士承宣呈角触,近臣侍宴赐珠袍。"由此可见场面气势之宏大,它在繁花似锦中以力量和速度宣扬了"国强",它在笙歌沸腾中以骁勇和智慧彰显了"国威",而这一切,正是"君之所乐"。

南阳舞乐百戏奏乐队画像石

塞宴四事图(局部)—角抵竞赛奏乐队

---

[1] 魏微,令狐德棻. 隋书·音乐志(下)[M]. 北京:中华书局,1982:381.

其次，竞赛以军训规模增强实力。如果说国家级别的角抵竞赛是国君精心安排的一种对外宣传手段，那么以军事训练的规模化组织的角抵竞赛则是周密筹划的一种对内强兵政策。《管子·七法》载："故聚天下之精财，论百工之锐器，春秋角试，以练精锐为右。"[1] 可见，为了广聚精英，提升军事战斗力，国家常常以军事训练的规模化形式组织军队官兵交流角抵技艺，每年定期举行春秋角试，目的在于锤炼出具有较强实战能力的精锐部队。《西湖老人繁胜录》中有类似以角抵竞赛的形式进行军事练兵的记载："殿司诸军水教于白洋湖中，各呈武艺，如在平地。御前军头四内等子，每晚演手相扑，今有剑棒手数对打熬。"[2] 这说明宋代角抵竞赛除了对外交往上展示国家实力的精彩表现外，还有以国家军事训练为目的的常规化组织形式，以巩固和提高军队的战斗技能。而且，这种规模化和定期化的军事训练还促成了角抵竞赛专业化组织的形成，如《旧唐书·敬宗纪》记载："甲子，上御三殿，观两军、教坊、内园分朋驴鞠、角抵。戏酣，有碎首折臂者，至一更二更方罢"[3]。"两军"即左右军，是源自唐代的一种官办的竞赛组织，自唐始称左神策军、右神策军，唐中期后以此（角抵、击毬、杂戏等）为职，专为朝廷皇帝、王公贵族们展演，属军队编制，后从军队分离而出成为专业化的竞赛官署[4]。总之，角抵竞赛以军事训练规模的组织形式服务于提升军队战斗力和增强国家综合实力。

最后，竞赛以休闲维持常态。由于角抵是一种两人对抗的竞赛形式，具有较强的竞技性和观赏性，因此除了服务于国家宣传和军事训练之外，角抵竞赛还扮演了为国君提供休闲娱乐的日常服务角色，并且形成定期举行的常态化形式。如《汉书·武帝纪》载：元封六年（公元前105年）夏，"京师民观角抵于上林平乐观"[5]，平乐观（馆），即官方角抵场所[6]，在"上林苑"[7]"大作乐处也"[8]。作为角抵竞赛官方场地的"平乐观"透露出了日常竞赛的常态化，如"后魏道武帝天兴六年冬，诏太乐、总章、鼓吹增修杂戏，造五兵、角抵、麒麟、凤凰……以备百戏"[9]，《角力记》中"吴越武肃王钱氏，每值八月十八日，浙江湖水大至，谓之看潮。是日必命僚属登楼而宴，及潮头已过，即斗牛，然后相扑。王谓人曰：'为军家出力而激勇也'，"[10] 这些

---

[1] 黎翔凤. 新编诸子集成·管子校注 [M]. 北京：中华书局，2004：117.
[2] 孟元老. 东京梦华录·西湖老人繁胜录 [M]. 上海：古典文学出版社，1957：119.
[3] 刘昫. 旧唐书·卷十七·敬宗本纪 [M]. 北京：中华书局，1975：520.
[4] 翁士勋.《角力记》校注 [M]. 北京：人民体育出版社，1990：52.
[5] 班固. 汉书·卷六·武帝纪第六 [M]. 北京：中华书局，1962：198.
[6] 翁士勋.《角力记》校注 [M]. 北京：人民体育出版社，1990：37.
[7] 张衡. 全汉赋评注·平乐观赋 [M]. 石家庄：花山文艺出版社，2003：370.
[8] 张衡. 全汉赋评注·西京赋 [M]. 石家庄：花山文艺出版社，2003：464.
[9] 马端临. 文献通考·卷一百四十七·乐考二十·散乐百戏 [M]. 北京：中华书局，1986：1287.
[10] 调露子. 角力记 [M]. 太原：山西科学技术出版社，2012：19.

都说明角抵竞赛已成为国君日常的娱乐消遣。

从组织上来看，为国君提供休闲娱乐是由一批宫廷专业角抵竞赛的"内等子"队伍来完成的，《梦粱录》载：

> 且朝廷大朝会、圣节、御宴第九盏，例用左右军相扑，非市井之徒，名曰"内等子"……每遇拜郊、明堂大礼、四孟车驾亲飨，驾前有顶帽，鬟发蓬松，握拳左右行者是也。遇圣节御宴大朝会，用左右军相扑，即此内等子承应。但内等子设额一百二十名，内有管押人员十将各二名，上中等五对，下等八对，剑棒手五对，余皆额里额外，准备祗应。[1]

很明显，用"左右军"这种专业化、体制化的"内等子"角抵队伍在宫廷中举行角抵竞赛已成为一种正式的竞赛组织形式，它的精彩程度也让周围人不禁入迷，以至于有"掌筦库者"（管库房钥匙的人）因"观角力"太入迷，"不觉手握匙曲戾耳"（将钥匙握反了）导致开锁时"了不可得"而受到主人的责备[2]。可见，以休闲娱乐为目的的角抵竞赛在宫廷中以一种常规化的组织形式存在。汉唐以降尤其至宋代，它不仅丰富了宫廷的节庆娱乐活动，而且也起到了促进、保持角抵竞赛日常化的积极作用。

（二）基层之"放"——点缀升平的社会化运营

"社会之要事，政府所为也"[3]。在国君的授意之下，角抵竞赛形成了以节庆娱乐突显社会繁荣和以协会组织促进赛事活力的民间普及发展与组织形式。这一组织形式在国家的监管之下得以逐步发展和成熟，不仅受到民众爱戴而活跃于民间节庆娱乐活动中，而且还得到角抵爱好者的积极拥护进而成立了专门的协会组织。显然，无论是热火朝天的民间节庆活动，还是如火如荼的协会竞赛组织，对于国家而言，传达的不都正是社会的繁荣和富庶吗？而这一切，亦恰是"君之所乐"。

第一，竞赛以节庆娱乐凸显繁荣。在"君之所好"的直接带动下，具备竞技、表演、强身、观赏价值的角抵竞赛风靡于上至皇宫贵族，下至黎民百姓的社会各阶层中。上层阶级在"君之与"的监管之下形成了服务于国家交往、军事训练、国君休闲的专业化组织团队，而下层民众在"君不与"的有意推动下，发展出了凸显社会繁荣气象的服务于普通民众节庆娱乐活动的社会化组织形式。在民间，兴于隋唐而盛于宋的"瓦舍"是角抵竞赛民间节庆戏演的重要文化场所。所谓"瓦舍"，谓其"来时瓦合，去时瓦解"，易聚易散也[4]。由此可知，民间的"瓦舍"是一种由民众临时聚集的集

---

[1] 孟元老. 东京梦华录·梦粱录 [M]. 上海：古典文学出版社，1957：312.
[2] 调露子. 角力记 [M]. 太原：山西科学技术出版社，2012：19.
[3] 吕思勉. 吕思勉自述 [M]. 合肥：安徽文艺出版社，2013：275.
[4] 孟元老. 东京梦华录·梦粱录 [M]. 上海：古典文学出版社，1957：298.

会文化场所，在较大、较繁华的城市中数量较多，如"其杭之瓦舍，城内外合计有十七处"[1]，聚集人数多时有时"动以万余人"[2]。"戏演"是角抵因在原有竞技基础上加入特定情节而丰富起来的一种竞赛形式，即"角抵戏"。民间"瓦舍"的演出规模十分庞大，《隋书·音乐志》载："始齐武平中，有鱼龙烂漫、俳优、朱儒、山车、巨象、拔井、种瓜、杀马、剥驴等，奇怪异端，百有余物，名为百戏。"[3]。可见，"瓦舍"确实从某种程度上反映了民众的兴趣、爱好和休闲娱乐，以及社会的经济与文化的繁荣。而角抵戏正是在这一片繁荣中成为百戏的主角——"大戏"而深受各阶层人士的喜爱，如《隋书·炀帝纪》载："大业六年春正月……丁丑，角抵大戏于端门街。天下奇伎异艺毕集，终月而罢。帝数微服往观之"[4]。再如《汉书·武帝纪》中"三年春，作角抵戏，三百里内皆观"[5]。可见，节庆角抵正是造成这样一种人头攒动的景观，在"毕集"与引领"百戏"中彰显着社会经济与文化的繁荣气象。

南阳汉舞乐百戏画像石

从组织形式方面来看，民间节庆角抵形成了"城市专场"与"街坊自发"两大样态。城市专场以奢华著称，如：

> 或见近代以来，都邑百姓每至正月十五日，作角抵之戏，递相夸竞，至于糜费财力……窃见京邑，爰及外州，每以正月望夜，充街塞陌，聚戏朋游。鸣鼓聒天，燎炬照地，人戴兽面，男为女服，倡优杂技，诡状异形。以秽嫚为欢娱，用鄙亵为笑乐，内外共观，曾不相避。高棚跨路，广幕陵云，袨服靓妆，车马填噎。肴醑肆陈，丝竹繁会，竭赀破产，竟此一时。尽室并孥，无问贵贱，男女混杂，缁素不分。[6]

尽管节庆娱乐至于"糜费财力"和"以秽嫚为欢娱，用鄙亵为笑乐"的严重程

---

[1] 孟元老. 东京梦华录·梦粱录 [M]. 上海：古典文学出版社，1957：298.
[2] 马端临. 文献通考·卷一百四十七·乐考二十·散乐百戏 [M]. 北京：中华书局，1986：1288.
[3] 魏徵，令狐德棻. 隋书·音乐志（下）[M]. 北京：中华书局，1982：381.
[4] 魏徵，令狐德棻. 隋书·炀帝纪 [M]. 北京：中华书局，1982：74.
[5] 班固. 汉书·卷六·武帝纪第六 [M]. 北京：中华书局，1962：194.
[6] 魏徵，令狐德棻. 隋书·柳彧传 [M]. 北京：中华书局，1982：1483.

度,但是从中我们也可以看出"充街塞陌""鸣鼓聒天""无问贵贱"的一片繁华气象。不仅有奏乐、鸣鼓、燎炬,还有戴面具、化妆、车马混流……确实是一种多样化和自发的社会组织形式。说这种"角抵之戏"主要是盛行于"京邑""爰及外州"的一种城市奢华文化,反映的是城市的繁荣、塑造的是国家的富强形象,而《角力记》中所记载的"相攒为乐"则是一种流行于"街坊"的更为基层的民众节庆风俗,展现的是民间的节庆百象与百姓对角抵竞赛的真切热爱。它以"风靡"而驰名,如:

> 荆楚之间,五月盛集……街坊相攒为乐。蜀都之风,少年轻薄者,(结伴)为社。募桥市勇壮者,敛钱备酒食,约至上元,会于学社,山前平原作场。于时新草如苗,(以)候人交,多至日晏,方了一对,相决而去。或赢者,社出物赏之,采马拥之而去。观者如堵,巷无居人。从正月上元,至五月方罢。王氏有蜀,此色人衣宽衣,贴金花,帽垂脚,越异少壮,多随从之。[1]

从组织形式的视角来看,这是一套典型的民间角抵竞赛的活动流程:第一,风靡民间、民众爱戴、积极拥护且情绪高涨;第二,有组织、有代表、有安排的筹备竞赛工作,如募集资金"买"勇,备酒食等;第三,以

长安客省庄号战国墓铜饰牌角抵图

开阔处为竞赛场地;第四,有裁判组织竞赛和执裁;第五,有胜者颁奖仪节,并配有欢送仪式。由此可见,在"君与"的直接提倡和"君不与"的有意推动下,角抵竞赛受到民众的喜爱并形成了多样化和民间自治体系,不仅凸显了社会的太平与繁荣气象,更重要的是塑造了安定与富强的国家形象[2]。铜饰牌是陕西省长安客省庄 K140 号战国晚期墓葬中出土的珍贵文物,代表了当时角抵竞赛盛行的社会风气。图像表现的是两位角抵力士在森林中进行角抵对抗竞赛的情形。图像显示,他们将各自骑乘的马匹分别系在两侧的大树下,进行角抵比赛。从外貌上看,两人都是长发披肩,上身赤裸,下半身穿着长裤,配有足蹬短靴。从形态上看,两人正处于扭抱的竞技状态,左边的人右手搂着对方的腰部位置,左手勾住对方的左后腿,而右边的人则抱住对方的后腰部和右大腿后侧,两人动作被描绘得惟妙惟肖、十分逼真。

---

[1] 调露子. 角力记 [M]. 太原:山西科学技术出版社,2012:17.
[2] 张松柏. 辽代的摔跤运动—从敖汉旗娘娘庙辽墓摔跤壁画谈起 [J]. 内蒙古文物考古,1997(1):26-32.

第二，竞赛以协会运营激发活力。从角抵竞赛的社会化发展路径来看，"君不与"有意放活的是"民间的活力、发展的动力和全社会的创造力"[1]，这既是"探索多元主体办活动、办赛机制"[2] 的具体落实，也是角抵竞赛以

角觝墓白描图（高句丽墓壁画）

协会形式实现"社会化运营"[3] 的重大发展举措。从国家角度来看，这一举措的推行不仅实现了民众对体育休闲娱乐的需求[4]，而且从某种程度上来说，也创造了一定的"社会和经济效益"[5]。因此，角抵竞赛正是在这一思想主导下在民间不断发展。《武林旧事》载："二月八日为桐川张王生辰，霍山行宫朝拜极盛，百戏竞集，如绯绿社（杂剧）、齐云社（蹴球）……角抵社（相扑）等。"[6]，这说明作为民间组织性质的角抵社已在社会中形成，这与《西湖老人繁盛录》中"香药社、相扑社、川弩社……"[7] 的记载共同证实了协会组织在社会中的强劲活力和"有数社每不下百人"[8] 的良好发展态势。而且，这些协会性质的"社"得到了当地"商行"组织的资助，形成了社会化运营的盈利性模式，如东京市有一百六十多商行，当地"行户"有六千四百多户，当中不乏角抵社参与者和资助者[9]，尽显藏富于民的社会发展动力。这些竞赛社团，"担负了制订技术标准、竞赛规程、组织比赛和交流等任务，标志着古代体育进入了一个新阶段"[10] 在吉林省集安发现的公元3世纪中叶到4世纪的高句丽壁画墓中，有较多的角抵图像。该图出土于洞沟禹山下墓区的壁画墓中，画面刻画的是两个人在一个有屋檐的特定场地内相互搂抱进行角抵竞赛的状态。角抵两人都上身赤裸，下身只穿

---

[1] 张君贤，戴国斌. 我国武术赛事类型共生共存模式研究 [J]. 沈阳体育学院学报，2016，35（5）：125-131.
[2] 刘鹏. 从体育大国向体育强国迈进——深入学习贯彻习近平同志关于体育工作的重要论述 [N]. 人民日报，2014-3-31（7）.
[3] Hyatt C G，Sutton W A，Foster W M，et al. Foster, Dylan McConnell. Fan involvementin a professional sport team's decision making [J]. Sport, Business and Management: An International Journal, 2013, 3（3）: 197-200.
[4] Brian P. Soebbing, Daniel S. Mason. Managing legitimacy and uncertainty in professional team sport: The NBA's draft lottery [J]. Team Performance Management: An International Journal, 2009, 15（3/4）: 141-151.
[5] Che, Deborah. Sports, Music, Entertainment and the destination branding of post-fordist detroit [J]. Tourism Recreation Research, 2008, 33（2）: 195-206.
[6] 四水潜夫. 武林旧事·卷三·社会 [M]. 浙江：西湖书社出版，1981：40.
[7] 孟元老. 东京梦华录·西湖老人繁胜录 [M]. 上海：古典文学出版社，1957：113.
[8] 孟元老. 东京梦华录·西湖老人繁胜录 [M]. 上海：古典文学出版社，1957：111.
[9] 李季芳. 宋代相扑社及女子相扑之滥觞——中国古代摔跤史略（下一）[J]. 成都体育学院学报，1979（2）：1-5.
[10] 丛书编委会. 中国历代体育史话 [M]. 北京：外文出版社，2010：15.

着一条短裤,是一种力量的象征,旁边则站立一人,应该是观赏的观众。这一图像的出现说明了角抵竞赛在当时社会的风靡程度。

从组织形式方面来看,社会化的竞赛形成了商演性质的"路岐人"模式和协会性质的"露台争交"模式,《梦粱录》载:

> 瓦市相扑者,乃路岐人聚集一等伴侣,以图手之资。先以女飐数对打套子,令人观睹,然后以膂力者争交。若论护国寺南高峰露台争交,须择诸道州郡膂力高强、天下无对者,方可夺其赏。如头赏者,旗帐、银杯、彩缎、锦袄、官会、马匹而已。顷于景定年间,贾秋壑秉政时,曾有温州子韩福者,胜得头赏,曾补军佐之职。杭城有周急快、董急快、王急快、赛关索、赤毛朱超、周忙憧、郑伯大、铁稍工韩通住、杨长脚等,及女占赛关索、嚻三娘、黑四姐女众,俱瓦市诸郡争胜,以为雄伟耳。[1]

这段记载透露给我们几个信息:其一,以套路和角抵为商演内容的"路岐人"群体的活跃体现了"瓦市"竞赛的活力;其二,高水平、职业化且"带有一定表演性质"[2]的"露台争交"显露了办赛主体、竞赛机制的多元化与社会创造力;其三,国家对竞赛翘楚人才的重用(曾补军佐之职)表明国家对民间社会化赛事始终保持关注并保留监管权限。总之,与官方竞赛不同,民间角抵竞赛在国家监管下形成了商演(路岐人)和协会(露台争交)性质的两种赛事类型。这两种竞赛类型在满足不同阶层民众需求的目标下实现了竞赛文化的社会化,而这正是国君点缀升平、传扬国富最直接、最有力的国家宣传方式。

第三节 "君之所求"的核心理念与国家精神

从竞赛的角度来看,无论是"君之所好"的人员和技术,还是"君之所乐"的制度与组织,角抵竞赛最终要传达的是"君之所求"的一种代表国君励精图治的战略理念和"天下兴亡匹夫有责"的精神认同。甚至,在这个意义上的角抵竞赛已高于君之"所好""所乐"与"所求",而传达出"社稷为重"的"君"和与之唇齿相依的"民"繁荣昌盛的共同期盼。

一、励精图治的战略理念

角抵竞赛的理念反映的是国君对竞赛的观念,它体现了国君基于国家立场的独特

---

[1] 孟元老. 东京梦华录·梦粱录 [M]. 上海:古典文学出版社,1957:312.
[2] 陈平原. 千古文人侠客梦 [M]. 北京:北京大学出版社,2010:130.

思考，并在具体的竞赛行为中以主观干预的方式予以实现。

（一）国运兴则竞赛兴的推崇举措

角抵竞赛与国家气运息息相关，这也是国君之所以"营费钜亿万"而"设酒池肉林以飨四夷之客"的用意所在。从国君视角而言，竞赛的繁荣不仅传达了社会的富强，更是彰显着国运的昌盛。因之，国君不惜以重赏的方式着重强调和大力推崇角抵竞赛，以强化国民对竞赛文化和国运兴隆的心理认同。

首先，从竞赛推行的角度来看，"将欲取之，必固与之"[1]，要实现广大群体对角抵竞赛的认同，必须以十分隆重的方式予以强调。因此，这正是角抵竞赛者常常成为国君的心腹并得到国君的厚爱，并被以重赏的方式肯定的原因。《史记·秦本纪》载："武王有力好戏，力士任鄙、孟说皆至大官。"[2]《元史·武宗本纪》记载，元武宗大德十一年（1307 年），"以拱卫直都指挥使马谋沙角抵屡胜，遥授平章政事"[3]，拱卫直都指挥使的马谋沙因在角抵竞赛中屡战屡胜，被国君授予仅次于丞相的"平章政事"一职，国君对其厚爱可见一斑。显然，国家对角抵强者的肯定与认可是其对国运心理认同的一种强化。

其次，国君从政权层面对专业化的角抵队伍予以正式认可。如《元史·仁宗本纪》载延祐六年（1319 年）六月"戊申，置勇校署，以角抵者隶之。"[4]"勇校署"与"善扑营"[5]均为国家的专门管理机构，目的是以国运之隆肯定竞赛之兴，以强化、促进、提升角抵竞赛的国家性。

最后，国君从经济层面对角抵人士予以厚赏。如《唐语林·雅量》载："文将有事南郊，祀前，本司进相扑人。上曰：方清齐，岂合观此事？左右曰：旧例也，已在外祗候。上曰：此应是要赏物，可向外相扑了。即与赏令去。"[6]又如《元史》中记载，元武宗至大三年（1308 年），国君"赐角抵者阿里银千两、钞四百锭"[7]，延祐七年（1320 年）六月"赐角抵百二十人钞各千贯"[8]等，这些厚赏正是一种国富的国家象征。

总之，在"于今高手者，朝廷重之"[9]的理念下，对个体的重用与厚赏，以及对群体的认可背后传达的正是国君"国运兴则竞赛兴"的竞赛理念。

---

[1] 老子. 老子 [M]. 北京：中华书局，2007：89.
[2] 司马迁. 史记·殷本纪 [M]. 湖南：岳麓书社，2012：108.
[3] 宋濂. 元史·卷二十二. 武宗本纪一 [M]. 北京：中华书局，1976：481.
[4] 宋濂. 元史·卷二十六. 仁宗本纪三 [M]. 北京：中华书局，1976：589.
[5] 赵尔巽，柯劭忞. 清史稿·卷六·圣祖本纪一 [M]. 北京：中华书局，1977：177.
[6] 王谠. 唐宋笔记史料丛刊·唐语林·卷三·雅量 [M]. 北京：中华书局，1987：238-239.
[7] 宋濂. 元史·卷二十三·武宗本纪二 [M]. 北京：中华书局，1976：524.
[8] 宋濂. 元史·卷二十七·英宗本纪一 [M]. 北京：中华书局，1976：603.
[9] 调露子. 角力记 [M]. 太原：山西科学技术出版社，2012：17.

（二）竞赛荣则社会稳的治理策略

维稳即维护国家和社会的稳定，这也是国君以角抵竞赛巩固国家政权、维护社会发展的一项重要举措，目的在于使国家更加安定、社会更加和谐、民众更加幸福。

第一，竞赛是国家政权关系的调和剂。如《资治通鉴》载："诏太常、大鸿胪与诸国侍子于广阳城门外祖会，飨赐、作乐、角抵、百戏"[1]，唐宪宗御麟德殿，宴赏群臣权贵，"观击鞠角抵之戏，大合乐，极欢而罢，以锦彩银器颁赐有差"[2]。显而易见，这正是国君时常"每赐宴设酺会，则上御勤政楼"[3]，并以角抵竞赛为内容，与权贵阶层"共欢乐"的一种施恩手段。

第二，竞赛是国家对外关系的稳定剂。如"蜀王氏后主，为与凤翔李西平茂贞通好，送相扑人述"[4]，说明"角抵外交"已成为国君与别国通好的重要手段之一，这也是国君恩威并施的一种国家发展举措。

第三，竞赛是国君政权巩固的强化剂。角抵是国君用于政权管控的一种政治武器。《隋书·礼仪志》中"齐文宣受禅之后，警卫多循后魏之仪。及河清中定令，宫卫之制，左右各有羽林郎十二队。又有持钑队……角抵队……以备警卫"[5]。可见，角抵队充当了国君武装力量的一个重要角色，国君甚至还常常将其带在身边，"仪卫左右"。《隋书·礼仪志》载："梁武受禅于齐，侍卫多循其制。正殿便殿阁及诸门上下，各以直阁将军等直领。又置刀钑、御刀、御楯之属，直御左右。兼有御仗、铤槊、赤氅、角抵……等左右二百七十六人，以分直诸门。行则仪卫左右。"[6]

第四，竞赛是民众情绪的调节剂。从社会的角度来看，角抵竞赛是针对社会的一种调节和治理之术，它让"人之性气"既有"小风吹之"而起"若人通悦"的"细文生"，即让人产生微波荡漾的愉悦之情，又不至于因"大风鼓之"而达"若人之忿"的"巨浪起"，即达到激起大风巨浪的愤怒情绪。它以"非适非小"的恰当"中等风作"引导民众徘徊于"喜"与"怒"之间的"非喜非怒"的无形控制区域，让民众在激烈而精彩、激动而愉悦的竞赛中完成一种自我宣泄[7]。

总之，以赛之"荣"维社会之"稳"是国君竞赛理念的独特体现，国君欲以繁荣的角抵竞赛实现"六军诸卫之士皆市人白徒，富者贩缯彩、食粱肉，壮者角抵、拔河、翘木、杠铁，日以寝斗"[8]的一种和谐状态。

---

[1] 司马光. 资治通鉴·卷第五十二·汉纪四十四 [M]. 北京：中华书局，1956：1696.
[2] 王钦若. 册府元龟·卷第一百一十一·帝王部·宴享第三 [M]. 南京：凤凰出版社，2006：1204.
[3] 郑处诲. 唐宋史料笔记丛刊·明皇杂录·卷下 [M]. 北京：中华书局，1994：26.
[4] 调露子. 角力记 [M]. 太原：山西科学技术出版社，2012：15.
[5] 魏徵，令狐德棻. 隋书·卷十二·志第七·礼仪七 [M]. 北京：中华书局，1982：280-281.
[6] 魏徵，令狐德棻. 隋书·卷十二·志第七·礼仪七 [M]. 北京：中华书局，1982：279.
[7] 调露子. 角力记 [M]. 太原：山西科学技术出版社，2012：1.
[8] 马端临. 文献通考·卷一百六十一·兵十三 [M]. 北京：中华书局，1986：1403.

(三) 角抵强则国强的思维

角抵强则国强，正是国君提倡角抵竞赛的深远用意。《汉书·刑法志》载："夫人宵天地之貌，怀五常之性，聪明精粹，有生之最灵者也。爪牙不足以供耆欲，趋走不足以避利害，无毛羽以御寒暑，必将役物以为养，用仁智而不恃力，此其所以为贵也"[1]。这段话强调，人之所以为"贵"，源于人的灵性，当人没有爪牙作为武器、不善奔跑以避难、没有羽毛御寒时，人靠的是"仁智"而非蛮力，这即是人为"贵"和"人的生存本身构成了人生价值所在"[2]。它启示我们，一个人或者一个国家的强大依靠的是智慧，凭借的是一种"尚武精神"武装自己的能力，这才是"善师者不陈，善陈者不战"[3]的强国智慧。《汉书·刑法志》还记载："齐愍以技击强，魏惠以武卒奋，秦昭以锐士胜"[4]，"这些国策的制定和推行极大地激发了民间习武的积极性"，以至于"技击对抗活动大行王宫内外"[5]。由此可见，各个国家向来都是以各自强大的武装力量来向外展示国家的强盛，反之，居安而忘危带来的将是国家衰败甚至是国亡。正因如此，角抵竞赛才会受到国君的推崇，才会得到国家和民众的重视。

在这个意义上，"故聚天下之精财，论百工之锐器，春秋角试，以练精锐为右"[6]是国家的强军之举；"光启中，左神策军王卞由振武军到镇，排设次，命角觝"[7]是权贵的强兵之策；而"元封中，既广开上林，穿昆明池，营千门万户之宫，设酒池肉林，以飨四夷之客……角抵之戏以观示之"[8]和"顺帝永和元年，其王来朝京师，帝作黄门鼓吹、角抵戏以遣之"[9]是国君以武扬威的强国之术。总而言之，角抵竞赛"通过威胁、利诱或怀柔外邦及其统治者来达到自卫的效果"[10]，不论是"练精锐"的强军还是"飨四夷之客"的扬威，因国家推崇而蓬勃发展的角抵竞赛是国君角抵强则国强的竞赛理念和"不战而屈人之兵"[11]战略思想的深刻体现。

二、"天下兴亡"的精神认同

角抵竞赛创建了一种独特的竞赛文化认同和尚武精神的民族认同，国君意志下的角抵竞赛所要建立的是基于民族和文化基础上的精神认同。国君以角抵竞赛为内容，

---

[1] 班固. 汉书·卷二十三·刑法志第三 [M]. 北京：中华书局，1962：1079.
[2] 李泽厚. 哲学纲要 [M]. 北京：北京大学出版社，2011：17.
[3] 班固. 汉书·卷二十三·刑法志第三 [M]. 北京：中华书局，1962：1088.
[4] 班固. 汉书·卷二十三·刑法志第三 [M]. 北京：中华书局，1962：1085.
[5] 邱丕相. 中国武术文化散论 [M]. 上海：上海人民出版社，2007：20.
[6] 黎翔凤. 新编诸子集成·管子校注（上）[M]. 北京：中华书局，2004：117.
[7] 调露子. 角力记 [M]. 太原：山西科学技术出版社，2012：7.
[8] 马端临. 文献通考·卷一百四十七·乐考二十·散乐百戏 [M]. 北京：中华书局，1986：1287.
[9] 马端临. 文献通考·卷三百二十四·四裔考 [M]. 北京：中华书局，1986：2550.
[10] 费正清. 中国：传统与变迁 [M]. 张沛，张源，顾思兼，译. 长春：吉林出版集团有限责任公司，2013：171.
[11] 孙武. 孙子兵法·孙膑兵法 [M]. 北京：中华书局，2007：17.

目的在于引导国民的认知与情感，以形成一种"天下兴亡，匹夫有责"的宏大国家观。

（一）"两强相遇勇者胜"的体育精神

角抵是实力相当的两人进行斗智斗勇的对抗类竞赛形式，它宣扬了一种"宣勇气，量巧智"的体育精神。

首先，对个人而言，角抵竞赛赋予人们"远怯懦，成壮夫"的竞争精神。"夫有血气，必有斗心"，在角抵竞赛中，人们在强大的对手面前运用击打、扑摔、扼锁等技术手段，相互斗智斗勇，目的在于以自己超强的勇气和智慧战胜对手，彰显自己的血性，以取得最终的胜利。在这过程中，角抵竞赛锻炼并激发了人们"已勇快也，使之能斗敌"[1]的勇者精神。

其次，对军队而言，角抵竞赛激发了士兵英勇无敌的拼搏精神。《角力记》载："吴越武肃王钱氏，每值八月十八日，浙江湖水大至，谓之看潮。是日必命僚属登楼而宴，及潮头已过，即斗牛，然后相扑。王谓人曰：'为军家出力而激勇也'。"[2]可见，"为军家出力而激勇也"正是表明角抵竞赛在军队中起到了展示武力和激励勇气的重要作用，它以一种竞赛性的军事训练高调、激昂地宣扬了军队在面对强敌时"至敢死者之教勇，无勇不至"的战斗精神。

最后，对国家而言，角抵竞赛宣扬了一种"不畏强敌"的勇武精神。何为勇武精神？《册府元龟·勇》载："夫孔武有力，临难忘死，厉气决斗，摧坚陷敌，桓桓焉、赳赳焉。冠三军而敌万夫者，可谓勇矣。春秋之际，以兵战为务，故以强有力闻于时者为多焉。汉魏而下，壮夫迭作，至如英威盖世，雄名震俗，乘危而靡顾，遭患而能奋，见义必赴，所向无前。戮勍寇而致果，格骜兽而服猛。至乃树勋烈，齿荣爵，气激于当时，声聋於殊俗者，盖有之矣。"[3]这种"厉气决斗""冠三军而敌万夫者"的"桓桓焉、赳赳焉"的"勇"和"见义必赴，所向无前"的"武"不正是角抵竞赛所传达的"勇武"和"两强相遇勇者胜"的体育精神吗？

（二）张弛有度的人文精神

角抵竞赛，恰如其分地彰显了人性的释放，同时又体现了一种理性的道德约束。在角抵竞赛中，激烈从来都是源自对暴力的不回避。因为"有血气"之人的本性中就暗含着"斗心"的暴力诉求，它在很大程度上需要一种宣泄和释放，然而这种暴力诉求在竞赛中被伦理化和道德化为社会规范约束，限制在一个相对可控的安全范围内，这即体现角抵竞赛张弛有度的人文精神的重要表现。

---

[1]调露子.角力记[M].太原：山西科学技术出版社，2012：1.
[2]调露子.角力记[M].太原：山西科学技术出版社，2012：19.
[3]王钦若.册府元龟·总录部（中）·勇[M].南京：凤凰出版社，2006：9844.

一方面，从竞赛的个体技术而言，从最初的"四指广博亦以击之"[1]的纯粹击打，到"批而杀之"[2]的野蛮与暴力性伤害，再到"为石伺人腰交而倒"[3]的理性约束下的扑摔，最后到"绝其脰"[4]的控制性制服，角抵技术不仅勾勒出一条从野蛮到文明，再到既野蛮又文明的道德化与伦理化的发展历程，而且充分展现了角抵竞赛张弛有度的人文精神内涵，而这也是角抵竞赛能够被社会和民众认可并取得繁荣发展的重要原因。

另一方面，从竞赛发展而言，在国君"管放并重"的发展策略下，角抵竞赛形成了以服务国家交往、军事训练等宣扬国威为目的的专业化官方竞赛形式和以满足民众节庆娱乐、自主化运营等点缀升平为目标的社会化发展组织的两种竞赛类型，这在展示国君把握竞赛发展智慧的同时，也充分体现了国君对社会治理乃至国家发展的一种张弛有度的人文精神。

此外，由于国君的极力推崇和有意之"放"，角抵竞赛也曾在社会中出现过无节制的"糜费财力"[5]和"营费钜亿万"[6]等过度奢华行为，对社会稳定和发展造成了负面影响。对此，国君正是以"收"的手段实施对其的控制，如《汉书》载，"至元帝时，以贡禹议，始罢角抵"[7]，东汉延平六年（公元106年）安帝下诏"罢鱼龙蔓延百戏"[8]，以及"天子纳善其忠，乃下诏令太仆减食谷马，水衡减食肉兽，省宜春下苑以与贫民，又罢角抵诸戏及齐三服官"[9]，甚至到元代时期还形成了"诸弃本逐末，习用角抵之戏，学攻刺之术者，师弟子并杖七十七"[10]的相关严格规定。可见，由于角抵竞赛过于繁盛与奢靡，给国家和百姓增加了负担，极易引发民众的反抗情绪，因此"时兴时罢"[11]。总之，无论是对个人、社会还是国家，角抵竞赛在野蛮与文明的张力中彰显了民族张弛有度的人文精神。

（三）"与国共存亡"的民族精神

角抵竞赛"暗示了性质与'家'内秩序相同的国家秩序"的"天下一家"[12]，从而具备了振奋人心、激发"与国共存亡"精神的积极作用。对个体而言，角抵竞赛使

---

[1] 刘熙. 释名 [M]. 北京：中华书局，1985：38.
[2] 李梦生. 四书五经译注丛书·春秋左传译注 [M]. 上海：上海古籍出版社，2010：125.
[3] 调露子. 角力记 [M]. 太原：山西科学技术出版社，2012：15.
[4] 中华书局编辑部编. 汉魏古注十三经（下）[M]. 北京：中华书局，1998：46.
[5] 魏微，令狐德棻. 隋书·柳彧传 [M]. 北京：中华书局，1982：1483.
[6] 魏微，令狐德棻. 隋书·音乐志（下）[M]. 北京：中华书局，1982：381.
[7] 班固. 汉书·卷二十三·刑法志第三 [M]. 北京：中华书局，1962：1090.
[8] 范晔. 后汉书·卷五·孝安帝纪 [M]. 北京：中华书局，1965：205.
[9] 班固. 汉书·卷七十二·王贡两龚鲍传第四十二 [M]. 北京：中华书局，1962：3073.
[10] 宋濂. 元史·卷一百五·刑法志四·禁令 [M]. 北京：中华书局，1976：2685.
[11] 翁士勋. 《角力记》校注 [M]. 北京：人民体育出版社，1990：120.
[12] 尾形勇. 中国古代的"家"与国家 [M]. 张鹤泉，译. 北京：中华书局，2010：182.

其具备了"已勇快也，使之能斗敌"的战斗技能；对观众而言，角抵竞赛使观之者"远怯懦，成壮夫"；而对国家而言，角抵竞赛传达了"至敢死者之教勇，无勇不至"[1]的战斗精神。总而言之，角抵竞赛的核心目的在于宣扬作为国民的"与国共存亡"的民族精神。在这个意义上，推崇角抵竞赛的国家和参与个体之间并非没有关联，相反，二者是紧密相连的，甚至是一种唇亡齿寒的关系。

个体强则国强，国盛则民众荣。因而，个体与国家便因角抵竞赛而荣辱与共、风雨同舟。《晋书·庚阐传》记载了来自西域的角抵高手挑衅的事件："父东，以勇力闻。武帝时，有西域健胡趫捷无敌，晋人莫敢与校。帝募勇士，惟东应选，遂扑杀之，名震殊俗。"[2] 这一事件在《太平御览》中亦得到印证："世祖时，西域遣一使胡，趫趫（矫捷）勇果，自谓无敌，晋人不敢与校。世祖募求勇敢之士，惟东应选，遂暴杀胡，勇闻殊俗"[3]。这是说来自西域的健胡是角抵高手，而且自称是"无敌"，晋国人竟然无人敢应战，这岂不让泱泱大国颜面尽失？于是国君招募勇者，东应选侯终将其扑杀。这一事件足以说明在角抵竞赛中，个体与国家是一种荣辱与共的相依关系。

《续高僧传》中也记载了来自西蕃的挑战，"有西蕃贡一人。云大壮。在北门试相扑无得者。帝颇恶之，云：'大隋国无有健者？'召通来，令相扑。通曰：'何处出家人为此事。'必知气力。把手即知。便唤彼来。通任其把捉。其人努力把捉。通都不以为怀。至通后捉。总揽两手急搦。一时血出外溃。彼即蟠卧在地乞命。通放之曰：'我不敢杀捉。恐尔手碎去。'于是大伏。"[4] 面对外来者的挑战，最可悲的莫过于国君"大隋国无有健者"的发问，所幸国人中还有藏龙卧虎之人，并最终让挑衅者"大伏"。

从这些事件中可以看出，国君是重视挑战者的，因为"通过攻击局外人，一个集团能够控制可能反击自己成员的暴力"，因此诸夷能够顺服[5]；但是，对此国君常常也"患之"[6]即忧虑，而这也正是国君大力推崇角抵竞赛的重要原因，目的在于以角抵竞赛"以练精锐为右"[7]，强健国民身体，宣扬并培养国民与国家共患难的民族精神，最终实现具有凝聚力的强盛之国。

---

[1] 调露子. 角力记 [M]. 太原：山西科学技术出版社，2012：1.
[2] 房玄龄. 晋书·卷九十二·庚阐传 [M]. 北京：中华书局，1974：2385.
[3] 李昉，等. 太平御览·卷三八六·人事部二七 [M]. 北京：中华书局，1966：1784.
[4] 道宣. 续高僧传·卷第二十七·感通篇中·唐京师法海寺释法通传 [M]. 上海：上海古籍出版社，1991：338.
[5] 拉塞尔·雅各比. 杀戮欲：西方文化中的暴力根源 [M]. 姚建彬，译. 北京：商务印书馆，2013：184.
[6] 调露子. 角力记 [M]. 太原：山西科学技术出版社，2012：7.
[7] 黎翔凤. 新编诸子集成·管子校注（上）[M]. 北京：中华书局，2004：117.

第六章

武举：封闭性权贵共同体的整饬

武举，是古代国家专为选拔武艺人才以取士任官而设置的一种考试竞赛科目，始创于唐武则天长安二年（702年），废于清光绪二十七年（1901年），前后历时约1200年。在我国古代武术竞赛历史中，它不仅扮演了国家与社会之间的制衡角色，而且成为国家与社会之间联系的力量[1]，地位举足轻重。

与"君与"的大型礼射不同而与乡礼射、角抵竞赛相同的是，武举的考核亦是一种"君不与"的竞赛形式，即国君并未亲自参与。但是，按照竞赛的规范程序，国君扮演的是在角逐的最后环节对参赛者进行终极评判、抉择和定夺的核心角色，而且国君还赋予武举竞赛选拔优秀武艺人才、优化军事将帅储备的国家意义。因此，从诞生之日起，武举竞赛便是国君意志下的产物，是一种代表"君在场"和"国家在场"的特殊竞赛制度。在这个"君不与"的权力制度下，凡是"学及三年"，且在"武""文"方面符合标准的学员均可以参加考核，甚至授予翘楚进入国君亲点的殿试后的授官资格。如此一来，武举竞赛便与国君、国家、政治、权力以及权贵阶层等产生了联系。

一方面，从竞赛价值的角度出发质疑武举竞赛"其选用之法不足道"[2]的宋人观点是片面的；另一方面，从社会功能的视角而言认定武举竞赛似乎没有多大意义，因为"证实武将才华的并非兵法和武技，而是战场"[3]的断定也是片面的。那么，武举竞赛设立背后的深层原因是什么？为何竞赛选拔历时1200年却罕有万众瞩目的"将帅之才"？作为科举中考核种类繁多的科目之一，武举何以能在"科目存废之争"的历史博弈中不断赓续？而且以武术冷兵器为主要竞赛项目的武举为何到了火器时代仍旧不予废除？武举竞赛的国家意义究竟是什么？等等。这些问题的萌发构成了研究的新视角，同时明晰、确定了研究的中心命题，即与宋人竞赛价值观所强调的具体方法和其

---

[1] 许倬云. 中国古代文化的特质 [M]. 北京：新星出版社，2006：35-36.
[2] 欧阳修，宋祁，范镇，等. 新唐书·选举志 [M]. 北京：中华书局，1975：1170.
[3] 宫崎市定. 东洋的近世 [M] // 刘俊文. 日本学者研究中国史论著选译：第1卷. 黄约瑟，译. 北京：中华书局，1992：195.

他社会功能论所论证的应用实践等思路恰好相反,研究以洞悉、解读唐朝诗人赵嘏"太宗皇帝真长策,赚得英雄尽白头"[1]中关于"君不与"的武举背后"逻辑"。

第一节 因"君"而生:武举竞赛的创立

大业三年(607年),隋炀帝从国家治理的角度发布了一纸诏书:

> 天下之重,非独治所安;帝王之功,岂一士之力。自古明君哲后,立政经邦,何尝不选贤与能,收采滞幽。……才堪将略,则拔之以御侮;膂力骁壮,则任之以爪牙。爰乃一艺可取,亦宜采录,众善毕举,与时无弃。以此求治,庶几非远。文武有职者,五品以上,宜依令十科举人。有一于此,不必求备,朕当待以不次,随才升擢。其见任九品以上官者,不在举送之限。[2]

隋炀帝以诏书的形式"公然"布告臣民,称"天下之重"并非仅凭一人"独治"就能安定,"帝王之功"亦非仰仗一个人的才能。自古以来的"明君哲后",在国家治理上何尝不是寻求并网罗贤能与志士辅其左右的……对于雄才大略之人,要提拔他来抵抗外来欺侮;对于强壮有力的人,要任用他为得力干将。因此,要求五品以上的文武官员要积极举荐,而且"有一于此,不必求备,朕当待以不次,随才升擢",即一旦发现这种人才,无须报备,当即录用并随其才能给予晋升官职。诏书的颁布表明,作为国君的隋炀帝开始将目光投向"膂力骁壮"之人,而且萌生了委以重用的想法与政治意识,这一举措开启了以武举竞赛"发挥爪牙功效,服务国君政权"的全新时代。

之后,唐承隋制。贞观三年(629年),唐太宗也发布了求贤的诏书:

> 白屋之内,闾阎之人,但有文武材能灼然可取,或言忠行谨堪理时务,或在昏乱而肆情,遇太平而克己,亦录名状,官人同申。[3]

诏书要求,对于"白屋"(即白茅草屋)和"闾阎"(即街巷内外)的普通民众,只要有突出的文武才能,而且言语忠诚可信、处事严谨踏实、作风严于律己,均要积极推荐。或是为彰显公正,抑或是有其政权思谋之处,诏书显露了唐太宗在其政治考量下,将目光投向普通民众的内心活动。

显庆二年(657年),唐高宗也以郑重的口吻发布了"求贤诏":

---

[1] 王定保. 唐摭言·卷一·散序进士[M]. 北京:中华书局,1960:5.
[2] 王钦若. 册府元龟·帝王部·求贤[M]. 南京:凤凰出版社,2006:715.
[3] 王钦若. 册府元龟·帝王部·求贤[M]. 南京:凤凰出版社,2006:715.

> 济时兴国，实伫九功；禦敌安边，亦资七德。朕端拱宣室，思弘景化，将欲分忧俊乂，共逸岩廊。而比贡寂英奇，举非勇杰，岂称居安思危之志，处存思乱之心，如不旌贲远近，则爪牙何寄？宜令京官五品以上及诸州牧守，各举所知。或勇冠三军，翘关拔山之力；智兼百胜，纬地经天之才；蕴奇策于良平，驰功绩于卫霍；踪二起于吴、白、轨双李于牧广；赏纤善而万众悦；罚片恶而一军惧。如有此色，可精加采访，各以奏闻。[1]

诏书立足国家安定的政治高度着重强调了贤能智士对"济时兴国"和"禦敌安边"的重要作用，指出"而比贡寂英奇，举非勇杰，岂称居安思危之志，处存思乱之心，如不旌贲远近，则爪牙何寄？"即贤能智士对国家居安思危和国君股肱之力的重要作用，并且要求五品以上在京官员要积极推荐具有"勇冠三军，翘关拔山之力"和"智兼百胜，纬地经天之才"等方面的人才，这一诏书明确透露了唐高宗求贤若渴以辅其左右的迫切心理。

然而，或是在京官员的举荐无力，抑或是权贵阶层的别有用心，招募武术人才之事迟迟未能如高宗所愿。于是，在乾封二年（667年）八月，高宗召见侍臣，"责以不进贤良"，即责怪他不招收贤良人才。对此，司刑少常伯李安期解释道：

> 臣闻圣帝明王，莫不劳于求贤，逸于任使。且十室之邑，必有忠信，况天下至广，岂无英彦？但比来公卿有所荐引，即遭嚣谤，以为朋党，沉屈者未申，而在位者已损，所以人思苟免，竞为缄默。若陛下虚己招纳，务于搜访，不忌亲雠，唯能是用，谗毁不入，谁不竭诚？此皆事由陛下，非臣等所能致也。[2]

司刑少常伯李安期指出，圣贤的君王都是懂得在网罗人才上下功夫，而在具体事务上则放手任其施展，因为天下之大，英才济济。然而，一旦群臣有所引荐，随即遭到众口"认为是其朋党"的猜忌、谤议甚至指责，为免于此种荫蔽于权贵阶层间的恶性竞争，大家逐渐各有图谋而趋于缄默不言了。但是若"君"确实诚心求贤，唯能是用，不听信任何谗毁之言，那么谁都愿意为"君"尽忠终身！而这种事唯有"君"而非"臣"所能实现。对于李安期的回答，"帝深然之"[3]，即国君深深地感到认同，而陷入了深思……

仪凤元年，深思后的高宗再次下诏曰：

---

[1] 王钦若. 册府元龟·帝王部·求贤 [M]. 南京：凤凰出版社，2006：717.
[2] 王钦若. 册府元龟·帝王部·求贤 [M]. 南京：凤凰出版社，2006：717-718.
[3] 王钦若. 册府元龟·帝王部·求贤 [M]. 南京：凤凰出版社，2006：718.

中　篇　君不与：被塑造的国家

> 山东江左，人物甚众，虽每充宾荐，而未尽英髦。或孝悌通神，遐迩惟敬；或德行光裕，邦邑崇仰；或学统九流，垂帷睹奥；或文高六艺，下笔成章；或备晓八音，洞该七曜；或射能穿札，力可翘关；或丘园秀异，志存栖隐；或将帅子孙，素称勇烈，委巡抚大使咸加采访，仍申褒奖。亦有婆娑乡曲，负材傲俗，为讥议所斥，陷于踬驰之流者，亦宜推择，各以名闻。[1]

诏书仍旧立足于国家治理的视角，要求地方对于"射能穿札，力可翘关"等人才要积极举荐。或是人才的缺乏，或是制度的空白，抑或是权贵们"自我算盘"的"下有对策"，总之，对于国君而言，"爪牙"式的"股肱"人才的吸纳始终未能如愿。鉴于此，高宗不得不以指定的形式于仪凤三年（678年）再次发布了求贤的诏书：

> 京文武职事三品以上官，每年各举所知。或才蕴廊庙，器均瑚琏，体王佐之嘉猷，资公辅之宏量；或奇谋异算，决胜千里；或投石拔距，勇冠三军；或謇谔忠亮，志存规弼；或绳违纠恶，不避权豪；或威惠仁明，堪居牧守之重；或公正廉直，足膺令长之任，咸宜搜访，具录封进。朕当详览，量加奖擢。[2]

可见，兴许是人才吸纳的不尽如人意，因此较之以往诏书，此次下诏在吸取经验的基础上将人才荐举之事任务化和具体化，要求在京三品以上的官员每年均要举荐，甚至还特别强调"朕当详览，量加奖擢"[3]，即对于举荐的人才，国君会亲自予以详细审查，甚至还会着重奖赏那些表现积极、主动的举荐官员，无不透露出内心的强烈意愿。

从这些诏书中我们可知：其一，诏书的反复重申与着重强调，是国君对武事方面人才求贤若渴的迫切心理写照；其二，对于国家治理乃至顶层政权管控而言，国君的意图在于发展一支政权新武装团队，"以打破官僚体制自我满足、常规裹足的积习"[4]；其三，诏书的持续发布亦表明了国家在吸纳武事人才制度上的空白与缺失。由此可见，并非战争所需、武将匮乏，而是国家的治理、政权管控以及国君对心腹团队的渴望促使了武术人才竞赛选拔制度的出台。

终于，在长安二年（702年），"春，正月，乙酉，初设武举"[5]，即武则天在

---

[1] 王钦若. 册府元龟·帝王部·求贤 [M]. 南京：凤凰出版社，2006：718.
[2] 王钦若. 册府元龟·帝王部·求贤 [M]. 南京：凤凰出版社，2006：718.
[3] 王钦若. 册府元龟·帝王部·求贤 [M]. 南京：凤凰出版社，2006：718.
[4] 孔飞力. 叫魂：1768年中国妖术大恐慌 [M]. 陈兼，刘昶，译. 北京：生活·读书·新知三联书店，2012：280.
[5] 司马光. 资治通鉴·卷二百七·唐纪二十三 [M]. 北京：中华书局，1956：6558.

"长安二年，始置武举"[1]后，在全国范围内全面实行"天下诸州，宜教武艺，每年准明经、进士贡举例送"[2]的全新政策。新政治的出台既是武则天行事果敢的政治表现，同时也是她自身代表"君"这一角色所做出的特殊政治考量。

首先，从政治方面来看，这是消解世袭权贵集团权力膨胀的需要。618年唐王朝建立后，以李渊、李世民父子为核心的权贵团体日益庞大，成为唐王朝的统治支柱，这无疑对在位的武则天构成一种潜在的巨大威胁。因此，武举竞赛的创立是消解权贵权力、增强政权掌控力的关键手段。它吸引了那些"勇冠三军"[3]"射能穿札""力可翘关"[4]之人进入统治集团，使之成为武则天之"爪牙"而"皆为她用"，从而扩大了可控政权人才的来源，巩固和加强了封建统治的根基。

其次，从军事方面来看，这是建立将帅、武官选任制度以强化政权的武力需要。贞观末年（649年），唐太宗政权已有"今四海一统，遂无后杰"[5]的将帅乏人之忧，这不仅是国君多次诏令"京官五品"[6]权贵群臣极力举荐武艺人才的直接原因，而且极大地促成了武举竞赛招贤纳士制度的思考、制定与出台。武举竞赛的出台是选贤纳士制度的历史性进步，也是以"国考"为形式推动武术类竞赛发展的重要举措，它对完善国家将帅、武官选任制度和强化国君政权威力起到了不可估量的历史作用。

最后，从社会方面来看，这是国君运筹帷幄以稳定民心的需要。武则天虽位居九五之尊，但"僭越"之嫌和性别上的"名不正、言不顺"是威胁其政权的重要因素。对此，武则天一方面不择手段地剿除敌对势力以压制不可控政权，另一方面"太后不惜爵位，以笼四方豪杰自为助"[7]，将武举竞赛国家化和制度化以培植亲信势力。在这种士人"皆以出仕于君王作为其正规的收入来源与活跃机会而尽力争取出仕"[8]的背景下，武举竞赛制度面向广大民众的公正形象无疑成为国君收获民心最有效、最有力的手段。

总而言之，对于国君而言，"政治"就是"争取分享权力或影响权力分配的努力"[9]，而"直到隋唐时期，统治者们才摸索出一套防止富室贵族垄断权力的官僚制度"[10]。《日知录·夫子言性与天道》曰："股肱惰而万事荒，爪牙亡而四国乱"[11]，

---

[1] 欧阳修，宋祁，范镇，等.新唐书·选举志 [M].北京：中华书局，1975：1170.
[2] 王溥.唐会要·卷五十九·兵部侍郎 [M].北京：中华书局，1955（印）：1030.
[3] 王钦若.册府元龟·帝王部·求贤 [M].南京：凤凰出版社，2006：717.
[4] 王钦若.册府元龟·帝王部·求贤 [M].南京：凤凰出版社，2006：718.
[5] 王钦若.册府元龟·帝王部·求贤 [M].南京：凤凰出版社，2006：717.
[6] 王钦若.册府元龟·帝王部·求贤 [M].南京：凤凰出版社，2006：717.
[7] 欧阳修，宋祁，范镇，等.新唐书·卷七十六·后妃传 [M].北京：中华书局，1975：3479.
[8] 马克思·韦伯.中国的宗教：儒教与道教 [M].康乐，简惠美，译.桂林：广西师范大学出版社，2010：164.
[9] 马克思·韦伯.学术与政治 [M].冯克利，译.北京：生活·读书·新知三联书店，2016：55.
[10] 费正清.中国：传统与变迁 [M].张沛，张源，顾思兼，译.长春：吉林出版集团有限责任公司，2013：91.
[11] 顾炎武.顾炎武全集·日知录 [M].上海：上海古籍出版社，2012：308.

尽管武举竞赛制度的推行与国君自身特殊政治目的直接相关，但此举仍不失为将军将帅、武艺人才的"选拔任用得以制度化、规范化"[1]的伟大历史功绩。

第二节 以士大夫为政权后备力量的人员储备

从国君视角而言，武举竞赛以"笼四方豪杰自为助"为目的，广纳贤士以培植"'官僚'预备军"[2]，形成新旧权贵的多方融合，以让国家政权始终处于国君可控的范围之内。对国君而言，政权不仅要有"持续的行政管理"，同时还需要"控制一批幕僚和物质的行政工具[3]。"因此，武举竞赛的推行是披着"使四民有平等成为官吏机会"的形象外衣，行使着"废除世袭贵族制度弊端"[4]的本质而面向社会，它"扩大了庶民入仕的可能性，也扩大了天子对官员任命的权力"[5]。在这个意义上，国君在竞赛人员的布局和安排上便有了"君在场"式的政策制定权和深谋远虑的政治考量。

一、生徒

第一，"学馆"式生徒。生徒是武举竞赛者的主要来源之一。所谓生徒，是指在国家设立的"中央学馆"（国子监、弘文馆、崇文馆）和地方设立的"州县学馆"出身，经学校考核合格，"可以直接参加朝廷于尚书省举行的省试"[6]的人员。在古代社会中，生徒属于知识分子群体，而在大多数情况下，知识分子往往是由权贵集团的贵族子弟成员组成的，由此至少在封建诸侯国里，权力是掌握在一些强宗大族手里的[7]。而与普通民众不同的是，拥有大量参考书即典籍文献和徒师学习自由即具备受教育的资本的有闲阶级更容易成为知识分子，"有知识者成为官吏，成为官吏可以积财，积了财后可以让子弟游学。于是，他们在文化上成为读书人，在政治上成为官僚，在经济上成为地主和资本家，建立了三位一体的新贵族阶级。普通人称他们为士大夫"[8]。对此，马克思·韦伯也指出："在君主集权的时代，士大夫阶层成为一个有保证资格要求官职俸禄的身份团体，中国所有的公职人员皆取自这个阶层，而他们所适合的官职

---

[1] 任立达，薛希洪. 中国古代官吏考选制度史 [M]. 青岛：青岛出版社，2003：191.
[2] 吕思勉. 中国政治思想史 [M]. 北京：中华书局，2012：143.
[3] 马克思·韦伯. 学术与政治 [M]. 冯克利，译. 北京：生活·读书·新知三联书店，2016：58.
[4] 宫崎市定. 东洋的近世 [M] //刘俊文. 日本学者研究中国史论著选译：第1卷. 黄约瑟，译. 北京：中华书局，1992：196.
[5] 葛兆光. 思想史研究课堂讲录续编 [M]. 北京：生活·读书·新知三联书店，2012：18-19.
[6] 许友根. 武举制度史略 [M]. 苏州：苏州大学出版社，1997：9.
[7] 马克思·韦伯. 中国的宗教：儒教与道教 [M]. 康乐，简惠美，译. 桂林：广西师范大学出版社，2010：169.
[8] 宫崎市定. 东洋的近世 [M] //刘俊文. 日本学者研究中国史论著选译：第1卷. 黄约瑟，译. 北京：中华书局，1992：196.

与品位则取决于通过考试的次数。"[1] 士人常常是一个"互通声气的身份团体"[2]，而对于参与武举竞赛的"士人"而言，他们一般"皆以出仕于君王作为其正规的收入来源与活跃机会而尽力争取出仕"。好比孔子和老子一样，他们"在其作为一个不再与官职有任何挂念的教师与著述者之前，就是个官吏"[3]。由此可见，中央学馆和州县学馆出身的知识分子或士大夫构成了生徒的特殊群体，他们是考核合格并由学校推举的权贵子弟，也是武举竞赛的主要参与者之一，这是官方"学馆"式生徒竞赛者身份的一种典型代表。

第二，"荐举"式生徒。除了"学馆"式生徒，还存在着一种权贵"荐举"式的生徒类型。在大多数情况下，他们是"学馆"贵族子弟成员之一，但他们并非必须经过学校的考试这一例行程序，他们通常具备良好的出身，有手握政权甚至权倾朝野的父辈予以荐举。通常情况下，这些官员荐举的大多数是家族子弟成员。例如，在参加唐代武举竞赛的14位及第者中，除3位家庭出身无法考证外，竟然有9位（包思恭、夏侯昪、瞿昙譔、王潴、李偘偘、董虔运、张晕、马元瑒、郭子仪）出自权贵家族，而在有记载的9人当中，也有5位及第者（李偘偘、董虔云、张晕、马元瑒、郭子仪）[4]的父辈、祖辈或曾祖辈均为武官身份。这种现象类似于1871年英国实行考试任选制度前的"武官买官制"行为[5]，形成了"武举及第者大多数来源于官宦之家"[6]的普遍现象。但是，对于权贵的荐举权力，国君并非毫无限制；对于权贵的荐举行为，国君亦非放任不管。相反，根据荐举制度原则，国君明确提出了"举非明士，岂漏贬责之科"[7]的博弈、追责制度，即举荐者也要对被举荐人的行为表现承担责任。由此可见，"荐举"式生徒是国君赋予权贵可控自由之权的信任与厚爱的重要体现。

二、乡贡

乡贡，是武举竞赛者的第二大主要来源。所谓乡贡，是指那些"不在学校学习而学业有成者"，向州县"投牒自举"，而后经由"地方州府官吏考核合格的人"[8]。换

---

[1] 马克思·韦伯. 中国的宗教：儒教与道教 [M]. 康乐，简惠美，译. 桂林：广西师范大学出版社，2010：169.

[2] 马克思·韦伯. 中国的宗教：儒教与道教 [M]. 康乐，简惠美，译. 桂林：广西师范大学出版社，2010：170.

[3] 马克思·韦伯. 中国的宗教：儒教与道教 [M]. 康乐，简惠美，译. 桂林：广西师范大学出版社，2010：164.

[4] 刘琴丽. 唐代武官选任制度初探 [M]. 北京：社会科学文献出版社，2006：110-122.

[5] 宫崎市定. 东洋的近世 [M] //刘俊文. 日本学者研究中国史论著选译：第1卷. 黄约瑟，译. 北京：中华书局，1992：195.

[6] 刘琴丽. 唐代武官选任制度初探 [M]. 北京：社会科学文献出版社，2006：121.

[7] 徐松. 登科记考补正·卷四 [M]. 北京：北京燕山出版社，2003.

[8] 许友根. 武举制度史略 [M]. 苏州：苏州大学出版社，1997：9.

中 篇 君不与：被塑造的国家

言之，乡贡是地方的普通民众，他们并非在官方"学馆"接受教育的知识分子群体，也不是权贵家族后裔的贵族子弟，他们自学成才，在学业和武术技能上具有一定的成就。对于这类大众群体，国君向他们敞开进入统治阶层的大门，允许他们"投牒自举"即毛遂自荐，先由地方官吏对他们进行考核和筛选，再每年一次将合格者与贡物一并送到京城长安，参加尚书省的省试即全国武举竞赛考试，故名"乡贡"。

对于"乡贡"，《新唐书·选举志》是这样记载的：

> 每岁仲冬，州、县、馆、监举其成者送之尚书省；而举选不繇馆、学者，谓之乡贡，皆怀牒自列于州、县。试已，长吏以乡饮酒礼，会属僚，设宾主，陈俎豆，备管弦，牲用少牢，歌《鹿鸣》之诗，因与者艾叙长少焉。既至省，皆疏名列到，结款通保及所居，始由户部集阅，而关于考功员外郎试之。[1]

从《新唐书·选举志》中的记载可知，每年的仲冬即农历十一月，地方的州、县、馆、监等部门将各自筛选出来的优秀地方选手送到尚书省参加全国性的竞赛，这类参赛群体就被称为"乡贡"。"乡贡"们自己到各自的州、县进行举牌自荐，接受员外郎等官吏的审查与考核。对于"乡贡"的选拔，国君赋予了地方官吏以"实质性权威"[2]进行初步的筛选。通常情况下，负责武举地方选拔的官员包括员外郎[3]、三府兵曹参军事（京兆、河南、太原）、都督府兵曹参军事以及各州的司兵参军事等官方代表官吏[4]。这些代表国家在场的官吏依照国家法规予以办事，具体内容如下：

> 每岁贡武举人，有智勇谋略、强力悍材者，举而送之。试长垛、马枪、翘关、擎重，以为等第之上下，为之升黜。从文举，行乡饮酒之礼，然后申送。[5]

员外郎、兵曹参军事等地方官员，每年要向朝廷举荐武举选拔的优秀者，要求务必达到智勇双全、深谋远虑和武艺高强的基本条件，而选拔的内容包括长垛、马枪、翘关和擎重等项目，以等第为评判标准择优录取，并且举行和文举形式类似的乡饮酒的礼仪，而后向国家报送。可见，国家对地方武举人才的选拔与举荐极为重视，对于地方官员来说，每年举行地方武举选拔人才是地方官吏重要的政治任务之一。

从竞赛结果来看，国君对于武举竞赛获胜者的录取常常是基于国家政治、权力等

---

[1] 欧阳修, 宋祁, 范镇, 等. 新唐书·选举志 [M]. 北京：中华书局, 1975：1161.
[2] Philippe Aghion, Jean Tirole. Formal and Real Authority in Organizations [J]. Journal of Political Economy, 1997, 105（1）：1-29.
[3] 欧阳修, 宋祁, 范镇, 等. 新唐书·选举志 [M]. 北京：中华书局, 1975：1161.
[4] 刘琴丽. 唐代武官选任制度初探 [M]. 北京：社会科学文献出版社, 2006：108.
[5] 李林甫. 唐六典 [M]. 北京：中华书局, 1992：749.

治理视角，例如《明史》载：

> 初制，礼闱取士，不分南北，自洪武丁丑，考官刘三吾、白信蹈所取宋琮等五十二人，皆南士。三月，廷试，擢陈䢿为第一，帝怒所取之偏，命侍读张信等十二人覆阅，䢿亦与焉。帝犹怒不已，悉诛信蹈及信、䢿等，戍三吾于边，亲自阅卷，取任伯安等六十一人，六月复廷试，以韩克忠为第一，皆北士也。然讫永乐间，未尝分地而取。洪熙元年，仁宗命杨士奇等定取士之额，南人十六，北人十四。[1]

从以上记载可知，在录取名额上，尽管南方优秀的参赛者比比皆是，但具备扎实根基的北方政权却常常相互勾结，左右结果，试图创建与参赛者的一种"终其一生的试主门生关系（Pennalismus）"[2]。因此，为防止权贵政权蔓延、滋生国家政权危机，国君不得不以"南北分榜"的权力方式予以介入。可见，从人员的布局上，为防止地方或区域性的帮派、党派相互勾结与串通一气，国君有意识地以理性的通盘考虑，从政权层面布局、管控、抑制权贵组织的权属既得利益，充分反映了国君对武举竞赛人员身份的政治敏感性。

总而言之，面向普通民众的武举竞赛"的确能圆满地达到皇帝（国君）所想要的功能"[3]，毕竟从国家治理的宏观视角而言，国君与武举竞赛的应试者存在着一种诸如俄国专制君主用来操纵其贵族"品味秩序（Mjestnitshestwo）"的特殊利害关系[4]，而从国君自身政治立场而言，武举制度则扮演了连接新旧权贵的重要角色。可以说，针对普通民众的武举竞赛制度致使新权贵的候补者与旧权贵的掌权者之间形成相互竞争的代表权力、地位的官职与俸禄，从而使得新旧权贵们无法串通一气地威胁国君政权。因为获取官职的武举标榜的是对所谓有能力的人敞开的，只要举人能够证明他们自己有足够强大的本领，此时的武举制度就达到了国君的统治目的。

三、制举武科

为了更为便捷地吸收武艺方面的人才成为国君的"爪牙"，便于国君权贵的亲信培

---

[1] 张廷玉. 明史·卷七十·选举志二 [M]. 北京：中华书局，1974：1697.
[2] 马克思·韦伯. 中国的宗教：儒教与道教 [M]. 康乐，简惠美，译. 桂林：广西师范大学出版社，2010：184.
[3] 马克思·韦伯. 中国的宗教：儒教与道教 [M]. 康乐，简惠美，译. 桂林：广西师范大学出版社，2010：172.
[4] 在彼得大帝之前，俄国有封建旧贵所依循的旧的品味秩序。彼得大帝则制定新的官阶表，使全国公民皆可依官僚体制的晋升之道即视其事功而定获得种种特权，成为新贵族。韦伯认为，由于新品味秩序制度的制定，导致旧领主贵族地位的崩溃，及由此而来的旧贵族与官僚贵族的融合，这是官僚制发展中极具特色的转承现象. 详见 [德] 马克思·韦伯. 中国的宗教：儒教与道教 [M]. 康乐，简惠美，译. 桂林：广西师范大学出版社，2010：173.

植,在武举中出现了一种特殊的选拔制度——"制举"。《新唐书·选举志》中记载:"所谓制举者,其来远矣。自汉以来,天子常称制诏道其所欲问而亲策之。"[1]《清史稿·选举》亦言:"制科(即制举)者,天子亲诏以待异等之才。"[2] 可见,制举的最鲜明特点就是"君"的亲策。制举科与常规武举科相比,最大的区别在于制举科常常是根据国君或所谓国家政治上的需要而不定期举行的。因此,从性质上而言,与其说制举武科是因国家政治需要产生,不如说它是"因'君'而生"。因而,对于制举武科与国君之间的关系,《新唐书·卷四十四·选举志》中有一段记载:

> 所谓制举者,其来远矣。自汉以来,天子常称制诏道其所欲问而亲策之。唐兴,世崇儒学,虽其时君贤愚好恶不同,而乐善求贤之意未始少怠,故自京师外至州县,有司常选之士,以时而举。而天子又自诏四方德行、才能、文学之士,或高蹈幽隐与其不能自达者,下至军谋将略、翘关拔山、绝艺奇伎莫不兼取。其为名目,随其人主临时所欲,而列为定科者,如贤良方正、直言极谏、博通坟典达于教化、军谋宏远堪任将率、详明政术可以理人之类,其名最著。[3]

这段记载告诉我们,制举是国君采用非常规手段选任人才的一种政策。这种形式始自汉代,直至唐代才成为一种国家制度。唐朝崇尚儒学,尽管国君的贤明与喜好各有不同,但是求贤的意愿未曾怠慢,因此从京师到全国各州县,常常有许多被推举到朝廷的人才。然而,尽管如此,国君仍根据自己的需要自行招募具备德行、才能的饱学之士,从隐遁的贤能到将帅,武艺绝学者都被网罗,随时接受国君的召唤。可见,制举武科是国君为布局政权结构的一条自主通道,它摆脱了权贵阶层无形的权力左右、牵绊、束缚,让国君不受任何局限随心所欲地将"才堪将略,则拔之以御侮",将"力有骁壮,则任之以爪牙"[4]。这种唯才是用的特殊恩宠方式,不仅是国君管控国家政权、抑制敌对势力滋生和培植亲信势力的有效手段,而且对权贵阶层造成一种心理威慑,无形中对国君的政权起到了稳固作用。

一方面,从人员结构上来看,参加制举武科的竞赛者身份并未统一,来自社会的各个阶层。这是因为制举武科并非存在既定人员来源制度,而是根据国君的意愿和需求随时举行。因此,除了国家严令禁止的参赛人群(曾经触犯过国家法令法规者,有工、商背景和州县衙门经历的小吏等)[5],其他来自五湖四海的社会各个阶层都被允

---

[1] 欧阳修,宋祁,范镇,等.新唐书·选举志 [M].北京:中华书局,1975:1169.
[2] 赵尔巽,柯劭忞.清史稿·卷一百八·选举三 [M].北京:中华书局,1977:3175.
[3] 欧阳修,宋祁,范镇,等.新唐书·选举志 [M].北京:中华书局,1975:1169.
[4] 王钦若.册府元龟·帝王部·求贤 [M].南京:凤凰出版社,2006:715.
[5] 许友根.武举制度史略 [M].苏州:苏州大学出版社,1997:10.

许参赛。大体而言，有以下几类：第一种是庶人，即普通民众；第二种是卫官，属于国家护卫部队的低级将领；第三种是现役军官，即拥有低级职务或初级以上军事专业技术职务的现役军人；第四种是使府僚佐，即官署中予以协助办事的官吏；第五种是现任文职官员；第六种是科举落第者；第七种是吏或试官，即主持考试或未正式任命的官吏[1]。从以上这些应试人员类别我们可知，制举武科的人员结构具有较大的开放性和复杂性，这从一定程度上反映出国君在制举武科人才选任制度中所要标榜和塑造的公平与公正形象，即无论是庶民阶层还是官僚阶层，都具有公平的竞赛参与权。总之，对于普通民众而言，这是一条通过展示自我武艺才能成为国家权贵阶层的"星光大道"；对于普通官僚阶层而言，这是一个获得国君首肯以晋升官职的途径之一；而对于国家政权来说，开放性的网罗人才方式不失为一种避免权力近亲繁殖的有效手段之一。

另一方面，从国家政权的宏观视角来看，制举武科在人员选取上有几个显著特点：其一，制举武科突出强调了"文武合一"[2]的科目竞赛方式，而非仅仅是武艺技能方面的竞赛，这反映了国君对于人才任用性的规划与布局具有一定的深谋远虑。其二，制举武科常常伴随着新继位国君而展开。如武则天光宅元年（684年）临朝称制；唐睿宗景云元年（710年）诏"才生于代，必以经邦；官得其人，故能理物……咸令所司博采明试，朕亲择焉"[3]；唐玄宗先天元年（712年）诏"将帅之任，军国斯重；禦侮干城，良才是急……务求实用，以副予怀"[4]；唐肃宗至德元年（756年）诏"有直言极谏、才能牧宰……委所在长官闻奏焉。诣阙自陈者，亦听"[5]；唐代宗宝应元年（762年）诏"其内外文武官中有堪任刺史、县令，及出身前资人中堪任判司丞蔚者，宜令京常参官各慎择所知"[6]，等等。凡此种种，都表明政权管理和新权贵的培植对于国君国家治理而言具有不可低估的重要作用。其三，制举武科常常伴随着国家发生重大战乱，意在选拔军事方面的人才，如《资治通鉴》记载，唐高宗从仪凤元年（676年）到调露元年（679年）与吐蕃发生战事[7]；仪凤二年（677年）十二月"冬，十二月，乙卯，诏大发兵讨吐蕃"[8]；仪凤三年（678年）九月"今吐蕃为寇，方发兵西讨，新罗虽云不顺，未尝犯边，若又东征，臣恐公私不勘其弊"[9]；继而在

---

[1] 刘琴丽. 唐代武官选任制度初探 [M]. 北京：社会科学文献出版社，2006：148.
[2] 高明士. 唐代的武举和武庙 [C] //唐代研究学者联谊会. 第一届国际唐代学术会议论文集，1989：1040-1046.
[3] 王钦若. 册府元龟·帝王部·求贤 [M]. 南京：凤凰出版社，2006：721.
[4] 王钦若. 册府元龟·帝王部·求贤 [M]. 南京：凤凰出版社，2006：721.
[5] 王钦若. 册府元龟·帝王部·求贤 [M]. 南京：凤凰出版社，2006：723.
[6] 王钦若. 册府元龟·帝王部·求贤 [M]. 南京：凤凰出版社，2006：724.
[7] 司马光. 资治通鉴·卷二百二·唐纪十八 [M]. 北京：中华书局，1956：6379.
[8] 司马光. 资治通鉴·卷二百二·唐纪十八 [M]. 北京：中华书局，1956：6384.
[9] 司马光. 资治通鉴·卷二百二·唐纪十八 [M]. 北京：中华书局，1956：6385.

调露元年（679年）十一月"总三十余万以讨突厥，并受行俭节度。务挺，名振之子也"[1]，等等。显然，国家因战事不断急需军事人才而连续多年开设武科，这不仅是制举武科发挥举荐"奇谋异算，决胜千里；或投石拔距，勇冠三军"[2]之人的功能，同时也是国君为彰显国家治理才能而采取的重要政治手段。

四、"荫补"人员

第一，"官生"式"荫补"。武举竞赛中，有一类享受"荫补"制度的特殊考生，我们将其称为"荫补"人员。"荫补"人员是属于高官子弟或称之为贵族子弟的一类人群，他们在武举中各省份所允许容纳的考生数，即考生最大配额里，屡屡享有特别优待的地位。这些"荫补"人员的产生是手握政权的权贵阶层关于其官职续任权的斗争的产物，他们不仅享有进入国子监的优先权，并确保其俸禄的享有，还获得国君认可，每位武官可荫一子（1482年），甚至是可荫三子（1465年）[3]。这是国君出于稳固国家权贵政权而做采取的一种特殊政策，因为尽管竞赛常常标榜公平，但在多数情况下，国君还是会慎重考虑权贵阶层的既得利益。由此，在武举的升等名单中，出现所谓"官宦出身""庶民出身"[4]的官方用语，便不难理解其中的缘由。这些享受国家或国君特殊"恩荫"的官员子弟，因其父辈权贵的卓著功勋，常常拥有至少是最低一级的官品的特殊待遇，这不仅凸显其家族的显赫与其对国家的贡献，同时也是国君在政权管理上所把持的一项特权，即"只要其发展不与国家的权力及财政的利益相抵触，只要传统的势力仍然是正常秩序的维护者"[5]，均应予以关照。

既然武举是作为国君整饬封闭性权贵团体，建立以士大夫为核心后备力量的政权管控手段与治国战略，在权贵阶层官职续任权斗争的压力下，国君于明洪武二十年（1387年）举办了一场武官子弟武举竞赛的特考，尽管许多文官和武官都试图进一步要求有其指定继承人的特定权力，但是国君还是对"荫补"人员设置了最低门槛的标准和规范[6]。《明史》载：

> 明初因前代任子之制，文官一品至七品，皆得荫一子以世其禄。后乃渐

---

[1] 司马光.资治通鉴·卷二百二·唐纪十八［M］.北京：中华书局，1956：6393.
[2] 王钦若.册府元龟·帝王部·求贤［M］.南京：凤凰出版社，2006：718.
[3] 马克思·韦伯.中国的宗教：儒教与道教［M］.康乐，简惠美，译.桂林：广西师范大学出版社，2010：172.
[4] 马克思·韦伯.中国的宗教：儒教与道教［M］.康乐，简惠美，译.桂林：广西师范大学出版社，2010：170.
[5] 马克思·韦伯.中国的宗教：儒教与道教［M］.康乐，简惠美，译.桂林：广西师范大学出版社，2010：191.
[6] 马克思·韦伯.中国的宗教：儒教与道教［M］.康乐，简惠美，译.桂林：广西师范大学出版社，2010：171-172.

为限制，在京三品以上方得请荫。[1]

可见，国君对于官员的请荫是逐步予以限制的，从明初的一品至七品可以得荫一子以获得国家的俸禄，之后便逐渐给予限制，只允许在京三品以上的官员请荫。而到了清顺治二年（1645年）又有如下规定：

> 恩荫始顺治十八年，恩诏满、汉文官在京四品、在外三品以上，武官在京、在外二品以上，各送一子入监。护军统领、副都统、阿思哈尼哈番、侍郎、学士以上之子为荫生，余为监生。[2]

规定要求翰詹、科道等文官需四品以上，外官需三品以上，武官则需二品以上，才可有荫一子进入国子监的优先权，并配以专门独立编号的"官卷"且不占名额单独录取，甚至对于文、武荫和监生而言，"其幼习武艺，人材壮健，愿改武职者，呈明吏部，移兵部改荫"[3]，还被允许更换武职，这类荫补人员即国君自设门槛招收的对象——"官生"。由此可知，从人员上来看，在国家举行的武举竞赛中，有一类武职在二品以上的权贵之子、孙、曾孙及胞兄弟侄等享受国君特殊恩荫的"官生"，他们在恩惠权贵共同体的情感和心理方面发挥了极其重要的作用。

第二，"恩生"式"荫补"。为了避免"封建藩臣（Lehensleute）与家士（Ministerialen）独占了官职俸禄的权力"[4]，发展成一个不利于国君手中政权的权力团体，国君利用手中的"特权"，以格外"恩荫"的方式创建了一支特殊的"荫补"人员队伍——"恩生"。《明史·选举志》载：

> 出自（国君）特恩者，不限官品，谓之恩生。[5]

可见，"恩生"是一种国君以赋予全新特权使其成为"新权贵"的独特方式来与"旧权贵"进行融合的高明政治策略。"恩生"制度的推行不仅极大地削弱并抵制了权贵"荫补"共同体在国家政权中的不断滋生、扩大和蔓延，而且大大增强了国君在国家顶层政权中政治力量的有效部署，这对国家的政权治理起到不可替代的重要作用。

"恩生"的另一政治功能是发挥其对国家有功的权贵忠臣之子的一种"特荫"作用，这既是国家对权贵忠臣"效忠"的一种政治肯定，同时也是彰显国君对权贵的特

---

[1] 张廷玉. 明史·卷六十九·选举志一 [M]. 北京：中华书局，1974：1682.
[2] 赵尔巽，柯劭忞. 清史稿·卷一百十·选举志五 [M]. 北京：中华书局，1977：3198.
[3] 赵尔巽，柯劭忞. 清史稿·卷一百十·选举志五 [M]. 北京：中华书局，1977：3199.
[4] 马克思·韦伯. 中国的宗教：儒教与道教 [M]. 康乐，简惠美，译. 桂林：广西师范大学出版社，2010：170.
[5] 张廷玉. 明史·选举志一 [M]. 北京：中华书局，1974：1682.

殊"恩宠"。《明史》载：

> "恩生之始，建文元年录吴云子黼为国子生，以云死节云南也。正德十六年定例，凡文武官死于忠谏者，一子入监。其后守土官死节亦皆得荫子矣。又弘治十八年定例，东宫侍从官，讲读年久辅导有功者，殁后，子孙乞恩，礼部奏请上裁。正德元年复定，其祖父年劳已及三年者，一子即授试中书舍人习字；未及三年者，一子送监读书。八年复定，东宫侍班官三年者，一子入监。又万历十二年定例，三品日讲官，虽未考满，一子入监。[1]

《明史》中的记载明确了几点信息：第一，开始"恩生"是在建文元年（1399年），这一年国家录取了在云南为国捐躯的功臣吴云之子吴黼进入国子监成为国子生；第二，"恩生"是对国家有功的忠臣的一种"厚爱"，正德十六年（1521年）确定的"恩生"制度，不论文官还是武官，凡是因忠诚直谏而牺牲的，他们的一个儿子就可以成为"恩生"而进入国子监，而其后那些因守卫国家疆土而牺牲的官吏，均可以享受到国家对其子的"封荫"；第三，国君将"恩生"的范围在权贵中逐步扩大，在弘治十八年（1505年）规定，给太子讲读时间长且辅导有功的侍从官去世后，其子孙可以请求国君的"恩荫"，但须由礼部上奏后由国君定夺；第四，对于任职满三年的新权贵，国君一律加以考虑，在正德元年（1506年）规定，对于其祖辈、父辈在朝廷任职服务年数满三年且有功绩的，允许其一子在中书舍人习字，而未满三年的，其子可送读国子监；第五，国君还将朝中部分办事官吏和师者考虑在内，在正德八年（1513年）规定，侍班官吏服务期满三年的，允许其一子入读国子监，万历十二年（1584年）又再次规定，对于任期未满的三品日讲官，允许其一子进入国子监。总而言之，"士子一旦入仕，就会视皇帝为道德的楷模、学术和艺术的恩主"[2]。可见国君对于"恩生"的部署和安排是有政治意义的。"恩生"的有效运作不仅对权贵忠臣、新任官员、办事官吏和为师者的心理产生极大的肯定，传达了国君对他们的爱戴，甚至对于被"恩荫"的这些权贵之子来说，都彰显了极大的政治效应和治理手段。

第三节 才兼文武与堪任将帅的竞赛内容与规则

一、创立时期

"在武人的训练与士人的训练分开之后，皇帝在为士人举办的国家考试之外，也保

---

[1] 张廷玉. 明史·选举志一 [M]. 北京：中华书局，1974：1682.
[2] 费正清. 中国：传统与变迁 [M]. 张沛，张源，顾思兼，译. 长春：吉林出版集团有限责任公司，2013：200.

留了武人实际技艺与笔墨的竞赛,并发给武事方面的资格证明书"[1]。因此,在唐朝初创时期,便设置了取得这种资格证的相应竞赛规则。竞赛规则的制定紧密围绕国君"择人四法"原则和基础而展开,《新唐书·卷四十五·选举志下》载:"凡择人之法有四:一曰身,体貌丰伟;二曰言,言辞辩正;三曰书,楷法遒美;四曰判,文理优长",同时明确指出"四事皆可取,则先德行;德均以才,才均以劳。德者为留,不得者为放"[2]。基于此,武举竞赛在项目的设置上,以选拔具有"勇冠三军"[3]"武艺绝伦"[4]"才兼文武"[5]且能"堪任将帅"[6]的品德的武术人才为出发点,要求"凡参加武举竞赛的'应举之人'需具备三个条件:一是要有谋略,即'闲兵法'(娴熟兵法);二是要有才艺,即有勇技;三是要善平射,即善射"[7]。因此,竞赛项目主要以军事中"长垛、马射、步射、平射、筒射、马枪、翘关、负重、身材"[8]等内容为主,而与之相对应的竞赛规则,则以"可量化、易评判"为执行准则。

第一,"平射"。"平射"是唐代武举的第一种竞赛内容,是指射箭时保持箭身的平和直,主要是考核参赛者的弓箭稳固技能。其中,还分为"常举科"和"制举科"两种。据《大唐六典·兵部郎中员外郎》所载,"常举科"平射的竞赛规则为"试射长垛,三十发不出第三院,为第",即以远距离的箭靶为目标,计算其发射三十支箭的精确度,以三十支箭都在"三院"(院即规,三院即第三规)之内为获胜;"制举科"平射的竞赛规则为"谓善能令矢发平直。十发五中,五居其次为上第;三中,七居其次为下第"[9],即以远距离的箭靶为目标,计算其发射十支箭的精确度,其中以五支箭命中圆心,另五支箭命中次心为第一名;以三支箭命中圆心,另七支箭命中次心为第二名。可见,尽管"平射"仅能对参赛者的射箭基础水平作出基本的评判,但作为冷兵器时代代表武技水平的重要内容之一,"平射"成为考核竞赛的首选内容。

第二,"武举"。"武举"是唐代武举创立后设置的第二种竞赛内容,主要是考核参赛者的综合武艺技能,由7个项目组成。

第一项为射长垛,即远距离射箭靶比赛,主要考查参赛者射箭的准确性。规则要求"画帛(布帛)为五规(五环)",即置放在垛靶上的画帛(布帛)须由五规(五环)构成,"内规广六尺,橛广六尺。余四规,每规内两边各广三尺。悬高(高度)

---

[1] 马克思·韦伯. 中国的宗教:儒教与道教 [M]. 康乐,简惠美,译. 桂林:广西师范大学出版社,2010:168.
[2] 欧阳修,宋祁,范镇,等. 新唐书·卷四十四·选举志 [M]. 北京:中华书局,1975:1171.
[3] 王钦若. 册府元龟·帝王部·求贤 [M]. 南京:凤凰出版社,2006:717.
[4] 王钦若. 册府元龟·帝王部·求贤 [M]. 南京:凤凰出版社,2006:727.
[5] 王钦若. 册府元龟·帝王部·求贤 [M]. 南京:凤凰出版社,2006:726.
[6] 王钦若. 册府元龟·帝王部·求贤 [M]. 南京:凤凰出版社,2006:726.
[7] 李林甫. 唐六典·卷五·兵部郎中员外郎 [M]. 北京:中华书局,1992:160.
[8] 司马光. 资治通鉴·卷二百七·唐纪二十三 [M]. 北京:中华书局,1956:6558.
[9] 李林甫. 唐六典·卷五·兵部郎中员外郎 [M]. 北京:中华书局,1992:160.

以三十尺为限",垛靶距离105步,选手坐成一列横队而射,同时要求采用磅数为一石力的弓和重量为六钱的矢[1]。起初,在成绩评定上分为"上""次上""次"三个等级,规定"入中院为上,入次院为次上,入外院为次"[2]。玄宗天宝元年(742年),国家对长垛这一竞赛项目的规则进行了一定的修改与完善,而后将成绩评定分为"两单上""一单上次上""单上""次上""次"五个等级,规定"自今以后,应试选举人,长垛宜以十只箭为限,并入第一院,与两单上;八只入第一院,两只入第二院,与一单上次上;十只不出第三院,与单上;十只不出第四院,与次上。余依例程"[3]。

第二项为骑射,即骑在马背上射箭,主要考查参赛者骑在马背上的射箭水平。规则要求"穿土为埒,其长与垛均。缀皮为两鹿,历置其上,驰马射之"[4],即把骑射场所的四周垒土作为围墙,距离与长垛比赛相同的105步,同时以皮革缝制而成的箭靶为目标,在马背上疾驰而射。同时规定"鹿子长五寸,高三寸。弓用七斗以上力",即靶长度为五寸,高度为三寸,采用磅数为七斗以上力的弓。成绩评定分为"上""次上""次"三等,规定"发而并中为上,或中或不中为次上,总不中为次"[5],即只要发射就射中的为"上"等,有时射中有时不中的为"次上"等,总是不命中的为"次"等。

第三项为马枪,即骑在马背上舞枪,主要考查参赛者骑在马背上用枪准确刺击物体的能力。要求"断木为人,戴方版于顶上,凡四偶人,互列埒上。驰马入埒,运枪左右触,必版落而人不踣"[6],即将木头制作成人的模样,在顶处戴上"方版"置放在围墙上,参赛者骑马进入时,运枪左右击刺,使木人顶上的"方版"掉落而人不跌倒。同时规定"枪长一丈八尺,径一寸五分,重八斤。其木人上版,方二寸五分。"即枪长度一丈八尺,直径一寸五分,重量为八斤,"方版"宽为二寸五分。成绩评定分为"上""次上""次"三等,规定"触落三板、四板为上,二板为次上,一板及不中为次"[7],即击落三板或四板为"上"等,击落二板为"次上"等,击落一板或者没有击落为"次"等。

第四项为步射,或称射草人,即在地面上进行射箭,此项不但考查参赛者射箭的准确度,还要评价其射箭方法的规范程度。规则要求在平地上以草人为靶进行射箭比赛,成绩评定分为"次上"和"次"两等,规定"中者为次上,虽中而不法、虽法而不中者为次"[8],即射中且符合动作规范与要求的为"次上"等,虽然射中但不符合

[1] 杜佑. 通典·卷十五·选举制三 [M]. 北京:中华书局,1985:354.
[2] 李林甫. 唐六典·卷五·兵部郎中员外郎 [M]. 北京:中华书局,1992:160.
[3] 王溥. 唐会要·卷五十九·兵部侍郎 [M]. 北京:中华书局,1955(印):1030.
[4] 杜佑. 通典·卷十五·选举制三 [M]. 北京:中华书局,1985:355.
[5] 李林甫. 唐六典 [M]. 北京:中华书局,1992:160.
[6] 杜佑. 通典·卷十五·选举制三 [M]. 北京:中华书局,1985:355.
[7] 李林甫. 唐六典·卷五·兵部郎中员外郎 [M]. 北京:中华书局,1992:160.
[8] 李林甫. 唐六典·卷五·兵部郎中员外郎 [M]. 北京:中华书局,1992:160.

动作规范，或者符合动作规范但没射中的为"次"等。

第五项为材貌，即丈量参赛者的身材，主要是对参赛者的身高、外形提出要求。成绩评定分为"次上"和"次"两等，规定"以身长六尺以上者为次上，以下为次"[1]，即身高达到六尺以上的为"次上"等，六尺以下的为"次"等。

第六项为言语，即回答策问，主要是考查参赛者的思维、言行、面容等是否符合"将帅之才"。成绩评定分为"次上"和"次"两等，规定"有神采、堪统领者为次上，无者为次"[2]，即在回答策问时神采奕奕，体现出足以担任统领将帅的人为"次上"等，没有达到这种要求的人则为"次"等。

第七项为举重，或称翘关，主要是考查参赛者全身的综合力量。成绩评定有两种记载，一种是"率以五次上为第。皆试其高第者以奏闻"[3]，即能举起五次的人为获胜者；另一种是"翘关，长丈七尺，径三寸半，凡十举后，手持关距，出处无过一尺"[4]，即要求长七尺、直径三寸半的重物要举起十次，且手没有脱落才算获胜。

以上项目竞赛结束后，凭"其科第之优劣"予以"取士"，平射、筒射获得"上第"者，规定"前资、见任见选，听减一次上，兴官；动·散·卫官、五品以上官子孙，帖仗二年二选"；获得"次第"者，规定"其应选则据资优兴处分，应帖仗则三年而选"；庶人中获得"上第"亦帖仗，规定"其年比次第；庶人次第，又加二年"；而对于武贡之考者，"勋官五品以上并三卫执仗、乘，若品子年考已满者，并放选；勋官六品已上并应宿卫人及品子五考已上者，并授散官，谓'军士战官'；余并帖仗然后授散官"[5]。可见，武举竞赛在创立初期的唐代，已经形成从射箭、枪术、神情、身材、力量等多方面来考查和评价参赛选手综合武艺能力的竞赛格局，并产生了与之相对应的竞赛录取规则和官职任选制度。尽管在考查的项目上有待进一步完善，但仍不失为以武举人的重大历史进步。

二、发展时期

自唐代武举竞赛制度创立后，其运作和实施过程并非一帆风顺。一方面，武举竞赛高举"唯才是举"的原则，在全国范围内网罗天下的武术军事人才；另一方面，武举竞赛又怀揣国君权贵治理的政治目的，在政治集权下建立网罗精英的权力体制。在这一背景下，对于国家来说，武举竞赛在将帅人才的选任上似乎并未达到人们所预想的结果；而对于权贵来说，武举竞赛的推行与其自身利益相冲突。因此，唐宋时期一直存在武举竞赛的存废之争。然而，从本质上而言，武举竞赛在人才选拔上仍具有一

---

[1] 李林甫. 唐六典·卷五·兵部郎中员外郎 [M]. 北京：中华书局，1992：160.
[2] 李林甫. 唐六典·卷五·兵部郎中员外郎 [M]. 北京：中华书局，1992：160.
[3] 李林甫. 唐六典·卷五·兵部郎中员外郎 [M]. 北京：中华书局，1992：160.
[4] 欧阳修，宋祁，范镇，等. 新唐书·卷四十四·选举志 [M]. 北京：中华书局，1975：1170.
[5] 李林甫. 唐六典·卷五·兵部郎中员外郎 [M]. 北京：中华书局，1992：160.

定的现实意义，因此宋代国君仍旧十分重视武举竞赛，甚至在竞赛项目的设置、竞赛内容、竞赛程序及创办武学等方面都有了较大的改革与完善，奠定了武举竞赛制度的基本模式。

较之武举竞赛创立时期的唐代，宋代的武举在竞赛程序上有了较大的发展与改进，推出了"四级制"的分级竞赛办法。据《宋会要辑稿·武举》记载，第一级为比试（资格赛），由地方官员和安抚司负责举办和考核，旨在对参赛人员进行初步的筛选，人数最初规定"生员及奏举白身人应举其不得过二百人"[1]，后更改为"今次武举比试，量增一十人，通取一百一十人为额"[2]；第二级为解试（区域赛），由兵部负责统筹安排，旨在对参赛的地方选手进行筛选，人数规定"依条以七十人赴省试"[3]；第三级为省试（全国赛），由兵部主持，故亦称"兵部试"，省试是竞争较为激烈的决赛，录取人数规定"应就试举人，所取不得过五分"[4]，亦明确"所取无过三十人"，即不超过三十人；第四级为殿试（冠军赛），是由国君亲自主持的最高级竞赛，国君在殿试中对参赛者作出竞赛的最终排名，但秉承嘉祐二年（1057 年）宋仁宗"进士殿试，皆不黜落"的指令，不对参赛选手进行黜落和淘汰。

同样，宋代的武举在竞赛规则上也有了显著的完善。治平元年（1064 年），国家采纳翰林学士王珪等学者的建议，确立了服务竞赛的总则"武举格"，根据《宋会要辑稿》载：

> 英宗治平元年三月二日，翰林学士王珪等言："参详复置武举，除依旧制，欲乞较试以策略定去留，以弓马定高下，其间以策略、武艺俱优者为优等，策优艺平者为次优，艺优策平者为次等，策、艺俱平者为末等。如策下艺平，或策平艺下者，并为不合格。朝廷既设此科，必欲招来豪俊，推恩命官，直稍优厚。欲望中优等者与殿直，次优者与奉职，次等者与借职，末等者与殿侍三班差使。如有策略虽下而武艺绝伦者，未得落下，别取旨。"[5]

可见，宋代武举竞赛的总则是"以策略定去留，以弓马定高下"，相较之前取消了"翘关""材貌""言语""负重"等项目，但增补了策略的考释，即兵书策义，这无疑是武举竞赛"文武并重"发展思路的具体贯彻和进步的体现。而在策略和武艺等具体项目成绩中则以"优等""次优""次等""末等"和"不合格"五个等级来对参赛选手进行评判，即"以策略、武艺俱优者"为优等；以"策优艺平者"为次优；以"艺

---

[1] 徐松. 宋会要辑稿·选举一七·武举 [M]. 上海：上海古籍出版社, 2014：5591.
[2] 徐松. 宋会要辑稿·选举一八·武举 [M]. 上海：上海古籍出版社, 2014：5606.
[3] 徐松. 宋会要辑稿·选举一八·武举 [M]. 上海：上海古籍出版社, 2014：5598.
[4] 徐松. 宋会要辑稿·选举一七·武举 [M]. 上海：上海古籍出版社, 2014：5590.
[5] 徐松. 宋会要辑稿·选举一七·武举 [M]. 上海：上海古籍出版社, 2014：5589.

优策平者"为次等；以"策、艺俱平者"为末等；以"策下艺平，或策平艺下者"为不合格。同时，在授官序位上则更加明确了武举竞赛"获胜者"加入权贵阶层成为国君身边新贵族的制度体系，规定"中优等者与殿直"即对中优等者授予"散官""宦官""阶官"等职位；"次优者与奉职"即对次优者授予奉行职事的职位；"次等者与借职"即对次等者授予虚衔而非实授的职位；"末等者与殿侍三班差使"即对末等者授予殿侍三班差使的职位。

在具体的"武艺"竞赛项目中，英宗治平元年（1064年）四月设置了"上等""中等""下等"三个分别具体量化的规则评价等级体系，规定"及上等者"要达到"弓步射二石，弩踏四石五斗力以上，更兼别事艺三般以上者"，才给予"补借职"；中等要达到"弓步射一石七斗，弩踏四石力以上，更兼别事艺三般以上者"，才给予"补差使殿侍"；而下等则需达到"弓步射一石五斗，弩踏三石五斗力以上，更兼别事艺三般以上者"，才给予"补披带班殿侍"[1]。

此后，为了与竞赛"武举格"中评定成绩的五个等级相呼应，武举竞赛于英宗治平元年（1064年）八月对"武艺"项目的单项竞赛规则进行了完善，也将其划分为分别量化的五个评判等级：第一等级为优等，规定"弓步射一石一斗力，马射八斗力，各满，不破体，及使马精熟，策略武艺俱优者为优等，与右班殿直"，即平地射箭用一石一斗力的弓，马上射箭用八斗力的弓，均拉满射中且动作姿势符合规范，骑马水平娴熟，达到策略武艺都优秀的属于优等，授予右班殿直的职位；第二等级为次优，规定"弓步射一石一斗力，马射八斗力，各满，但一事破体，及使马生疏，策优艺平者为次等，与奉职"，即平地射箭用一石一斗力的弓，马上射箭用八斗力的弓，均拉满射中但其中一项动作姿势不符合规范，骑马水平生疏，策略优秀但武艺平平的属于次优，授予奉职职位；第三等级为次等，规定"弓步射一石（力），马射七斗力，各满，不破体，及使马精熟，艺优策平者为次等，与借职"，即平地射箭用一石力的弓，马上射箭用七斗力的弓，均拉满射中且动作姿势符合规范，骑马水平娴熟，策略平平但武艺优秀的属于次等，授予借职职位；第四等级为末等，规定"弓步射一石力，马射七斗力，各满，但一事破体，及使马生疏，策艺俱平者为末等，与茶酒班殿侍三班差使"，即平地射箭用一石力的弓，马上射箭用七斗力的弓，均拉满射中但其中一项动作姿势不符合规范，骑马水平生疏，策略武艺都平平的属于末等，授予茶酒班殿侍三班差使职位；第五等级为"别候取旨"，规定"弓射二石力，弩踏五石力，射得，策略虽下而武艺绝伦者，未得黜落"，即平地射箭用二石力的弓，使弩能达到五石力并射中，策略虽差但武艺绝伦的先不予淘汰，等候通知[2]。

泰和元年（1201年），金朝国君完颜璟确定并颁布武举竞赛规则《泰和式》，《泰

---

[1]徐松.宋会要辑稿·选举一七·武举[M].上海：上海古籍出版社，2014：5589.
[2]徐松.宋会要辑稿·选举一七·武举[M].上海：上海古籍出版社，2014：5589-5590.

和式》规则在英宗朱祁镇的"上等""中等""下等"评判等级基础上进行完善和革新,对武举竞赛制度的发展起到了至关重要的促进作用。

《泰和式》制定了达到"上等"者的规则与要求:第一,在力量方面,要求"能挽一石力弓,以重七钱竹箭,百五十步立贴,十箭内,府试欲中一箭,省试中二箭,程试中三箭",即能拉开力量为一石的弓,用七钱重的竹箭,用十箭射中一百五十步距离的箭靶,府试须射中一箭,省试须射中二箭,程试则须射中三箭;第二,在远射能力方面,要求"远射二百二十步垛,三箭内一箭至者",即二百二十步距离的箭靶,三箭之内须射中一箭;第三,在马射能力方面,要求"百五十步内,每五十步设高五寸、长八寸卧鹿二,能以七斗弓、二大凿头铁箭驰射,府试则许射四反,省试三反,程试二反,皆能中二箭者",即在一百五十步内的每五十步设置五寸高度和八寸长度的二个卧鹿,用七斗力量的弓和二大凿头铁箭发射,府试允许往返四次,省试允许往返三次,程试则允许往返两次,都能射中两箭;第四,在马枪能力方面,要求"百五十步内,每三十步,左右错置高三尺木偶人戴五寸方板者四,以枪驰刺,府试则许驰三反,省试二反,程试三反,左右各刺落一板者",即在一百五十步内的每三十步设置左右交错的四个高度三尺、头顶五寸方板的木偶人,驰马以枪击刺,府试允许往返三次,省试允许往返两次,程试允许三次,要求左右各刺落一块方板;第五,在策略理论能力方面,要求"依荫例问律一条,又问《孙》《吴》书十条,能说五者"即按照恩荫的条例考问一条律令,《孙子》《吴起》各十条,能至少回答出五条。另外,"凡程试,若一有不中者,皆黜之"[1],即凡是程试有一条不中的,都予以黜落。

而"中等"的要求与规则是"若射贴弓八斗,远射二百一十步,射鹿弓六斗,《孙》《吴》书十条通四,为中等";下等的要求与规则是"射贴弓七斗,远射二百五步,射鹿弓五斗,《孙》《吴》书十条通三,为下等";其余情况如"解律、刺板,皆欲同前。凡不知书者,虽上等为中,中则为下。凡试中中下,愿再试者听"[2]。

在竞赛录取后的官职聘任上,国家也颁布了与之相应的政策。淳熙二年(1175年),为将武举竞赛优胜者融入权贵阶层成为"新权贵",国家拟定了武举竞赛入选者的官职任选制度,规定"武举正奏名殿试,策入优等一名,补秉义郎,堂除三衙并诸军计议官;第二、第三名补保义郎,注授诸路安抚司准备将领,一任回,与转忠翊郎,不隔磨勘;第四、第五名补承节郎,注授诸州兵马监押,一任回,与转保义郎,不隔磨勘;余人并依逐举例补官及旧法注拟差遣"[3]。淳熙八年(1181年),孝宗皇帝还特降旨,进一步对武举竞赛的新权贵职位提出要求,规定"今后武举及第、出身人,许令从军,愿与不愿者听。自第一名以至第二十四名之人,各依名次高下,分拨殿步

---

[1] 许嘉璐. 二十四史全译·金史·卷五十一·选举一 [M]. 上海:汉语大词典出版社,2004:879-880.
[2] 许嘉璐. 二十四史全译·金史·卷五十一·选举一 [M]. 上海:汉语大词典出版社,2004:879-880.
[3] 徐松. 宋会要辑稿·选举一七·武举 [M]. 上海:上海古籍出版社,2014:5605.

司马军行司及沿江诸都统司军分,每司止许三人指占阙额管干职事,其余不在从军之数者,乃许注授在外巡尉差遣。嗣更两朝,率循旧章,凡登武举进士第者,莫不各随其资次,或授殿司同正副将,或授马步司与诸都统司同准备将。既从铨审,各供乃职,服劳戎事,悉闲教阅"[1]。

由此可见,国君对于武举竞赛的新权贵具有绝对权威的支配权,不仅按其等第赋予相应的官职,而且对其职位所发挥的职能和作为抱有一种特殊的政治期待,甚至在某些必要时候,国君还会调集所有各地武举竞赛高手汇聚京师,编为一军,以备国君不虞之需,如《金史·宣宗本纪》载,贞祐三年(1215年)金国君诏:"武举官非见任及已从军者,随处调赴京师,别为一军,以备用。被荐未授官者,量才任之。"[2]又如《金史·选举志》载:"宣宗贞祐三年,同进士例,赐敕命章服。时以随处武举入试者,自非见居职任及已用于军前者,令郡县尽遣诣京师,别为一军,以备缓急。其被荐而未授官者,亦量材任之。"[3]总之,无论是武举竞赛获胜者所领授的政权官职,还是非现任和已从军的武举官,都将在国君意志下履行政治职能以服务于国君的国家治理。

三、完善时期

明清两代,不仅继承了唐宋时期武举的竞赛制度,而且在竞赛规则、竞赛内容和竞赛方法等方面都进行了较好的发展与完善,让武举竞赛更加充分发挥了其服务于国家军事人才选任的政治功能。明代初期(天顺八年十月),立武举法。《明会要》载:"自洪武二十年令武臣子弟得于各直省应试,寻罢不能。至是,复命直省诸武艺人,兵部同总兵官考校其弓马策略,分别甲乙,以备录用。"[4]尔后,于孝宗弘治六年(1493年)定武举竞赛"六岁一行"[5],即"每六年九月"[6]举行一次。同时,国家正式颁布了武举竞赛的试用总则——"武举格",初定为每六年举行一次。《大明会典·兵部·武举》记载:

> 弘治六年定武举试策二道。文理优、韬略熟及射中式者,升二级。文不甚优,射虽偶中,止升一级。虽善行文,射不中式及射虽合式,策不佳者,俱暂黜以候再试。中者,送团营,或分送各边。俱赞画,或把总,或守备城

---

[1] 徐松. 宋会要辑稿·选举一七·武举 [M]. 上海:上海古籍出版社,2014:5613.
[2] 许嘉璐. 二十四史全译·金史·卷五十一·选举一 [M]. 上海:汉语大词典出版社,2004:247.
[3] 许嘉璐. 二十四史全译·金史·卷五十一·选举一 [M]. 上海:汉语大词典出版社,2004:880.
[4] 龙文彬. 明会要·卷四十七·选举一 [M]. 北京:中华书局,1956:878.
[5] 龙文彬. 明会要·卷四十七·选举一 [M]. 北京:中华书局,1956:878.
[6]《续修四库全书》编纂委员会.《续修四库全书》·七九一·史部·政书类 [M]. 上海:上海古籍出版社,2002:382.

堡，免令管队。后每六年九月一次考试。军卫有司，果有才堪应举者，听于应试之期，礼送赴部。考退生员，并曾经问断行止有亏者不许。凡再试不中者、发回原籍、供本等职役。后又令先策略后弓马。如策不佳即不许骑射。或答策虽佳，不能骑射者亦黜。凡令中式举人添支月米，遇升用之日，即与住支。[1]

从记载可知，"武举格"规定了武举竞赛须"试策二道"，其中策略理论方面的"文理优""韬略熟"和武艺中的"射中"是竞赛的总方向，而且他们的成绩优劣将直接以晋级的方式予以体现。而到了弘治十七年（1504年），国家又规定武举竞赛仍恢复为三年举行一次，且仿效文举事例将其竞赛结果以张榜的形式予以呈现，同时对优胜者予以宴请祝贺，《大明会典·兵部十八·武举》载："弘治十七年奏准武举三年一次举行，一日答策，次日射箭。考试策略弓马俱毕、中式者照例拟升。仍将中试姓名仿文举事例出榜赐宴，俱送团营听用。愿回原籍者，许抚按官推选军政"[2]。可见，"出榜""赐宴"制度的实施将武举竞赛提升到了与文举并重的位置上，这一举措不仅让武举竞赛彰显出国家荣誉的光环，反映国君对武举竞赛的高度重视，同时也对竞赛规程、规则、办法等制度的完善和发展起到了积极的推动作用。

天顺八年（1464年），国家在具体的项目规则上有了明确的规定，《明史·选举制》记载：

> 令天下文武官举通晓兵法、谋勇出众者，各省抚、按、三司，直隶巡按御史考试。中式者，兵部同总兵官于帅府试策略，教场试弓马。答策二道，骑中四矢、步中二矢以上者为中式。骑、步所中半焉者次之。[3]

规定先由各省抚、按、三司等地方官员进行筛选，"中式"后由总兵官组织在帅府进行策略项目的考核，之后安排在教场进行步射和马射项目的竞赛。其中，要求达到"中式"水平的规则是能答策略两道，马射至少射中四支箭，步射至少射中两支箭，而能答策略两道，马射射中两支箭，步射至少射中一支箭的为其次。简言之，清代后，武举竞赛规则在国君意志下的进一步完善体现为以下四个方面：

首先，确定了竞赛的场地设置。《清史稿·卷一百八·选举三》规定"凡乡、会试俱分试内、外三场"，国家将武举竞赛的场地确定为"二外一内"，规定"首场马射，

---

[1]《续修四库全书》编纂委员会.《续修四库全书》·七九一·史部·政书类［M］.上海：上海古籍出版社，2002：381-382.

[2]《续修四库全书》编纂委员会.《续修四库全书》·七九一·史部·政书类［M］.上海：上海古籍出版社，2002：382.

[3] 张廷玉. 明史·卷七十·选举志二［M］. 北京：中华书局，1974：1709.

二场步射、技勇,为外场。三场策二问、论一篇,为内场"[1],即第一场的马射和第二场的步射、技勇项目在外场举行,第三场的两道策问和一篇文论在内场举行。

其次,确定了竞赛的执裁队伍。规定"各直省以总督、巡抚为监临、主考官,科甲出身同知、知县四人为同考官",外场裁判由"顺天及会闱以内大臣、大学士、都统四人"和"佐以提、镇大员"两组人员组成,内场裁判由"顺天以翰林官二人,会闱以阁部、都察院、翰、詹堂官二人"组成,而且对裁判员的个人资质做出明确的规定,要求"同考官顺天以科甲出身京员四人,会闱以科甲出身阁、科、部员四人为之。会试知武举,兵部侍郎为之",同时明确了工作人员队伍,规定"其馀提调、监射、监试、受卷、弥封、监门、巡绰、搜检、供给俱有定员,大率视文闱减杀。殿试简朝臣四人为读卷官,钦阅骑射技勇,乃试策文。临轩传唱状元、榜眼、探花之名,一如文科"[2]。

再次,确定了外场项目竞赛细则。考试初制,规定"首场马箭射毡球,二场步箭射布侯,均发九矢。马射中二,步射中三为合式,再开弓、舞刀、掇石试技勇",同时明确"马射树的距三十五步,中三矢为合式,不合式不得试二场。步射距八十步,中二矢为合式。再试以八力、十力、十二力之弓,八十斤、百斤、百二十斤之刀,二百斤、二百五十斤、三百斤之石。弓开满,刀舞花,掇石去地尺,三项能一、二者为合式,不合式不得试三场"[3]。

最后,确定了内场项目细则。规定"内场论题,向用武经七书。圣祖以其文义驳杂,诏增论语、孟子。于是改论题二,首题用论语、孟子,次题用孙子、吴子、司马法"[4]。

总之,从创立到发展再到完善,武举竞赛在内容和规则的设置上始终紧紧围绕国君的"择人四法"而展开,从身体素质、言语、思维等多个方面进行竞赛细则的细化,以服务于国君选任"勇冠三军"[5]、"武艺绝伦"[6]、"才兼文武"[7]且能"堪任将帅"[8]的具有品德的武术人才为目标。竞赛内容的设定和竞赛规则的有效实施是竞赛得以公开、公平、公正顺利开展的基本前提,也是提升国民对武举竞赛国家认知的最佳途径。从某种意义上来说,武举竞赛的内容和规则的设置符合武举的竞赛初衷。尽管通过武举竞赛选任的武事人才为国家所做出的贡献并非如人们所预期,但是从国君

---

[1] 赵尔巽,柯劭忞. 清史稿·卷一百八·选举三 [M]. 北京:中华书局,1977:3171.
[2] 赵尔巽,柯劭忞. 清史稿·卷一百八·选举三 [M]. 北京:中华书局,1977:3171.
[3] 赵尔巽,柯劭忞. 清史稿·卷一百八·选举三 [M]. 北京:中华书局,1977:3172.
[4] 赵尔巽,柯劭忞. 清史稿·卷一百八·选举三 [M]. 北京:中华书局,1977:3172.
[5] 王钦若. 册府元龟·帝王部·求贤 [M]. 南京:凤凰出版社,2006:717.
[6] 王钦若. 册府元龟·帝王部·求贤 [M]. 南京:凤凰出版社,2006:727.
[7] 王钦若. 册府元龟·帝王部·求贤 [M]. 南京:凤凰出版社,2006:726.
[8] 王钦若. 册府元龟·帝王部·求贤 [M]. 南京:凤凰出版社,2006:726.

视角来看，武举还是在一定程度上满足了国君招募新权贵而满足其所用的政治目的。

第四节 规范化、等级化与权力化的组织形式

在国君意志下，武举的考核成为"国之大事"[1]而着重服务于国家的政权新贵选拔。因此，"改变了贵族垄断政治和文化"[2]的竞赛不仅建立了举国体制下的中央与地方政权间互动的权力联动机制，而且也在竞赛中形成了举国体制的规范化、自下而上的等级化、政权布局的权力化，以及服务国君的专权化等组织与运作的竞赛特色。可以说，竞赛的组织是"君与"下特定权力产物的直接体现。

一、举国体制的规范化

不论是地方权贵举行的区域竞赛还是中央举行的全国竞赛，举国体制下的武举竞赛在组织形式上最显著的特点是规范化。

首先，是竞赛程序的规范化。"每岁仲冬"举行竞赛之时，先由"州、县、馆、监举其成者送之尚书省"，再"举选不繇馆、学者"[3]等乡贡，始终遵循先"始自县考试，定其可举者，然后升于州若府"，再"州若府总其属之所升，又考试之，如县，加察详焉"，最后"贡于天子而升之有司"[4]的竞赛程序，不因地方所具有的"实质权威"而滥用职权，突显了地方竞赛组织的规范性。再者，在竞赛工作人员的设置和安排上也有专门规定："其馀提调、监射、监试、受卷、弥封、监门、巡绰、搜检、供给俱有定员，大率视文闱减杀。殿试简朝臣四人为读卷官，钦阅骑射技勇，乃试策文。临轩传唱状元、榜眼、探花之名，一如文科"[5]。可见，这些竞赛考核程序方方面面的规定、布局、人员安排等都是竞赛程序规范化的主要体现。

其次，竞赛考核的规范化。武举竞赛在"凡参加武举竞赛的'应举之人'需具备三个条件：一是要有谋略，即'闲兵法'（娴熟兵法）；二是要有才艺，即有勇技；三是要善平射，即善射"[6]的宗旨下，形成了以军事武术中"长垛、马射、步射、平射、筒射、马枪、翘关、负重、身材"[7]等为主要考核内容和与之相对应的可以量化、易于评判的考核规则，突显了考核程序的规范化。如平射的考核规范为"十发五中，五居其次为上第；三中，七居其次为下第"[8]，射长垛的考核规范为"内规广六

---

[1] 杨天宇. 四书五经译注·春秋左传译注 [M]. 上海：上海古籍出版社，2010：578.
[2] 葛兆光. 思想史研究课堂讲录续编 [M]. 北京：生活·读书·新知三联书店，2012：21.
[3] 欧阳修，宋祁. 新唐书·卷四十四·选举志 [M]. 北京：中华书局，1975：1161.
[4] 韩愈. 唐宋名家文集·韩愈选集 [M]. 郑州：中州古籍出版社，2010：110.
[5] 赵尔巽，柯劭忞. 清史稿·卷一百八·选举三 [M]. 北京：中华书局，1977：3171.
[6] 李林甫. 唐六典 [M]. 北京：中华书局，1992：160.
[7] 司马光. 资治通鉴·卷二百七·唐纪二十三 [M]. 北京：中华书局，1956：6558.
[8] 李林甫. 唐六典 [M]. 北京：中华书局，1992：160.

尺，概广六尺。余四规，每规内两边各广三尺。悬高以三十尺为限"[1]，成绩评定上分为"上""次上""次"三个等级，规定"入中院为上，入次院为次上，入外院为次"[2]。马射的考核规范为"穿土为埒，其长与垛均。缀皮为两鹿，历置其上，驰马射之"[3]，成绩评定分为"上""次上""次"三等，规定"发而并中为上，或中或不中为次上，总不中为次"[4]。而文场考核规范为"内场论题，向用武经七书。圣祖以其文义驳杂，诏增论语、孟子。于是改论题二，首题用论语、孟子，次题用孙子、吴子、司马法"[5] 等。此外，还形成了比试（资格赛）、解试（区域赛）、省试（全国赛）和殿试（冠军赛）的"四级制"考核规范[6]，以及用于指导和规范化竞赛考核程序的"武举格"[7] 等，都着重体现了竞赛考核形式的规范与合理。

再次，是竞赛录取的规范化。武举竞赛在录取上采取和文举相类似的程序和方法，《新唐书》载："试已，长吏以乡饮酒礼，会属僚，设宾主，陈俎豆，备管弦，牲用少牢，歌《鹿鸣》之诗，因与耆艾叙长少焉。"[8] 可见，武举在竞赛后的录取上是"从文举，行乡饮酒之礼，然后申送"[9]。而且，武举及第后，"每有个各有黄旗百面相从，戴羞帽，执丝鞭，骑马游街。武状元亦如此"[10]。这些都反映了国家对竞赛程序的关注和对武举竞赛的重视。此外，竞赛录取的结果还以先"全国榜"后"南人十六北人十四"[11] 的"南北分榜"[12] 形式将"其弓马策论之优者"的参赛者姓名和成绩制作成公示贴《武举录》"张榜于兵部门外"[13]，以对结果公开、正式公布的形式彰显武举竞赛录取程序的规范化。

最后，是竞赛任职的规范化。武举竞赛设置了与"中试者"成绩等相对应的官职聘任制度，"朝廷既设此科，必欲招来豪俊，推恩命官，直稍优厚。欲望中优等者与殿直，次优者与奉职，次等者与借职，末等者与殿侍三班差使。如有策略虽下而武艺绝伦者，未得落下，别取旨"[14]。可见，"中优等者与殿直""次优者与奉职""次等者

---

[1] 杜佑.通典·卷十五·选举制三 [M].北京：中华书局，1985：354.
[2] 李林甫.唐六典 [M].北京：中华书局，1992：160.
[3] 杜佑.通典·卷十五·选举制三 [M].北京：中华书局，1985：355.
[4] 李林甫.唐六典 [M].北京：中华书局，1992：160.
[5] 赵尔巽，柯劭忞.清史稿·卷一百八·选举三 [M].北京：中华书局，1977：3172.
[6] 徐松.宋会要辑稿·选举一七·武举 [M].上海：上海古籍出版社，2014：5590-5591.
[7]《续修四库全书》编纂委员会.续修四库全书·七九一·史部·政书类 [M].上海：上海古籍出版社，2002：381-382.
[8] 欧阳修，宋祁，范镇，等.新唐书·卷四十四·选举志 [M].北京：中华书局，1975：1161.
[9] 李林甫.唐六典 [M].北京：中华书局，1992：749.
[10] 孟元老.东京梦华录·西湖老人繁胜录 [M].上海：古典文学出版社，1957：118.
[11] 张廷玉.明史·卷七十·选举志二 [M].北京：中华书局，1974：1697.
[12] 马克思·韦伯.中国的宗教：儒教与道教 [M].康乐，简惠美，译.桂林：广西师范大学出版社，2010：184.
[13] 嵇璜，曹仁虎.钦定续文献通考·卷三十九 [M].台湾：商务印书馆，1986：627-252.
[14] 徐松.宋会要辑稿·选举一七·武举 [M].上海：上海古籍出版社，2014：5589.

与借职""末等者与殿侍三班差使"便是对"中试者"职位的一种初步规定。而对于具体职位细则,则规定"武举正奏名殿试,策入优等一名,补秉义郎,堂除三衙并诸军计议官;第二、第三名补保义郎,注授诸路安抚司准备将领,一任回,与转忠翊郎,不隔磨勘;第四、第五名补承节郎,注授诸州兵马监押,一任回,与转保义郎,不隔磨勘;余人并依逐举例补官及旧法注拟差遣"[1]。从中可知,对竞赛"中试者"职位所作出的规定正是竞赛程序规范化的突出表现。

二、自下而上的等级化

武举竞赛在组织上不仅具备国家层面的规范性,而且强调自上而下的等级化程序体系。第一,竞赛的发起从处于权力最下端的地方开始,称为"比试"(地方选手的资格赛),由获得国君"实质性权威"[2]的地方官吏负责具体的实施事宜,这些处于权力最下端的"县、馆、监"等地方组织于"每岁仲冬"面向民众公开发起,民众可以自行到各自的州、县进行举牌自荐,同时接受员外郎[3]、三府兵曹参军事(京兆、河南、太原)、都督府兵曹参军事以及各州的司兵参军事等官方代表官吏[4]的审查与考核,而后地方官员将"举其成者"[5],筛选出地方的优秀选手,即"生员及奏举白身人应举其不得过二百人"[6],"然后申送"[7]。第二,竞赛进入州、府等高一等级的阶段,由兵部负责统筹安排州、府的区域赛即解试,兵部安排官吏对参赛的地方选手进行进一步的认证和筛选,人数规定"依条以七十人赴省试"[8]。第三,竞赛继续晋级为由兵部主持的省试(全国赛),由兵部负责考核和"加察详焉",且"应就试举人,所取合格不得过五分"[9]。第四,"贡于天子而升之有司"[10],竞赛到达权力最顶层的由国君亲自主持的最高级竞赛——殿试(冠军赛),"天子亲诏以待异等之才"[11],故"天子道其所欲问而亲策之"[12]和"亲择焉"[13]。由此可见,从地方到国君,武举竞赛完成了自下而上的等级化组织形式,这种等级森严的组织形式不仅让竞赛的组织

---

[1] 徐松. 宋会要辑稿·选举一七·武举 [M]. 上海:上海古籍出版社,2014:5605.
[2] Philippe Aghion, Jean Tirole. Formal and Real Authority in Organizations [J]. Journal of Political Economy, 1997, 105 (1):1-29.
[3] 欧阳修,宋祁,范镇,等. 新唐书·卷四十四·选举志 [M]. 北京:中华书局,1975:1161.
[4] 刘琴丽. 唐代武官选任制度初探 [M]. 北京:社会科学文献出版社,2006:108.
[5] 欧阳修,宋祁,范镇,等. 新唐书·卷四十四·选举志 [M]. 北京:中华书局,1975:1161.
[6] 徐松. 宋会要辑稿·选举一七·武举 [M]. 上海:上海古籍出版社,2014:5591.
[7] 李林甫. 唐六典 [M]. 北京:中华书局,1992:749.
[8] 徐松. 宋会要辑稿·选举一八·武举 [M]. 上海:上海古籍出版社,2014:5598.
[9] 徐松. 宋会要辑稿·选举一七·武举 [M]. 上海:上海古籍出版社,2014:5590.
[10] 韩愈. 唐宋名家文集·韩愈选集 [M]. 郑州:中州古籍出版社,2010:110.
[11] 赵尔巽,柯劭忞. 清史稿·卷一百八·选举三 [M]. 北京:中华书局,1977:3175.
[12] 欧阳修,宋祁,范镇,等. 新唐书·卷四十四·选举志 [M]. 北京:中华书局,1975:1169.
[13] 王钦若. 册府元龟·帝王部·求贤 [M]. 南京:凤凰出版社,2006:721.

井然有序,得以步步为营并落实到具体政权负责人手中,而且充分突显了国君权力威严和国家政权体系的有序与神圣不可侵犯。

三、权贵布局的权力化

从国君权贵治理的视角来看,武举竞赛既是国君选拔新权贵的一种理想途径,同时也是国君对旧有权贵进行管理的最佳方法。在武举竞赛中,国君以国家政权的形式对权贵进行了竞赛的权力化布局,让权贵协同国君积极参与国家政权的选拔,这不仅让竞赛因权贵的参与、把关而彰显出庄重、肃穆的气氛,而且充分体现了国君对权贵的信任、肯定与厚爱。第一,竞赛的外场,安排相应的"顺天及会闱以内大臣、大学士、都统四人为之";竞赛的内场安排"顺天以翰林官二人,会闱以阁部、都察院、翰、詹堂官二人为之";而对于"同考官顺天以科甲出身京员四人",则安排"会闱以科甲出身阁、科、部员四人为之"[1],这些都是以国家资深重臣的严格把关来突显竞赛的庄重和对权贵的敬重。第二,竞赛还规定在会试推荐武举人员,必须由手握国家兵权的"兵部侍郎为之",以此肯定国家的兵权机关和武举竞赛的国家意义。第三,国君不仅"关心"身边及中央的权贵阶层,对于地方的重要权贵,国君也考虑在内,如"各直省以总督、巡抚为监临、主考官,科甲出身同知、知县四人为同考官",竞赛的外场则安排了"佐以提、镇大员"来负责,以示远程调控。第四,在竞赛的其他工作人员方面,国君也是考虑周详,如规定"其馀提调、监射、监试、受卷、弥封、监门、巡绰、搜检、供给俱有定员,大率视文闱减杀",这些具体官员权贵的落实与权力执行对竞赛的良性运作起到了至关重要的作用。第五,在最高级竞赛的殿试中,尽管由国君亲试亲策,但仍需要朝中权贵的"鼎力相助",要求"殿试简朝臣四人为读卷官,钦阅骑射技勇,乃试策文"[2]。由此可知,在竞赛中引导权贵积极参与的合理布局是国君深谋远虑的一种政治智慧,它不仅对旧有权贵进行了积极而有效的肯定与安抚,同时对于竞赛的良性运营和扩大社会影响力起到巨大的促进作用。

四、服务国君的专权化

归根结底,武举是服务于国君的一种治国方略和政权治理策略,因此,无论是地方官吏举行的地方性竞赛还是中央主持的国家级竞赛,最终都是由国君"亲策"[3] 并"亲择之"[4],充分彰显了国君政治权力的集权化。

一方面,表现在竞赛的最终录取上,例如大业三年(607年),隋炀帝提出"(文

---

[1] 赵尔巽,柯劭忞. 清史稿·卷一百八·选举三 [M]. 北京:中华书局,1977:3171.
[2] 赵尔巽,柯劭忞. 清史稿·卷一百八·选举三 [M]. 北京:中华书局,1977:3171.
[3] 欧阳修,宋祁撰. 新唐书·卷四十四·选举志 [M]. 北京:中华书局,1975:1169.
[4] 王钦若. 册府元龟·帝王部·求贤 [M]. 南京:凤凰出版社,2006:721.

才武将）有一于此，不必求备，朕当待以不次，随才升擢"[1]，从个人的角度表示了对"堪任将帅"人才和其任职的重视；显庆二年（657年），唐高宗也有"如有此色，可精加探访，各以奏闻"[2] 的表态；仪凤三年（678年），唐高宗直接表示"朕当详览，量加奖擢"[3] 的专权态度；还有唐睿宗景云元年（710年）下诏"才生于代，必以经邦；官得其人，故能理物……咸令所司博采明试，朕亲择焉"[4]；唐德宗大历十四年（779年）下诏"天下有才艺尤著，高蹈丘圆及直言极谏之士，所在具以名闻。武艺殊伦者，亦具以名闻。朕当亲试"[5]；以及唐昭宗天祐元年（904年）诏"倘有怀才抱器、武艺绝伦……如得材宝，当待以不次之位"[6] 等，都充分体现了国君对竞赛的专权。

另一方面，则表现在对"荫补人员"和"恩生"的放权上，先是规定"文官一品至七品，皆得荫一子以世其禄"，后又指出"在京三品以上方得请荫"[7]，继而又明确"恩荫始顺治十八年，恩诏满、汉文官在说四品及翰、詹科道，外官三品以上，武官二品以上俱送一子入监。护军统领、副都统、阿思哈尼哈番、侍郎、学士以上之子为荫生，余为监生"[8] 等。

总而言之，这些都是国君重视竞赛，欲以"君与"的亲自参与方式来选拔新权贵并"任之以爪牙"[9] 而服务于国君政权管理的最好体现，这种"以笼四方豪杰自为助"[10] 的竞赛方式不仅是"天子亲诏以待异等之才"[11] 的集中反映，更是武举竞赛服务于国君专权化国家治理的有力印证，甚至可以说，武举竞赛"只是帝皇私心，在羁縻玩弄"[12]，或者说是"存心防止贵族军人与富人穷人的一切专政"[13]。

第五节 政权更迭的竞赛理念

遴选武艺高强之人是武举竞赛的宗旨所在，它不仅向公众传达了武举竞赛的办赛目的，同时决定了竞赛获胜之人必定是"技艺出众"且"技能服众"的优胜者。

---

[1] 王钦若. 册府元龟·帝王部·求贤 [M]. 南京：凤凰出版社，2006：715.
[2] 王钦若. 册府元龟·帝王部·求贤 [M]. 南京：凤凰出版社，2006：717.
[3] 王钦若. 册府元龟·帝王部·求贤 [M]. 南京：凤凰出版社，2006：718.
[4] 王钦若. 册府元龟·帝王部·求贤 [M]. 南京：凤凰出版社，2006：721.
[5] 王钦若. 册府元龟·帝王部·求贤 [M]. 南京：凤凰出版社，2006：725.
[6] 王钦若. 册府元龟·帝王部·求贤 [M]. 南京：凤凰出版社，2006：727.
[7] 张廷玉. 明史·卷六十九·选举志一 [M]. 北京：中华书局，1974：1682.
[8] 赵尔巽，柯劭忞. 清史稿·卷一百十·选举志五 [M]. 北京：中华书局，1977：3198.
[9] 王钦若. 册府元龟·帝王部·求贤 [M]. 南京：凤凰出版社，2006：715.
[10] 欧阳修，宋祁撰. 新唐书·卷七十六·后妃传 [M]. 北京：中华书局，1975：3479.
[11] 赵尔巽，柯劭忞. 清史稿·卷一百八·选举三 [M]. 北京：中华书局，1977：3175.
[12] 钱穆. 中国历代政治得失 [M]. 北京：生活·读书·新知三联书店，2012：162.
[13] 钱穆. 中国历代政治得失 [M]. 北京：生活·读书·新知三联书店，2012：146.

一、以"武艺高强、技能服众"为倡始

从竞赛的办赛视角而言,"武艺高强"是竞赛举国推行之需。大业三年(607年),隋炀帝"天下之重,非独治所安"的诏书即道出了武举竞赛所担负的"天下"之重任和所覆盖的"泱泱"之范围,因此欲在"举国"的视域下选拔"力有骁壮"之人并任之以"爪牙"[1],而"力有骁壮"正是竞赛的倡始和"武艺高强"的最好体现。此后,无论是竞赛始终强调和倡导的"勇冠三军,翘关拔山之力"[2]、"射能穿札,力可翘关"[3]、"投石拔距,勇冠三军"[4]、"武艺绝伦"[5]等竞赛理念,还是对参赛之人提出的"要有才艺和要善平射"[6]等条件要求,抑或是设置以"长垛、马射、步射、平射、筒射、马枪、翘关、负重、身材"[7]等项目为考核规范的竞赛举措,都旨在通过武举竞赛的举国推行选拔"武艺高强"之人以为国君所用。由此我们可知,"武艺高强"不仅是武举竞赛所倡导的首要办赛目的,也是竞赛在"天下"范围内广泛推行以获取强大社会影响力的重要竞赛理念之一。

从国君国家治理角度而言,"技能服众"是政权宏观管控之需。无论是竞赛中提出的"力有骁壮"[8]、"勇冠三军,翘关拔山之力"[9]、"射能穿札"[10]、"投石拔距"[11]、"武艺绝伦"[12]等技能要求,还是从国家宏观层面所出台的"武举格"[13]等竞赛规则,归根结底,这些具备"武艺高强"的竞赛理念是国君对参赛者的技能所提出的能服众的一种特殊政治要求,也是国君"笼四方豪杰自为助"[14]的政治智慧的最佳体现。正如马克思·韦伯所言,面向普通民众的武举"的确能圆满地达到皇帝(国君)所想要的功能"[15],这种功能即以公开的方式选任技能可以"服众"的"武艺高强"之人为国君所用,以此形成一种以"新"权贵冲击"旧"势力的特殊政权治

---

[1] 王钦若. 册府元龟·帝王部·求贤 [M]. 南京:凤凰出版社,2006:715.
[2] 王钦若. 册府元龟·帝王部·求贤 [M]. 南京:凤凰出版社,2006:717.
[3] 王钦若. 册府元龟·帝王部·求贤 [M]. 南京:凤凰出版社,2006:718.
[4] 王钦若. 册府元龟·帝王部·求贤 [M]. 南京:凤凰出版社,2006:718.
[5] 徐松. 宋会要辑稿·选举一七·武举 [M]. 上海:上海古籍出版社,2014:5589-5590.
[6] 李林甫. 唐六典 [M]. 北京:中华书局,1992:160.
[7] 司马光. 资治通鉴(全十二册)·卷二百七·唐纪二十三 [M]. 北京:中华书局,1956:6558.
[8] 王钦若. 册府元龟·帝王部·求贤 [M]. 南京:凤凰出版社,2006:715.
[9] 王钦若. 册府元龟·帝王部·求贤 [M]. 南京:凤凰出版社,2006:717.
[10] 王钦若. 册府元龟·帝王部·求贤 [M]. 南京:凤凰出版社,2006:718.
[11] 王钦若. 册府元龟·帝王部·求贤 [M]. 南京:凤凰出版社,2006:718.
[12] 徐松. 宋会要辑稿·选举一七·武举 [M]. 上海:上海古籍出版社,2014:5589-5590.
[13] 徐松. 宋会要辑稿·选举一七·武举 [M]. 上海:上海古籍出版社,2014:5589.
[14] 欧阳修,宋祁,范镇,等. 新唐书·卷七十六·后妃传 [M]. 北京:中华书局,1975:3479.
[15] 马克思·韦伯. 中国的宗教:儒教与道教 [M]. 康乐,简惠美,译. 桂林:广西师范大学出版社,2010:172.

理策略。这种类似于俄国专制君主用来操纵其贵族"品味秩序（Mjestnitshestwo）"[1]的针对特殊政权利害关系的处理方式，不仅让新旧官吏共同体无法互通声气甚至是连成一体进而对国君的政权起到威胁作用，而且也以中试者自身武艺的强大直接对旧有权贵的内心造成一种震撼的威慑力和无形的压力。因此可以说，技能服众既是对旧有权贵的宏观控制，也是对新权贵身份、地位的一种政治保护。

总之，武举以"武艺高强、技能服众"为倡始的竞赛理念，不仅让步射、马射、马枪、翘关等多种军事武术项目在竞赛的激烈角逐中展现了在全国范围内的最高水平，而且也以竞赛中试者的武艺高强形成一种举国上下的广泛社会影响力，切实推动了竞赛的良性发展。

二、以"文武兼备、堪任将帅"为最佳

尽管武举的设置初衷是在国君"笼四方豪杰自为助"[2]的意志下所形成的选任"武艺高强、技能服众"之人为倡始理念，但是从国家治理角度而言，"武能定国"的"武艺高强"对于国家选任人才来讲是美中不足、有所欠缺的，故而还需要获胜者在"文"的方面能有较扎实的积累，方能达成"文能安邦"的"国君理想"[3]。正因如此，"文武兼备"便理所当然成了竞赛的最佳选任理念。

《唐六典》最早提出了选任"才兼文武"的竞赛理念："凡参加武举竞赛的'应举之人'需具备三个条件：一是要有谋略，即'闲兵法'；二是要有才艺，即有勇技；三是要善平射，即善射。"[4]这当中，有才艺和善射是对参赛者"武"能力方面所提出的要求，而"闲兵法"正是对"文"方面的着重强调，它要求参赛者在武艺高强的基础上熟读兵法，增加武学、军事理论等知识的储备以服务实践。宋代"武举格"亦着重强调了"以策略定去留"的"文"的重要性，并且在录取上将"文"作为首要评价指标，规定"以策略、武艺俱优者为优等，策优艺平者为次优，艺优策平者为次等，策、艺俱平者为末等。如策下艺平，或策平艺下者，并为不合格"[5]。可见，"文"已成为武举竞赛录取的一项最重要指标。

此后，伴随武举竞赛的逐步发展，代表"文"的策略项目亦得以逐步改进和完善，不仅规定"《孙》《吴》书十条，能说五者，为上等；《孙》《吴》书十条通四，为中

---

[1] 马克思·韦伯. 中国的宗教：儒教与道教 [M]. 康乐，简惠美，译. 桂林：广西师范大学出版社，2010：173.
[2] 欧阳修，宋祁，范镇，等. 新唐书·卷七十六·后妃传 [M]. 北京：中华书局，1975：3479.
[3] Do H C . A Comparative Study of the Answer pagessubmitted to authorities from Goryeo and Chinese applicants in the Yuan Imperial State Examination of 1333 [J]. Yoksa Wa Hyonsil, 2013, 89：221-258.
[4] 李林甫. 唐六典 [M]. 北京：中华书局，1992：160.
[5] 徐松. 宋会要辑稿·选举一七·武举 [M]. 上海：上海古籍出版社，2014：5589.

等；《孙》《吴》书十条通三，为下等"[1] 等条例，而且于弘治六年（1493 年）进一步确定了"武举试策二道"，要求参赛者不仅要"文理优"，还须"韬略熟"[2]，即善行文和策略佳，而且"文试"的试卷"皆弥封誊录编号上书"[3]，以示程序的规范和国家的重视。

而至清代，对参赛者"文"的内场考核在知识面上更为博大和严谨，规定"内场论题，向用武经七书。圣祖以其文义驳杂，诏增论语、孟子。于是改论题二，首题用论语、孟子，次题用孙子、吴子、司马法"[4]。可见，"文武兼备"不仅成为武举竞赛发展的重要办赛理念，而且为国家选拔人才、任用将帅提供了较为可靠的参考规范，国家正是依据武举竞赛的录取结果而对"中试者"予以"任用将帅"。淳熙二年（1175 年），国家拟定了武举竞赛入选者的官职任选制度，规定"武举正奏名殿试，策入优等一名，补秉义郎，堂除三衙并诸军计议官；第二、第三名补保义郎，注授诸路安抚司准备将领，一任回，与转忠翊郎，不隔磨勘；第四、第五名补承节郎，注授诸州兵马监押，一任回，与转保义郎，不隔磨勘；余人并依逐举例补官及旧法注拟差遣"[5]。

总之，为国家选拔"才兼文武"的武术精英并任用其为"将帅"的重要政权职位是武举竞赛至关重要的竞赛理念，它让武举竞赛立足国家和人才的双重高度，为国家的安定和强大做出了巨大贡献。

三、以"胜任爪牙、忠于国君"为要义

武举竞赛"通过诱人的仕途消除了才俊之士图谋不轨的威胁"[6]，因此最核心的竞赛理念是基于国君国家治理的政治立场。它不仅要求竞赛获胜者要具备"胜任爪牙"的政治潜质和信念，而且在思想和行动上要绝对"服从"和"忠于"国君，这两者共同构成了国君予以"重用"的必备条件和武举竞赛举国推行的核心竞赛理念。

首先，"胜任爪牙"是国君"以赛求贤"思想的重要体现。大业三年（607 年），隋炀帝"才堪将略，则拔之以御侮；力有骁壮，则任之以爪牙"[7] 的诏书不仅传达了国家对卓越武艺人才的求贤若渴与充分认可，而且透露并开启了国君以武举竞赛选任"爪牙"式权贵的核心竞赛理念。显庆二年（657 年），唐高宗以"济时兴国，实仁九

---

[1] 许嘉璐. 二十四史全译·金史·卷五十一·选举一 [M]. 上海：汉语大词典出版社，2004：879-880.
[2]《续修四库全书》编纂委员会. 续修四库全书·七九一·史部·政书类 [M]. 上海：上海古籍出版社，2002：381-382.
[3] 嵇璜，曹仁虎，等. 钦定续文献通考·卷三十九 [M]. 台湾：商务印书馆，1986：627-252.
[4] 赵尔巽，柯劭忞. 清史稿·卷一百八·选举三 [M]. 北京：中华书局，1977：3172.
[5] 徐松. 宋会要辑稿·选举一七·武举 [M]. 上海：上海古籍出版社，2014：5605.
[6] 费正清. 中国：传统与变迁 [M]. 张沛，张源，顾思兼，译. 长春：吉林出版集团有限责任公司，2013：110.
[7] 王钦若. 册府元龟·帝王部·求贤 [M]. 南京：凤凰出版社，2006：715.

功；御敌安边，亦资七德"为旗号，提出"比贡寂英奇，举非勇杰，岂称居安思危之志气，处存思乱之心，如不旌贲远近，则爪牙何寄"[1]的反问，积极鼓励权贵阶层以怀抱居安思危的思维向其举荐勇杰和英才，以充当国君"爪牙"这一重要角色并迫切寄望能发挥其理想中的政治功效，这一举措进一步促进了后期武举竞赛以选拔能胜任"爪牙"式人选的核心竞赛理念的逐步完善与发展。

其次，"忠于国君"是竞赛形式所传达、影射和强调的关键。武举竞赛从设置之日起便传达了国君为网罗武术人才不惜倾举国之力的意图，而且国君在武举竞赛选拔的最后环节，还以"亲策之"[2]的"殿试"[3]形式予以行使竞赛的最终"录取权"，以传达国君"笼四方豪杰自为助"[4]和"唯君所用"的政治目的。基于此，"唯君独御用"和"忠于国君"便自然而然成了武举竞赛"中试者"的无形政治标签。而这也体现了司刑少常伯李安期"十室之邑，必有忠信"和"若陛下虚己招纳，务于搜访，不忌亲雠，唯能是用，谗毁亦既不入，谁敢不竭忠诚"[5]的政治话语。

最后，为吸收"胜任爪牙、忠于国君"的武艺人才，国君常常不吝"厚爱"。对"中试者"委以"重职"，以"朕梦想贤才"[6]、"每渴贤良，无忘监寝"[7]、"朕当待以不次，随才升擢"[8]等话语形式，行使"武举正奏名殿试，策入优等一名，补秉义郎，堂除三衙并诸军计议官；第二、第三名补保义郎，注授诸路安抚司准备将领，一任回，与转忠翊郎，不隔磨勘；第四、第五名补承节郎，注授诸州兵马监押，一任回，与转保义郎，不隔磨勘"[9]的政治权利，以进一步强化武举竞赛"中选者"报恩的"衷心"。

总之，武举竞赛以"胜任爪牙、忠于国君"为要义传达了竞赛服务国君"国家治理"[10]的核心竞赛理念。从某种意义上说，武举竞赛，"其用意是在政府和社会间打通一条路，好让社会在某种条件某种方式下来掌握政治，预闻政治，和运用政治，这才是中国政治制度最根本问题之所在"[11]。

---

[1] 王钦若. 册府元龟·帝王部·求贤 [M]. 南京：凤凰出版社，2006：717.
[2] 欧阳修，宋祁，范镇，等. 新唐书·卷四十四·选举志 [M]. 北京：中华书局，1975：1169.
[3] 赵尔巽，柯劭忞. 清史稿·卷一百八·选举三 [M]. 北京：中华书局，1977：3171.
[4] 欧阳修，宋祁，范镇，等. 新唐书·卷七十六·后妃传 [M]. 北京：中华书局，1975：3479.
[5] 王钦若. 册府元龟·帝王部·求贤 [M]. 南京：凤凰出版社，2006：717-718.
[6] 王钦若. 册府元龟·帝王部·求贤 [M]. 南京：凤凰出版社，2006：722.
[7] 王钦若. 册府元龟·帝王部·求贤 [M]. 南京：凤凰出版社，2006：722.
[8] 王钦若. 册府元龟·帝王部·求贤 [M]. 南京：凤凰出版社，2006：715.
[9] 徐松. 宋会要辑稿·选举一七·武举 [M]. 上海：上海古籍出版社，2014：5605.
[10] Zhang Yingchun. Exploring Cultural Roots of Chinese Imperial Civil Examinations：The Culture of Field-cultivating and Studying [J]. International Conference On Social Sciences and Society，2013，32：167-172.
[11] 钱穆. 中国历代政治得失 [M]. 北京：生活·读书·新知三联书店，2012：5.

第六节 "笼四方豪杰自为助"的竞赛精神

武举竞赛"显然在开放政权,这始是制度之内在意义与精神生命……是由门第特殊阶级中开放政权的一条路。"[1] 因此,武举竞赛的举国推行不仅深刻体现了"尚武"和"求贤"的国家意志,更是在定期的竞赛中向社会传达了国家"唯才是举"和"任人唯贤"的一种公平竞争精神。

一、展现了国家"唯才是举、任人唯贤"的公平竞争精神

首先,在人员选择上,武举竞赛以对宏观而具体的国家政策与制度"不分畛域"[2] 的形式面向社会和大众,参赛人员既涵盖了代表贵族子弟阶层的"学馆"式生徒[3],如国家设立的中央学馆(国子监、弘文馆、崇文管)和地方所设的州县学馆出身的参赛人员等,又考虑了代表普通民众阶层的"荐举"式生徒[4],如向州县"投牒自举",而后经"地方州府官吏考核合格"[5] 的乡贡,尽管仍有国君"亲择"[6]、"亲策"[7] 以示"隆恩之荫"[8] 的"官生"[9] 和"恩生"[10] 等享受特殊关切的一类人员,但很大程度上,武举竞赛仍旧以公开对外和面向社会的形式标榜并彰显了在人员参与资格上的举国公平性的竞争精神。

其次,在竞技评判上,武举竞赛以体现武艺高强的"武"和反应策略优异的"文"作为竞技评价标准和评判尺度,公正而客观地选任国家武事英才,深刻展现了国家对武艺人才的重视和"比量齐观"的公平原则,如竞赛在"武艺"方面设置了"长垛、马射、步射、平射、筒射、马枪、翘关、负重、身材"[11] 等竞赛内容,在"策略"方面设置了"首题用论语、孟子,次题用孙子、吴子、司马法"[12] 等考试内容,

---

[1] 钱穆. 中国历代政治得失 [M]. 北京:生活·读书·新知三联书店,2012:58.
[2] 赵尔巽,柯劭忞. 清史稿·卷四百八十六·列传二百七十三·文苑三·包世臣 [M]. 北京:中华书局,1977:13417.
[3] 许友根. 武举制度史略 [M]. 苏州:苏州大学出版社,1997:9.
[4] 王钦若. 册府元龟·帝王部·求贤 [M]. 南京:凤凰出版社,2006:717-718.
[5] 许友根. 武举制度史略 [M]. 苏州:苏州大学出版社,1997:9.
[6] 王钦若. 册府元龟·帝王部·求贤 [M]. 南京:凤凰出版社,2006:721.
[7] 欧阳修,宋祁,范镇,等. 新唐书·卷四十四·选举志 [M]. 北京:中华书局,1975:1169.
[8] 马克思·韦伯. 中国的宗教:儒教与道教 [M]. 康乐,简惠美,译. 桂林:广西师范大学出版社,2010:172.
[9] 张廷玉. 明史·卷六十九·选举志一 [M]. 北京:中华书局,1974:1682.
[10] 张廷玉. 明史·选举志一 [M]. 北京:中华书局,1974:1682.
[11] 司马光. 资治通鉴·卷二百七·唐纪二十三 [M]. 北京:中华书局,1956:6558.
[12] 赵尔巽,柯劭忞. 清史稿·卷一百八·选举三 [M]. 北京:中华书局,1977:3172.

形成了"武举格"[1]的竞赛制度和"比试、解试、省试、殿试"[2]的四级制竞赛形式,突出了国家对参赛人员的"一视同仁"的竞赛精神。

最后,在官位任职上,武举竞赛形成了与最终竞赛成绩相对应的官阶任用制度,在竞赛的最终环节传达了国家对于人才任用的严格和"不偏不倚",如规定"凭其科第之优劣予以取士",要求"勋官五品以上并三卫执仗、乘,若品子年考已满者,并放选;勋官六品已上并应宿卫人及品子五考已上者,并授散官,谓'军士战官';余并帖仗然后授散官"[3];以及制定"优等,与右班殿直;次优,与奉职;次等,与借职;末等,与茶酒班殿侍三班差使"[4]的政策,等等。

总之,无论是在人员的选取上、竞技的评判上,还是在官位的任职上,武举竞赛都以国家制度的形式充分体现了国家"唯才是举、任人唯贤"的公平竞争精神,这不仅在一定程度上弘扬了国民的尚武的"士气",而且也对于国君统治的权威性起到了重要而积极的促进作用。

二、弘扬了国家"崇文尚武"的民族精神

射礼竞赛以权力顶层的国君推动和宏观层面的国家推行为重要形式,既体现了国家对"文武兼备"式人才的渴望,也弘扬了举国"崇文尚武"的民族精神。

首先,从国君视角而言,国君从国家治理的视角而发出的对武术人才的"求贤"诏书,传达了国君所代表的国家权力顶层的"尚武"精神。无论是武举竞赛之初隋炀帝对"才堪将略"和"力有骁壮"之人以"任之以爪牙"和"待以不次,随才升擢"[5]的求贤意愿,唐太宗对"白屋"和"闾阎"之内具备"文武材能"之人的渴求,抑或是唐高宗因"寂英奇"而要求官员对"勇杰"[6]和"英髦"[7]的举荐以及"量加奖擢"[8],还是武则天对文武人才的求贤若渴所透露出来的"不惜爵位,以笼四方豪杰自为助"[9]的目的与思维,甚至是以国君"殿试"为最终竞赛录取权威的"四级制"的考核规范[10],都从国家治理和发展的层面毫无保留地展现了国家顶层对"文才武略"之人的希冀和民族的"崇文尚武"精神。

其次,从国民视角而言,民众对国家文武人才任用政策的积极响应与拥护亦充分

---

[1] 徐松. 宋会要辑稿·选举一七·武举[M]. 上海:上海古籍出版社,2014:5589.
[2] 徐松. 宋会要辑稿·选举一七·武举[M]. 上海:上海古籍出版社,2014:5590-5598.
[3] 李林甫. 唐六典[M]. 北京:中华书局,1992:160.
[4] 徐松. 宋会要辑稿·选举一七·武举[M]. 上海:上海古籍出版社,2014:5589-5590.
[5] 王钦若. 册府元龟·帝王部·求贤[M]. 南京:凤凰出版社,2006:715.
[6] 王钦若. 册府元龟·帝王部·求贤[M]. 南京:凤凰出版社,2006:717.
[7] 王钦若. 册府元龟·帝王部·求贤[M]. 南京:凤凰出版社,2006:718.
[8] 王钦若. 册府元龟·帝王部·求贤[M]. 南京:凤凰出版社,2006:718.
[9] 欧阳修,宋祁,范镇,等. 新唐书·卷七十六·后妃传[M]. 北京:中华书局,1975:3479.
[10] 徐松. 宋会要辑稿·选举一七·武举[M]. 上海:上海古籍出版社,2014:5590-5591.

展现了民族的"尚武"精神。不可否认,存在千年的武举竞赛不仅具有极为广泛的群众基础,而且也成了彰显民族"尚武"精神的典型代表。唐代著名文学家韩愈在其《赠张童子序》中就以"天下之以明二经举于礼部者,岁至三千人"[1]形象描述了当时武举竞赛所选拔出来推举到礼部的人员已达到三千人。之后,国家逐步缩减录取人数,在宋代时规定"通取一百一十人为额"[2]。

足见,无论是上至国君权贵对"文武英才"之需,还是下至普通民众对"文武才艺"之重,都充分体现了"君民共武"具备广泛群众基础,这不仅从社会层面反映了国民对自身"文才武略"的格外注重,而且也从国家顶层彰显了国家"崇文尚武"的优秀民族精神。

三、传达了国君"聚天下英才而用之"的治理精神

貌似"君不与"的武举竞赛实则处处体现着"君与"。国君之"与"源于国君之"思",而国君对竞赛思考的出发点是基于稳定社会的目的和国家治理的宏观视角。孟子因"得天下英才而教之"[3]而不亦乐乎,对于国君而言,"聚天下英才而用之"才是真正透露着武举竞赛举国推行所传达出来的国家治理精神。

《唐摭言·卷一·述进士上篇》载:"盖文皇帝修文偃武,天赞神授,尝私幸端门,见新进士而出,喜曰:'天下英雄入吾彀中矣'!"[4]太宗皇帝在推行"以考取士"的智慧之举后,一次站立于"端门"(皇宫宫殿正南门)看着"英才"们进出的场景,不禁喜上眉梢地说道:"天下的英雄都进入我的网罗了!"显而易见,唐太宗渴求"英才"服务于国家统治的想法,不仅深刻影响了国家治理的路径与方法,而且也被唐朝后来的国君所继承。如唐玄宗"朕梦想贤才,咨谋列岳,遂因封祀,发诏搜扬""每渴贤良,无忘监寐。顷虽宁佇,未副旁求"[5]、"朕之爵位,唯待贤能"、"(天宝元年诏)国之急务,莫若求贤"[6],唐代宗"理道同归,求贤是急"[7],以及唐世宗"待之厚禄"[8],甚至是武则天"不惜爵位,以笼四方豪杰自为助"[9]等国家治理的思维。这些十分恰当和贴切地印证了唐人赵嘏所言的"太宗皇帝真长策,赚得英雄尽白头"[10]背后所透露出来的意义,即国君所设置和推行的"以考取士"着实是一种长远

---

[1]韩愈.唐宋名家文集·韩愈选集[M].郑州:中州古籍出版社,2010:110.
[2]徐松.宋会要辑稿·选举一八·武举[M].上海:上海古籍出版社,2014:5606.
[3]万丽华.孟子[M].北京:中华书局,2007:298.
[4]王定保.唐摭言·卷一·述进士上篇[M].北京:中华书局,1960:3.
[5]王钦若.册府元龟·帝王部·求贤[M].南京:凤凰出版社,2006:722.
[6]王钦若.册府元龟·帝王部·求贤[M].南京:凤凰出版社,2006:723.
[7]王钦若.册府元龟·帝王部·求贤[M].南京:凤凰出版社,2006:725.
[8]王钦若.册府元龟·帝王部·求贤[M].南京:凤凰出版社,2006:729.
[9]欧阳修,宋祁,范镇,等.新唐书·卷七十六·后妃传[M].北京:中华书局,1975:3479.
[10]王定保.唐摭言[M].北京:中华书局,1960:5.

的治国策略，它让天下的英雄皆为功名所累，耗费毕生心血与才智力图博取功名，成为国君"爪牙"而服务于国家，从而实现了国君推行武举竞赛的目的，也从精神上弘扬了国君"聚天下英才而用之"的治国理念。

要而言之，"君不与"的武举竞赛以其独特的"君与"方式所形成的独特竞赛人员、内容、规则、理念和精神等形式，切实履行了国君"不惜爵位，以笼四方豪杰自为助"的政治目的。从政权管控的视角而言，武举竞赛整饬并打击了封闭性权贵共同体的结党营私意图，有效地加强了以国君为核心的中央集权制；从权贵团队的视角而言，武举竞赛大范围地吸纳了武术优秀人才，补充了新鲜的血液，提升了权贵团队的整体"文武"素养，切实地加强了权贵的队伍建设；从社会稳定视角而言，武举竞赛的开展，有效地缓和了"贵贱极端"的社会阶级矛盾，让"贵"者持续效力，让"贱"者"有机可乘"，对国家和社会的平稳进步起到了积极的推动作用；而从国家治理的视角而言，武举竞赛的全面推行让社会各阶层中大量的"文武兼备"式英才"全身心"地投入于激烈竞赛的角逐和功名利禄的争夺中，从治理的源头、根本上不以"堵"而以"疏"的智慧之举，切实实现了国君一统天下的宏伟政治目的。

从以地方乡绅为政权代表的基于礼教、选贤的乡射礼，到宣扬国威和点缀升平的角抵，再到整饬封闭性权贵共同体而面向民众的武举，"君不与"下代表"国家在场"的武术竞赛不仅塑造了"道德""富强""平等"的国家形象，而且也以实现了国家治理下的地方治理，传达了竞赛对于社会的价值与意义。

下 篇
君之"与"：被赋予的使命

题 记

治天下之国，若治一家；使天下之民，若使一夫。

——《墨子·尚同下》

史迹也者，无论为一个人独立所造，或一般人协力所造，要之必以社会为范围；必其活动力之运用贯注，能影响及于全社会——最少亦及于社会之一部，然后足以当史之成分。

——梁启超《中国历史研究法》

作为由可以解释的记号构成的交叉作用的系统制度，文化不是一种引致社会事件、行为、制度或过程的力量；它是一种风俗的情景，在其中社会事件、行为、制度或过程得到可被人理解的——也就是说，深的——描述。

——克利福德·格尔茨《文化的解释》

第七章

武术竞赛的顶层设计与国家意义：
一个"控制权"视角

"治天下不如安天下，安天下不如与天下安"[1]。从"君与"之下被制造的竞赛，到"君不与"后以竞赛为载体所塑造的国家，射礼、角抵、武举等武术竞赛以其独特的行为方式和知识体系承载了国家所赋予的宏大政治使命，这即是国家治理意义上的君之"与"。不论是"君在场"式的参与，还是"君不在场"的"君不与"方式，国君之"与"所赋予武术竞赛的不仅仅是形式的开展和技术的角逐，而是包含国家顶层设计、地方治理乃至对人的管理等国家治理体系的特殊政治使命。

从中国大历史的脉络中俯瞰，我们不难发现，有效建构国家治理体系关乎国家的前途与命运，因而作为古代武术竞赛的典型代表，礼射、角抵、武举引领了践行国家治理这一历史使命。"冲动和本能乃是人的主宰"[2]，但中国古人用理性和智慧控制并运用了它，这种理性和智慧即是贯穿、渗透、融入竞赛始末并以此发挥、产生作用的"知识体系"，"它利用灌输来俘获人们的内心，以致让人们'心甘情愿'地去做苛刻地控制让他们做的一切，而毋需强迫"[3]。这种体现民族特色与人文教化智慧的国家治理体系与社会控制能力，对现代社会仍然可以有启发、借鉴的价值。因为它不仅顺应了当下推进国家治理体系和治理能力现代化与改进社会治理方式的改革目标，也启示我们细心解读宝贵历史遗产，有助于我们从历史角度认识国家治理现代化转型的过程中所面临的困难和挑战。

然而，古代国家政权、社会控制等微观行为和过程机制的模糊不清，很大程度上限制了对武术竞赛国家治理机制的研究认识与把握，如构成国家微观运行基础的国家行为是如何在武术竞赛中体现的？射礼、角抵、武举等武术竞赛何以在权威关系中实

---

[1] 吕思勉. 吕思勉自述[M]. 合肥：安徽文艺出版社，2013：274.
[2] 艾利亚斯. 文明的进程——文明的社会发生和心理发生的研究[M]. 王佩莉，袁志英，译. 上海：上海译文出版社，2013：1.
[3] 查尔斯·林德布罗姆. 政治与市场：世界的政治——经济制度[M]. 王逸舟，译. 上海：生活·读书·新知三联书店，1994：73.

现国家管控乃至地方的管理？竞赛的政策制定、考核以及奖惩等权限是如何发挥控制作用的？竞赛的强制、交换、动员等社会控制要素又是如何发挥治理能力的，等等。针对这些问题，本章节以"控制权"，"社会控制"等理论为分析框架，试图审视、探索国家政权权威关系下诸种控制权、社会控制要素的分配与行使，以求解读、认识、把握古代武术竞赛的国家治理模式及其相应的行为类型，为目前我国国家治理模式的现代化转型与战略重构提供宝贵的历史经验。

第一节 政策制定权："国之大事"的制度策略

福柯在《性史》一书中指出"权力本质上是一种涵盖事物、时间、身体甚至是生命本身的扣押权"，它借助"演绎"这一主要要素而展开，并"致力于组织、整合权力之下的煽动、加强、控制、监督、优化等力量，即一种倾向于产生力量的力量，使他们成长和命令他们，而不是致力于阻止他们，使他们屈服或摧毁他们"[1]。这一思路为本研究从"控制权"视角出发探析国君以武术竞赛实现国家上层政权管理和控制指明了方向。

从国家治理的视角来看，礼射、武举和角抵等武术竞赛的政权管控是一种复杂的政治文化行为，因而以经济学"不完全契约"[2]理论为切入点或许可以为我们提供进一步深入解读这一国家行为的研究思路。"不完全契约"理论的前提假设是：现实中无法制定服务（政体）内部关系诸多可能性的完备契约[3]，因此资产所有者持有达成契约的剩余控制权，即契约规定之外的资产使用权由所有权者占有并控制。这一视角引导我们关注武术竞赛中国家政权分配蕴涵的政治"资产"剩余控制权的利害关系。

基于此，本节将政权内部在实际竞赛运行过程中，对政治剩余"资产"所具备的"控制权"[4]进行概念化，提出控制权"事前、事中、事后"[5]控制机制的三个维度：一是事前政策制定权，即在政权内部，国君为下属制定相应政策的控制权。这是科层权威关系的核心。政策制定过程既可能是在委托方专权下完成，并以自上而下的科层制度强制推行；亦可能是委托方与管理方以"斗争"的协商方式达成和产生。二是事中审查考核权，即在政策制定权基础上，审查并考核政策履行情况的控制权。审查考核权依附于政策制定权，由国君独立行使，其目的在于确保政策的切实贯彻与履行。三是事后鞭策赏罚权，即针对利益相关者而设定的督促机制并奖惩其行为表现的

---

[1] Foucault Michel. The History of Sexuality [M]. Washington：Library of Congress Cataloing in Publication，1978：136.
[2] Hart O，Moore J. Incomplete Contracts and Renegotiation [J]. Econometrica，1988，56（4）：755-785.
[3] 汪晓宇，马咏华，张济珍. 不完全契约理论：产权理论的新发展 [J]. 上海经济研究，2003，12：33-36.
[4] 周雪光，练宏. 中国政府的治理模式：一个"控制权"理论 [J]. 社会学研究，2012，27（5）：69-93.
[5] Elsig，Manfred. Principal-agent Theory and the World Trade Organization：Complex Agency and "Missing Delegation" [J]. European Journal of International Relations，2011，17（3）：495-517.

权力。以上三个控制权维度意在深入探寻"规范—监视—惩罚"[1] 三者之间的权力转换，其中心命题是不同维度的政治"资产"剩余控制权的分配与行使促成了相应的政权管控模式，而通过分析并考察控制权的内容及其维度，可以深入分析武术竞赛内部的权力关系与治理模式之间的关系。

无论是"君与"的礼射，还是"君不与"的武举、角抵，古代武术竞赛都是国君意志下的国家竞赛，也是国君在与权贵的政治博弈中行使控制权和施行国家治理的重要政权形式。葛兰西指出，任何争取统治地位的政权最重要的特征是为同化和"在意识形态上"征服传统知识分子在做斗争，而且越是同时成功地构造其有机的知识分子，这种同化和征服便越快捷、越有效[2]。古代武术竞赛是国君为同化手握政权的权力阶层而量身定制的管控与治理之术，而政策制定则是国君立足国家视野对权贵进行政权管理的一种事前控制权，它"借助被定位的肉体，被编码的活动和训练有素的能力，建构各种机制"[3]。

首先，在意识形态上，国君赢得政策制定的"权力话语"。意识形态"并不仅仅是上层统治阶级单纯维护统治'合法性'的工具，它还是一种能贯穿上下层社会的治理策略"[4]。在礼射竞赛中，国君从人员布局上精心拚铸了一个国家顶层的竞赛文化圈，参赛者被限定在以国君为首的诸侯、异邦首领、贵族子弟、高级官员等权贵精英范围内，这种顶层设计在强化权贵阶层权力、地位等国家身份认知时肯定了国君对权贵的厚爱，而且高规格的"国祭"和"军演"也彰显了国家实力和"天子"身份的正统性与对其的敬畏心，以此形成一种"合法的"权力地位。在武举竞赛中，国君以"天下之重，非独治所安"[5] 为由，从观念上对权贵阶层施以国家大事的压力，以形成权贵阶层"精加探访"的思想自觉。而角抵竞赛中的国君则以"所好"的价值观和"命将帅讲武，肄射御，角力劲"[6] 的强军思想，对权贵传达了竞赛的国家观，从国家安危的角度为角抵竞赛的开展注入了合法的源泉。可见，国君寄望权贵阶层在更积极的层面将"某种（竞赛）知识上的要求融入实际政治之中"[7]，即以武术竞赛为形式，以政权为手段，"'合法的'对既不积极也不消极'首肯'的集团加以强制"[8]，以赢得对权贵阶层"国之大事"[9] 的竞赛观和政策制定的"权力话语"。

其次，在思想上，国君以敏锐和前瞻性思维为政策向导。将国家政权管控具象性化为对人"身"与"心"的管理，并以竞赛为手段灌输礼制、道德、勇气、平等观

---

[1] 米歇尔·福柯. 规训与惩罚 [M]. 刘北成，杨远婴，译. 北京：生活·读书·新知三联书店，2012：250.
[2] 安东尼奥·葛兰西. 狱中札记 [M]. 曹雷雨，译. 郑州：河南大学出版社，2014：8.
[3] 米歇尔·福柯. 规训与惩罚 [M]. 刘北成，杨远婴，译. 北京：生活·读书·新知三联书店，2012：188.
[4] 杨念群. "感觉主义"的谱系：新史学十年的反思之旅 [M]. 北京：北京大学出版社，2012：254.
[5] 王钦若. 册府元龟·帝王部·求贤 [M]. 南京：凤凰出版社，2006：715.
[6] 何宁. 淮南子集释·卷五 [M]. 北京：中华书局，1998：424.
[7] 卡尔·曼海姆. 意识形态与乌托邦 [M]. 姚仁权，译. 北京：中国社会科学出版社，2009：151.
[8] 安东尼奥·葛兰西. 狱中札记 [M]. 曹雷雨，译. 郑州：河南大学出版社，2014：11.
[9] 杨天宇. 四书五经译注·春秋左传译注 [M]. 上海：上海古籍出版社，2010：578.

念。"礼"以治身,"乐"以治心[1],在射礼竞赛中,"拜"(行拜礼)、"揖"(行揖礼)、"拜稽首"(行拜稽首礼)等礼节贯穿竞赛始末,严格规范"与射者"的外在仪文礼节;而奏《肆夏》、歌《鹿鸣》、管《新宫》、颂《狸首》等奏乐制度则从内在情感入手调控人的心性[2]。武举竞赛在国君"以笼四方豪杰自为助"[3]的敏锐思维下,宣扬使四民有平等成为官吏机会的理念,号称"废除世袭贵族制度弊端"[4],并以"平等"的"武举格"形式引导政策的走向。而角抵竞赛则以"飨四夷之客"[5]和"宴百辟"[6]的形式向权贵传达了"以练精锐为右"[7]的竞赛理念和"击打—扑摔—扭锁"技术的必要性。总之,以武术竞赛为载体将礼制、道德、勇气、平等等理念全面具象化和制度化,深刻反映了国君高瞻远瞩的治理思维与安邦策略。

最后,在实践上,国君以卓越技术与"在场自觉"为政策指引。从"迟弓、恒弓、疾弓"[8]即慢射、常速、快射,到"亡废矢"的"1+3"技术即1慢3快百发百中[9],再到"五射"[10](白矢、参连、剡注、襄尺、井仪),国君不仅在射礼竞赛中达到自身技艺的精湛,还引领技术体系与评判的发展;而竞赛组织中,国君对他者和自我"以礼始,以礼终"的规训也树立起崇高威望与德行楷模。再者,国君在武举竞赛中以"亲择焉"[11]和"天子亲诏以待异等之才"[12]的"在场"方式对竞赛者"道其所欲问而亲策之"[13]的行为,以及角抵竞赛"观角抵"[14]、"命将帅讲武,习射御、角力"[15]和"观手搏"[16]等"在场"举止,同样起到了对武术竞赛政策的影响、推动和指引。

总之,建立国家道德体制的前提是国家的领袖也应当是社会的道德领袖[17]。国君正是以在意识形态上赢得赞同及在思想和实践上取得优越性,对权贵建立了智识、道德和政治霸权的开明的控制手段[18],这种"再生产"的政治化手段"被赋予一种常识

---

[1] 李泽厚. 由巫到礼 释礼归仁 [M]. 北京:生活·读书·新知三联书店,2015:32.
[2] 杨天宇. 十三经译注·仪礼译注 [M]. 上海:上海古籍出版社,2004:169-217.
[3] 欧阳修,宋祁,范镇,等. 新唐书·卷七十六·后妃传 [M]. 北京:中华书局,1975:3479.
[4] 宫崎市定. 日本学者研究中国史论著选译:第1卷 [M]. 黄约瑟,译. 北京:中华书局,1992:196.
[5] 马端临. 文献通考·卷一百四十七·乐考二十·散乐百戏 [M]. 北京:中华书局,1986:1287.
[6] 马端临. 文献通考·卷一百四十七·乐考二十·散乐百戏 [M]. 北京:中华书局,1986:1288.
[7] 黎翔凤. 新编诸子集成·管子校注(上)[M]. 北京:中华书局,2004:117.
[8] 宋镇豪. 从新出甲骨金文考述晚商射礼 [J]. 中国历史文物,2006(1):10-18.
[9] 李学勤. 作册般铜鼋考释 [J]. 中国历史文物,2005(1):4-5.
[10] 阮元. 十三经注疏·周礼注疏 [M]. 北京:中华书局,1980:731.
[11] 王钦若. 册府元龟·帝王部·求贤 [M]. 南京:凤凰出版社,2006:721.
[12] 赵尔巽,柯劭忞. 清史稿·卷一百八·选举三 [M]. 北京:中华书局,1977:3175.
[13] 欧阳修,宋祁,范镇,等. 新唐书·卷四十四·选举志 [M]. 北京:中华书局,1975:1169.
[14] 刘昫. 旧唐书·卷十七·文宗本纪 [M]. 北京:中华书局,1975:577.
[15] 李学勤. 十三经注疏·礼记正义 [M]. 北京:北京出版社,1999:551.
[16] 司马光. 资治通鉴·卷第二百四十三·后晋纪四 [M]. 北京:中华书局,1956:9249.
[17] 冯友兰. 中国哲学简史 [M]. 赵复三,译. 北京:三联书店,2015:80.
[18] 安东尼奥·葛兰西. 狱中札记 [M]. 曹雷雨,译. 郑州:河南大学出版社,2014:61.

的客观性",以至于内化为权贵"实践的认可""信念的赞同"等认识行为,因而也"在某种程度上'制造'了它所遭受的象征暴力"[1]。

第二节 审查考核权:"忠孝贤德"的监视行为

审查考核是"一种追求规范化的目光,一种能够导致定性、分类和惩罚的监视",它"显示了被视为客体对象的人的被征服和被征服者的对象化"[2]。因此,审查考核权是国君独立行使的用以检验、监视权贵政策履行情况的一种事中控制权,目的在于确保治理政策的切实贯彻与履行。

一方面,竞赛是对权贵行为的全面考查。在礼射竞赛中,对权贵的审查考核是"射中则得为诸侯,射不中则不得为诸侯"[3],国君以射礼竞赛来检验参射诸侯是否具备做诸侯的资格,射中才能做诸侯,射不中则不得做诸侯,而射中与否是判定诸侯权贵是否"尽志于射,以习礼乐"[4]即平日尽心于射并积极演习礼乐的最好方式。"礼乐皆得,谓之有德"[5]"射者所以观盛德也",竞赛中不仅要求"其容体比于礼"[6],考察权贵在竞赛中的仪容体态是否符合礼制规范,做到"毋不敬"和"不逾节"[7],而且要求"其节比于乐",以评判射礼动作节奏是否符合音乐的节拍,做到"通伦理"和"正交接"[8]即规范社交活动,以此窥探和判定权贵的内心思想与德行。在武举竞赛中,手握政权的权贵阶层是否严格按照由"州、县、馆、监举其成者送之尚书省",再"举选不繇馆、学者"[9]的选拔政策,是否遵循先是"始自县考试,定其可举者,然后升于州若府",再是"州若府总其属之所升,又考试之,如县,加察详焉",最后"贡于天子而升之有司"[10]的竞赛程序,都是国君审查考核的关键点,目的在于规范权贵的政治行为,规训并严肃权贵的思想与观念。

另一方面,竞赛全程是对权贵效忠实践的大检验。射礼通过贯穿竞赛始末的政策制度,全面考察权贵的忠心,如竞赛中提出"为人臣者,以为臣鹄",要求作为臣子,当以所射的靶心是考验自己是否够资格做臣子的靶心,射中者体现了其"内志正"和"外体直"的忠实与可信任性,反之射不中者也因其"心不平故体不正"而受国君所

---

[1] 布尔迪厄. 男性统治 [M]. 刘晖, 译. 北京:中国人民大学出版社, 2011:54.
[2] 米歇尔·福柯. 规训与惩罚 [M]. 刘北成, 杨远婴, 译. 北京:生活·读书·新知三联书店, 2012:208.
[3] 杨天宇. 四书五经译注·礼记译注 [M]. 上海:上海古籍出版社, 2010:837.
[4] 杨天宇. 四书五经译注·礼记译注 [M]. 上海:上海古籍出版社, 2010:835.
[5] 杨天宇. 四书五经译注·礼记译注 [M]. 上海:上海古籍出版社, 2010:470.
[6] 杨天宇. 四书五经译注·礼记译注 [M]. 上海:上海古籍出版社, 2010:835.
[7] 杨天宇. 四书五经译注·礼记译注 [M]. 上海:上海古籍出版社, 2010:1-2.
[8] 杨天宇. 四书五经译注·礼记译注 [M]. 上海:上海古籍出版社, 2010:470-472.
[9] 欧阳修, 宋祁, 范镇, 等. 新唐书·卷四十四·选举志 [M]. 北京:中华书局, 1975:1161.
[10] 韩愈. 唐宋名家文集·韩愈选集 [M]. 郑州:中州古籍出版社, 2010:110.

质疑。[1] 而角抵竞赛则通过对内的国家庆典和对外宣传为内容，以"每春秋圣节三大宴"[2] 的安排，考察权贵对仪式、竞赛组织形式的统筹和安排，以及隶属宫廷权贵的职业"角抵队"[3]"善扑营"[4] 的竞赛表现和日常作为。同时，国君还以"讲武之礼"的竞赛形式定期对手握政权的将帅实行军事训练效果的审查，以不断强化其对国家、对国君的"效忠"程度。可见，权贵以他们的行为给国君以最好的保证，以至于使国君对其"寄予美好的希望"，认为权贵"多么乐意为之效劳"，权贵也因此而"赢得了信任"，使国君在不知不觉中对其"产生好感并很愿意给他们以回报"[5]。

总之，审查考核权是国君掌控权贵的一种"合法"控制权，通过它的正当行使不仅强化了权贵履行国家政策的身份与义务，同时也完成了权威关系中控制机制的贯彻与落实。

第三节 鞭策赏罚权："君在场"的督促手法

针对竞赛结果实施的鞭策赏罚是事后国君掌控权贵的又一特定控制权。很显然，鞭策赏罚权是"一种制造效果的艺术"[6]。国君针对权贵的竞赛表现而专门设定一种鞭策性的"物质奖赏和社会荣誉"[7] 的奖惩机制并持有机制的权威执行力。正如韩非子言，手握赏罚两大权即掌握治国之"二柄"[8]。

第一，竞赛的赏罚内容主要体现在参与权与决策权的授予与否。奖赏是一种强化自身利益的象征，而惩戒则是"一种表示障碍的符号"[9]。在礼射竞赛中，国家的祭祀是"国之大事"，参与国祭对权贵而言是至上的荣誉和身份的象征，《礼记·射义》载："天子将祭……射中者得与于祭，不中者不得与于祭"[10]，又言"其容体比于礼，其节比于乐，而中多者，得与于祭；其容体不比于礼，其节不比于乐，而中少者，不得与于祭"[11]，这些都是以赋予权贵国家级祭祀的参与权作为奖赏以示激励与鼓舞，而以剥夺其祭祀参与权作为惩罚起到告诫与鞭策的重要控制手段之一。而在武举竞赛中，由于权贵在竞赛中出现的徇私舞弊和政权的滥用、蔓延与滋生，国君不得不以

---

[1] 杨天宇. 四书五经译注·礼记译注 [M]. 上海：上海古籍出版社，2010：833-837.
[2] 马端临. 文献通考·卷一百四十六·乐考十九·俗部乐 [M] 北京：中华书局，1986：1283.
[3] 魏微，令狐德棻. 隋书·卷十二·志第七·礼仪七 [M]. 北京：中华书局，1982：280-281.
[4] 赵尔巽，柯劭忞. 清史稿·卷六·圣祖本纪一 [M]. 北京：中华书局，1977：177.
[5] 艾利亚斯. 文明的进程——文明的社会发生和心理发生的研究 [M]. 王佩莉，袁志英，译. 上海：上海译文出版社，2013：7.
[6] 米歇尔·福柯. 规训与惩罚 [M]. 刘北成，杨远婴，译. 北京：生活·读书·新知三联书店，2012：103.
[7] 马克思·韦伯. 学术与政治 [M]. 冯克利，译. 北京：生活·读书·新知三联书店，2016：58.
[8] 冯友兰. 中国哲学简史 [M]. 赵复三，译. 北京：生活·读书·新知三联书店，2015：178.
[9] 米歇尔·福柯. 规训与惩罚 [M]. 刘北成，杨远婴，译. 北京：生活·读书·新知三联书店，2012：104.
[10] 杨天宇. 四书五经译注·礼记译注 [M]. 上海：上海古籍出版社，2010：838.
[11] 杨天宇. 四书五经译注·礼记译注 [M]. 上海：上海古籍出版社，2010：835.

"南北分榜"[1] 形式介入，并将"其弓马策论之优者"的中式参赛者姓名和成绩制作成公示贴《武举录》，"张榜于兵部门外"[2]，以对权贵手中政权进行隔离，以防止地方或区域性的帮派、党派相互勾结与串通一气，因此从政权控制意义上讲，这是一种限制性的惩罚。

第二，竞赛的赏罚还体现在具体的行政事务中。如礼射竞赛，赏罚进一步体现在当面谴责、官职的晋升和封地的增减等方面。例如，竞赛规定"不得与于祭者有让，削以地"，对于竞赛落选而不得参与祭祀的权贵，国君不仅要当面予以谴责，而且要施行先削减其封地，进而贬黜其官爵的惩罚性措施；而"王尺赤金是钣"[3] 的赏赐与"得与于祭者有庆，益以地"则是国君对于竞赛优胜而获得"国祭"参与资格的权贵给予当面的褒奖，同时行使晋升其爵位和增加其封地的奖赏权。[4] 可见，"君之势之表现于外者为赏罚"，因为"为人臣者"均"畏诛罚而利庆赏"，所以国君"自用其刑德，则群臣畏其威而归其利矣"[5]。而角抵竞赛针对权贵阶层的赏罚则是表现在"任大官"[6] 的奖赏和"罢角抵"[7] "罢龙蔓延百戏"[8]，甚至是"并杖七十七"[9] 等方面。总之，权威关系的维持与加强取决于双方的一致利益和对权威范围的共识，以及有效的监控系统和赏罚制度[10]。国君鞭策赏罚权的切实行使不仅是国君对国家政策的积极强调与拥护，而且突显了国君治国理念的坚定立场，这无疑成为国君有效管控和正确引导权贵价值观的一种重要治理手段。

综上可见，射礼、武举、角抵等武术竞赛蕴含着国家顶层治理中政权控制权实施的重要涵意。我们以控制权理论为视角，可以勾勒出武术竞赛具体的政策执行过程及其权力各方的行为特征。在武术竞赛政策执行过程中，国君首先通过正式的"霸权"建立"王道"统治[11]，设立具体的竞赛政策与目标，如合乎礼乐、德行、技术等规范，并将这些政策与目标传达给权贵阶层；其次，以举行竞赛的方式行使审查考核权，定期检阅和考核权贵在竞赛中的政策执行效果，以确保权贵遵循国君意志如期按约完成政策目标；最后，国君对竞赛结果进行客观且及时的激励与纠正是国君鞭策赏罚权行使的关键。从行为特征方面来看，一方面国君在武术竞赛中着重关注的是治理政策

---

[1] 马克思·韦伯. 中国的宗教：儒教与道教 [M]. 康乐，简惠美，译. 桂林：广西师范大学出版社，2010：184.
[2] 嵇璜，曹仁虎. 钦定续文献通考·卷三十九 [M]. 台湾：商务印书馆，1986：627-252.
[3] 李学勤. 柞伯簋铭考释 [J]. 文物，1998：67-69.
[4] 杨天宇. 四书五经译注·礼记译注 [M]. 上海：上海古籍出版社，2010：838.
[5] 冯友兰. 中国哲学史（上）[M]. 上海：华东师范大学出版社，2011：187.
[6] 司马迁. 史记·殷本纪 [M]. 长沙：岳麓书社，2012：108.
[7] 班固. 汉书·卷二十三·刑法志第三 [M]. 北京：中华书局，1962：1090.
[8] 范晔. 后汉书·卷五·孝安帝纪 [M]. 北京：中华书局，1965：205.
[9] 宋濂. 元史·卷一百五·刑法志四·禁令 [M]. 北京：中华书局，1976：2685.
[10] 杨善华. 当代西方社会学理论 [M]. 北京：北京大学出版社，1999：105.
[11] 冯友兰. 中国哲学简史 [M]. 赵复三，译. 北京：生活·读书·新知三联书店，2015：81.

的贯彻与执行，因此他不但持有政策与目标制定的控制权，而且也手握审查考核的控制权，目的在于确保"政权契约"的预期结果；另一方面，竞赛政策的实际落实、部署与掌握是权贵效忠程度的首要表现，国君必须以奖惩的形式对权贵起到及时的监督，因此国君保留着鞭策赏罚的重要控制权在礼射、武举、角抵竞赛中充分体现，如下图所示。

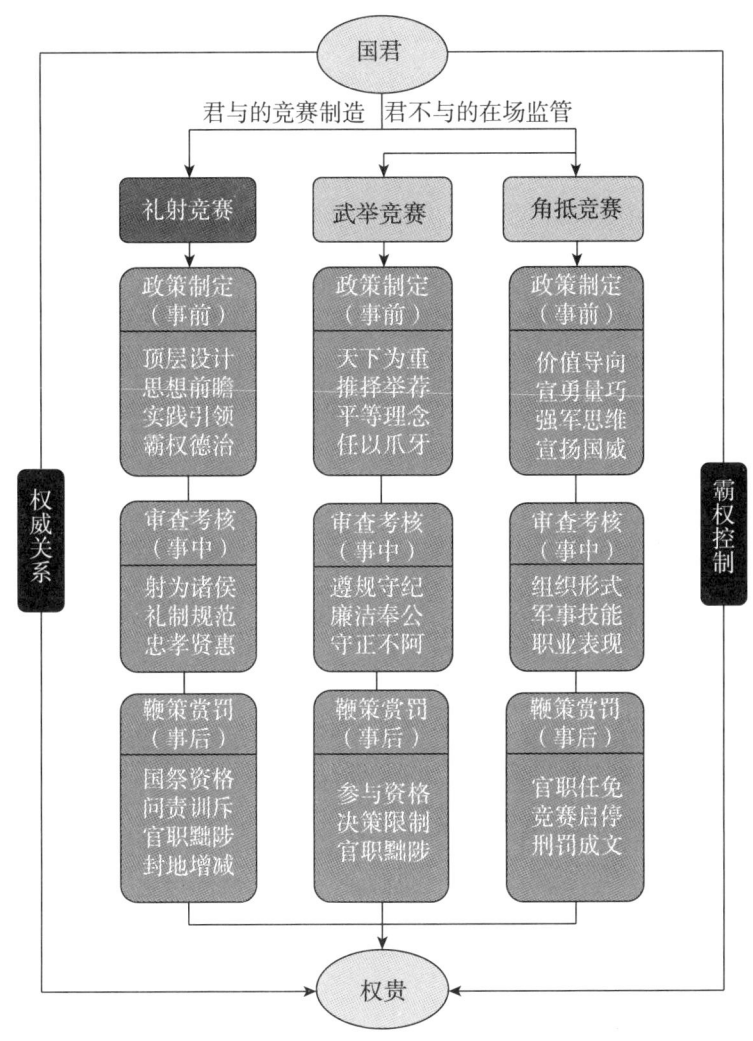

古代武术竞赛"控制权"执行机制与政权治理体系

总而言之，通过关注控制权在武术竞赛中的分配，武术竞赛提供了一个新的分析视角来洞悉国家治理结构的特征及其所蕴含的意义。在武术竞赛中，国君始终对权贵阶层保留有包括政策制定权、审查考核权和鞭策赏罚权在内的控制权，并通过定期的竞赛实施其权威，形成了一种高度集权和高度整合的治理模式。一个高度关联的组织必定存在有着极为敏感的互动反应且紧密联系的部门[1]，由此我们将武术竞赛的政权治理模式称为高度关联型。可见，国君以武术竞赛为形式，以政权为手段，切实有效地完成了政权管控体系中控制权的部署、分配等执行机制的国家治理任务。

---

[1] Weick K E. Educational Organization as Loosely Coupled System [J]. Administrative Science Quarterly, 1976 (21): 1-19.

下篇 君之"与":被赋予的使命

第八章

武术竞赛的地方治理与社会意义:一个"社会控制"理论

从社会治理的视角而言,礼射、武举、角抵等武术竞赛除了发挥国君意志下的政权管控功能外,社会化的礼射、武举、角抵竞赛还起到了履行国家地方治理的重要作用。为了阐述古代武术竞赛地方治理的社会控制机制和制度,研究借用林德布洛姆(C. E. Lindblom)社会控制理论,即"交换、权威、说服"[1]三要素展开分析。交换,"不仅是变换占有物的一个方法,它也是控制行为方式和组织人们协作的一个方法"[2],竞赛中的交换通常是以赏和罚的形式予以实现的。权威,是"一个古老的控制机制""只要人们明确地或缄默地允许他人为自己作出某种行为规范的决定,权威就出现了"[3]。对古代武术竞赛而言,权威关系表现为一种自上而下的科层强制力,因此亦可将这种基于强制命令的控制手段简称为强制。说服或训导制度(preceptorial system),则是一种"大规模和纯粹单向度"的,旨在"实现中央理想抱负"[4]的制度。在竞赛中,说服常常表现为通过精神感召、调动情感因素,以及群体、同侪压力等外在激励结构来促成参赛者内在行为动机发生变化的情形,因此我们也可将这种以说服或情感工作为基础的行为称为动员。以上交换、强制、动员三个社会控制维度的中心命题,是不同维度的控制因素的分配形式促成了相应的地方治理机制,而通过考察与分析社会控制要素的维度及其相应的比重,可以深入探析古代武术竞赛内部等级关系与地方治理的社会控制机制之间的关系。

古代武术竞赛是"统治集团将国家意志强加于社会生活的总方向,引导人民大众

---

[1] 查尔斯·林德布罗姆. 政治与市场:世界的政治——经济制度[M]. 王逸舟,译. 上海:生活·读书·新知三联书店,1994:14-15.
[2] 查尔斯·林德布罗姆. 政治与市场:世界的政治——经济制度[M]. 王逸舟,译. 上海:生活·读书·新知三联书店,1994:44.
[3] 查尔斯·林德布罗姆. 政治与市场:世界的政治——经济制度[M]. 王逸舟,译. 上海:生活·读书·新知三联书店,1994:20.
[4] 查尔斯·林德布罗姆. 政治与市场:世界的政治——经济制度[M]. 王逸舟,译. 上海:生活·读书·新知三联书店,1994:75-76.

'自发'首肯"[1]的一种地方治理机制。如果说国君"在场"管控下的武术竞赛是以实施政策制定权、审查考核权和鞭策赏罚权的一种集权型政权控制体系，那么，以地方乡绅代表"君与"的社会化武术竞赛则是以动员、交换为主，以强制为辅的一种分权型地方控制机制。国君以武术竞赛为形式，以地方乡绅为权力代表，将控制权触角延伸至基层民众，构建起一个集礼教、选贤、庆典等服务于地方治理的竞赛行政机制。

第一节 动员：激励式号召的参与机制

动员作为地方乡绅社会控制的首要手段，突显了武术竞赛具有"高度动员水平"[2]的时代特征。动员过程表现为一种"组织整合与资源的集中"[3]，它是物力、财力和人力的流动和集中，同时也是发动、鼓动或者是影响、促成他人有所行动的一种手段[4]。对国君而言，地方民众是一种"山高皇帝远"式的政权边缘体，存在政权长远渗透的无力、政策推行边界的难以触及等局限。因此，作为地方政权代表的乡绅在地方治理上通常是以动员为主要控制手段。

一方面，竞赛的地方动员通过政策调动民众参与的积极性而发生。首先，与礼射竞赛对权贵提出"射中者得与于祭，不中者不得与于祭"的国祭资格相类似，经过社会化分权的大众化和世俗化演变后的乡射礼到了地方是以一种"以射选士、选贤、选能"以"兴贤者、能者"[5]的考核动员机制而体现的。竞赛以举荐德才兼备之人进入"士"的贵族阶层为动员基调，由代表国家意志的地方乡绅针对民众进行定期发动、组织并实施考核而展开。地方乡绅在国家"三年大比，则大考州里，以赞乡大夫废兴"（每三年对官吏实施考核、黜陟）的政策监督下，被国君委以"各掌其乡之政教禁令"的重任，定期动员、实施"春、秋以礼会民而射于州序"（依礼会聚乡民而举行乡射礼）的政策，甚至每三年要号召民众"大比"一次，以考察民众的"德行、道艺"，以此向国家举荐德才兼备之人[6]。作为国家政权的地方代表，地方乡绅十分重视乡射礼竞赛活动，因而每次竞赛都是"皆莅其事"（亲临其事）[7]进行实地动员、引导和组织，并且认真执行"五物"的考核标准，即一和，身心是否和谐；二容，仪容是否

---

[1] 安东尼奥·葛兰西. 狱中札记 [M]. 曹雷雨, 译. 郑州：河南大学出版社, 2014：11.
[2] 黄仁宇. 中国大历史 [M]. 北京：生活·读书·新知三联书店, 2015：33.
[3] Birgitta N. Individuals and Parties: Changes in Proceses of Political Mobilization [J]. European Sociological Review, 1987, 3 (3)：181-202.
[4] 汪卫华. 群众动员与动员式治理——理解中国国家治理风格的新视角 [J]. 上海交通大学学报（哲学社会科学版）, 2014, 22 (5)：42-53.
[5] 孙诒让. 十三经清人注疏·周礼正义·第二册 [M]. 北京：中华书局, 2013：867.
[6] 杨天宇. 十三经经译注·周礼译注 [M]. 上海：上海古籍出版社, 2004：170-174.
[7] 孙诒让. 十三经清人注疏·周礼正义·第二册 [M]. 北京：中华书局, 2013：866.

合礼；三主皮，是否射中；四和容，节奏是否合拍；五兴舞，舞姿是否优雅[1]。

其次，武举竞赛的动员主要体现在"天下诸州，宜教武艺，每年准明经、进士贡举例送"[2]的政策颁布，以及由此组成的从州、县、馆、监的地方乡绅到州、府再到兵部的权贵执政团队所形成的比试—解试—省试—殿试的竞赛晋级方面。政策的出台不仅对"才兼文武"的习武者个人产生巨大的激励，对整个社会而言也是一种莫大的鼓舞。地方乡绅正是以此为契机在"每岁仲冬"时期举行竞赛以鼓励相应的人才积极投身参与，这无形中起到了对民众的一种引导性控制。

最后，在角抵竞赛中，动员的效应主要是由国君引领而发生的。国君不仅以"观击鞠角抵之戏，大合乐，极欢而罢"[3]"观角抵及杂戏，日昃而罢"[4]等行为向社会传达了上层对竞赛的重视，而且也施行"以锦彩银器颁赐有差"[5]"赐角抵百二十人钞各千贯"[6]等激励举措，甚至还提出了"于今高手者，朝廷重之"[7]的鼓励性措施，并付出了"力士任鄙、孟说皆至大官"[8]的切实举动。在国君这种引领和宣扬下，社会民众对于角抵竞赛的热情程度十分高涨。

另一方面，竞赛的地方动员还通过"制造"社会的"结构性背景"而达成。"结构性背景"（the structural context）是一种社会大形势，它既是权力的主体，也是权力的客体。从民众视角而言，"结构性背景"对于保持群体内部的社会区别起着作用[9]。而从国君地方治理的角度来看，并非用权力去"令人窒息地压制和抹杀"这种背景，而应用智慧去"产出、矫正和造就"它，因为"权力在制造"[10]。在这个意义上，武术竞赛要"制造""鼓动"甚至是"煽动"群体进行自我改造、融入的正是一种"智勇双全""才堪将帅"和"德行道艺"的社会"大背景"。

例如，武举竞赛以国家正式颁布政策的形式不仅向社会"制造"了平等选拔的理念，而且塑造了公平发展的国家形象，以至于形成"岁至三千人"[11]的社会动员效应。而且，"天子常称制诏道其所欲问而亲策之"[12]制举政策也对社会中诸色"才兼文武"人士创造了"一步登天"的仕途之梦，造成了极具动员效果的鼓动效应。在这

---

[1] 杨天宇. 十三经经译注·周礼译注 [M]. 上海：上海古籍出版社，2004：171.
[2] 王溥. 唐会要·卷五十九·兵部侍郎 [M]. 北京：中华书局，1955：1030.
[3] 王钦若. 册府元龟·卷第一百一十一·帝王部·宴享第三 [M]. 南京：凤凰出版社，2006：1204.
[4] 刘昫. 旧唐书·卷十六·穆宗本纪 [M]. 北京：中华书局，1975：476.
[5] 王钦若. 册府元龟·卷第一百一十一·帝王部·宴享第三 [M]. 南京：凤凰出版社，2006：1204.
[6] 宋濂. 元史·卷二十七·英宗本纪一 [M]. 北京：中华书局，1976：603.
[7] 调露子. 角力记 [M]. 太原：山西科学技术出版社，2012：17.
[8] 司马迁. 史记·殷本纪 [M]. 湖南：岳麓书社，2012：108.
[9] 威廉·富特·怀特. 街角社会 [M]. 黄育馥，译. 北京：商务印书馆，1994：44.
[10] 汪民安. 声名狼藉者的生活：福柯文选Ⅰ [M]. 北京：北京大学出版社，2015：7.
[11] 韩愈. 唐宋名家文集·韩愈选集 [M]. 郑州：中州古籍出版社，2010：110.
[12] 欧阳修，宋祁. 新唐书·卷四十四·选举志 [M]. 北京：中华书局，1975：1169.

种背景下，民众会运用相互之间的"社会动力"来激励他们承担实现集体目标的责任[1]，形成一种希望满载荣誉、声望和被认可的社会和心理目标的内在动力[2]，由此激发他们全身心地投入国君期待中的竞赛，达到国君理想中的动员形式治理。

又如角抵竞赛中，国家以"每春秋圣节三大宴"[3]、"以备百戏"[4]、看潮日"必命僚属登楼而宴"[5] 等形式带动民间社会形成了角抵竞赛的"风气"，以至于在"荆楚之间，五月盛集……街坊相攒为乐"[6]，"都邑百姓每至正月十五日，作角抵之戏"[7] 之时竟达到了"百戏竞集"[8] 和"三百里内皆（来）观"[9] 的"充街塞陌"竞赛场面和"鸣鼓聒天"的社会气氛。

再如射礼竞赛明确"贲军之将"（败军之将）、"亡国之大夫"（丢丧国土的大夫）和"与为人后者"（求做别人后嗣的人）的人没有参赛甚至是观赛权；对"幼壮孝悌"（年轻而孝悌）、"耆耋好礼"（年老而有礼）、"不从流俗"和"修身以俟死"（终生修洁自身）的人以旅酬礼待之；而对"好学不倦"（不断学习）"好礼不变"（一直讲求礼仪）和"旄期称道不乱"（年老而有道义）的人则以宾礼尊之。

由此可见，武术竞赛已不仅仅是事关胜与负的简单竞赛，而是一种将"战场转移至人的内心"[10] 的规训理念，它要动员民众靠拢、看齐的是国君希冀的一种有德、规训的状态。这些理念渗透到民众生活中，成为行为处世的规矩尺度便于国君"统治"和"管理"[11]，并寄望"个体能够通过自己的力量，或者他人的帮助，进行一系列对他们自身的身体及灵魂、思想、行为、存在方式的操控，以此达成自我的转变，以求获得某种幸福、纯洁、智慧、完美或不朽的状态"[12]。总之，武术竞赛是以"更加严格、更加全面而又更加适度的控制情感"[13] 的动员方式引导民众积极参与而形成"自我操控、他者经管、群体监督"的控制技术，以达成国君理想中的地方治理。

---

[1] 曼瑟尔·奥尔森. 集体行动的逻辑 [M]. 陈郁，郭宇峰，李崇新，译. 上海：生活·读书·新知三联书店，1995：71.

[2] 曼瑟尔·奥尔森. 集体行动的逻辑 [M]. 陈郁，郭宇峰，李崇新，译. 上海：生活·读书·新知三联书店，1995：70.

[3] 马端临. 文献通考·卷一百四十六·乐考十九·俗部乐 [M] 北京：中华书局，1986：1283.

[4] 马端临. 文献通考·卷一百四十七·乐考二十·散乐百戏 [M]. 北京：中华书局，1986：1287.

[5] 调露子. 角力记 [M]. 太原：山西科学技术出版社，2012：19.

[6] 调露子. 角力记 [M]. 太原：山西科学技术出版社，2012：17.

[7] 魏徵，令狐德棻. 隋书·柳彧传 [M]. 北京：中华书局，1982：1483.

[8] 四水潜夫. 武林旧事·卷三·社会 [M]. 杭州：西湖书社出版，1981：40.

[9] 班固. 汉书·卷六·武帝纪第六 [M]. 北京：中华书局，1962：194.

[10] 诺贝特·埃利亚斯. 文明的进程 [M]. 袁志英，译. 北京：生活·读书·新知三联书店，1999：264.

[11] 李泽厚. 由巫到礼 释礼归仁 [M]. 北京：生活·读书·新知三联书店，2015：50.

[12] 汪民安. 自我技术：福柯文选Ⅲ [M]. 北京：北京大学出版社，2015：54.

[13] 诺贝特·埃利亚斯. 文明的进程 [M]. 王佩莉，译. 北京：三联书店出版社，1998：43.

下 篇 君之"与":被赋予的使命

第二节 交换:转换目标的互动机制

作为个体的民众在社会交往中追求社会报酬,"报酬产生了社会吸引,社会吸引的过程又导致了社会交换的过程"[1]。武术竞赛正是以这样一种"报酬—吸引—交换—回馈"的互动方式来实现地方乡绅对民众的引导和管理。因此,从竞赛的角度而言,地方乡绅正是以"举荐"的方式掌管民众的"禄仕"以求民众"德行、道艺"的回馈。

首先,在礼射竞赛中,国家规定地方乡绅须遵照礼制于每年春、秋之际定期汇集州民而"射于州序",以备于每三年举行一次的"大比"。"大比"的目的在于以礼射竞赛的形式为国家"选士",即举荐进入"士"贵族阶层的翘楚之人;"选贤",即推选德才兼备之人;"选能",即挑选有才干之人[2]。而"士""贤""能"的评判即是竞赛中所展现出来的"德行、道艺"。对地方乡绅而言,"士""贤""能"身份的认定、给予和举荐是以民众德、才为交换条件的,越是表现卓越的民众越是代表其拥有更丰厚的交换资本,因而也就越容易获得认定和举荐;对民众而言,因"自我管理"技术而取得的技能、道德、品行等素质是迈入"士"阶层的敲门砖,是获得"禄仕"报酬的必备条件,因而具有"社会吸引"的积极性;对国君而言,"社会交换必须以一定的社会秩序为前提"[3],因此"废兴""贤者、能者"的政策推行是一种公开化、公正化以及合法化的过程,"它们有助于把努力方向一致的个体和群体组织起来"[4],形成一种稳定、有序的治理格局。此外,地方乡绅以"射义儒家化"掌管民众的"社会和心理目标"以求"君子"的回馈。竞赛提出"故射者,进退周还必中礼,内志正,外体直"[5]的"射以观德"的道德准绳,要求民众做到"以为父鹄,以为子鹄,以为君鹄和以为臣鹄"[6]的自检行为,并且要具备"射有似乎君子,失诸正鹄,反求诸其身"[7]的自我反省能力,以达成"君子无所争,必也,射乎。揖让而升,下而饮,其争也君子"[8]的不争境界。在这个意义上,道德、自检、反省、不争等儒家思想便逐步融入民众的内心,并在个体间产生一种良性竞争的张力,这些张力无形中"增加了人们对于群体中一体化纽带的需要"[9]。再者,竞赛明确提出对"贲军之将""亡国之大夫"和"与为人后者"等行为的批判和制裁,以及对"幼壮孝悌""好

---

[1] 彼得·布劳. 社会生活中的交换与权力[M]. 孙非,张黎勤,译. 南京:华夏出版社,1987:23.
[2] 阮元. 十三经注疏·周礼注疏[M]. 北京:中华书局,1980:716-717.
[3] 杨善华. 当代西方社会学理论[M]. 北京:北京大学出版社,1999:104.
[4] 彼得·布劳. 社会生活中的交换与权力[M]. 孙非,张黎勤,译. 南京:华夏出版社,1987:27.
[5] 杨天宇. 四书五经译注·礼记译注[M]. 上海:上海古籍出版社,2010:833.
[6] 杨天宇. 四书五经译注·礼记译注[M]. 上海:上海古籍出版社,2010:837.
[7] 金良年. 四书五经译注·中庸译注[M]. 上海:上海古籍出版社,2010:30.
[8] 金良年. 四书五经译注·论语译注[M]. 上海:上海古籍出版社,2010:80.
[9] 彼得·布劳. 社会生活中的交换与权力[M]. 孙非,张黎勤,译. 南京:华夏出版社,1987:58.

学不倦""耆耋好礼""修身以俟死"等人的赞颂和奖赏，都是地方乡绅从儒家的立场出发，掌控和调节民众的"社会和心理目标"，以换取理想中的"君子"[1] 如君王般有涵养的君王之子行径。

其次，在武举中，国家以"天下诸州，宜教武艺，每年准明经、进士贡举例送"[2] 的政策，要求地方乡绅每年对民众展开遴选和考核，遴选的标准是"择人四法"，即"一曰身，体貌丰伟；二曰言，言辞辩正；三曰书，楷法遒美；四曰判，文理优长。"[3] 而考核的标准则是对民众是否具备"有谋略（闲兵法）才艺（谓有勇技）、平射（谓善能令矢发平直）"[4] 的能力做出评判，同时还明确指出"四事皆可取，则先德行；德均以才，才均以劳。德者为留，不德者为放"[5]。由此可见，武举竞赛正是以一种"入仕""为官"的仕途条件，对民众提出竞赛要求，从而换取民众因积极"改造"自己而成为的"有谋略、有才艺、有勇技"的社会人，并且这种"文武兼备"的社会人还需以德为首要条件才能赢得乡绅乃至国君肯定、赏识和推举。

最后，在角抵竞赛中，国君以"夜漏一鼓方罢"[6]"至一更二更方罢"[7]"日昃而罢"[8] 和"昼夜不离侧"[9] 的痴迷程度向民众传达并推崇竞赛导向，同时还推出了"于今高手者，朝廷重之"[10] 的政策号召，并且以实质的"厚赏"行为作为了对角抵竞赛杰出人士的回报，如"露台争交"中"胜得头赏，曾补军佐之职"[11] 的授官、"力士任鄙、乌获、孟说皆至大官"[12]"赐角抵者阿里银千两、钞四百锭"[13]"赐角抵百二十人钞各千贯"[14]，等等。这些积极的举措都表明了国君与角抵民众双方以竞赛为媒介形成了一种互动的赏赐——技艺精湛的交换关系，这种交换关系目的在于向民众传达国家政治倾向和社会的利益回馈，而本质则是国君策略中的"安抚——规训"的治理策略。

总之，社会制裁和社会奖励是一种选择性激励，也是一种驱使个人采取集团导向

---

[1] 冯友兰. 中国哲学简史 [M]. 赵复三，译. 北京：生活·读书·新知三联书店，2015：171.
[2] 王溥. 唐会要·卷五十九·兵部侍郎 [M]. 北京：中华书局，1955（印）：1030.
[3] 欧阳修，宋祁，范镇，等. 新唐书·卷四十四·选举志 [M]. 北京：中华书局，1975：1171.
[4] 李林甫等. 唐六典 [M]. 北京：中华书局，1992：160.
[5] 欧阳修，宋祁. 新唐书·卷四十四·选举志 [M]. 北京：中华书局，1975：1171.
[6] 王钦若. 册府元龟·卷一一一·帝王部·宴享第三 [M]. 南京：凤凰出版社，2006：1207.
[7] 刘昫. 旧唐书·卷十七·敬宗本纪 [M]. 北京：中华书局，1975：520.
[8] 刘昫. 旧唐书·卷十六·穆宗本纪 [M]. 北京：中华书局，1975：476.
[9] 司马光. 资治通鉴·卷第二百四十三·唐纪五十九 [M]. 北京：中华书局，1956：7851.
[10] 调露子. 角力记 [M]. 太原：山西科学技术出版社，2012：17.
[11] 孟元老. 东京梦华录·梦粱录 [M]. 上海：古典文学出版社，1957：312.
[12] 司马迁. 史记·殷本纪 [M]. 湖南：岳麓书社，2012：108.
[13] 宋濂等. 元史·卷二十三·武宗本纪二 [M]. 北京：中华书局，1976：524.
[14] 宋濂等. 元史·卷二十七·英宗本纪一 [M]. 北京：中华书局，1976：603.

行动的社会激励[1]。对民众而言，尽管"被支配者所付出的是对自己某些资源和行动的控制权"[2]，但是这种交换政策又是符合自身利益的，因此以自我的付出去换回丰厚回报的策略是可行、期待甚至是令人向往的。而从社会控制的视角来看，"谁支配着他人所必需的劳务，而又不依赖任何人，谁就可以根据他人的服从程度去满足他们的相应需要，由此就取得控制这些人的权力"[3]。由此可见，武术竞赛让国家与民众在结成的交换关系中获得了各自的利益，这种利益为促进社会互动提供了诱因，因而"交换过程也就成了调节社会互动以及促使一个社会关系网和一个雏形群体结构的形成的机制"[4]，治理也因此而得以推行。

第三节 强制：权威政策的规范机制

从地方治理的视角来看，顶层政权的官方竞赛和社会化的地方竞赛反映了不同国家治理模式的差异。如果说武术的官方竞赛是一种"君在场"的"中央集权"式的竞赛类型，那么"皇权不下县"的社会化竞赛则更多地代表了一种地方治理体制。对地方而言，国家政权的延伸，主要是通过科层制的行政区划层级所构成的各类行政机构予以实现的，而举行地方竞赛的县以下的地方通常是以"行政真空"的形式存在的，因此，地方乡绅在国家治理的终端管理中便起到了承上启下的重要作用。然而，尽管"和皇帝共治天下的是士大夫"[5]，但是由于地方乡绅并非政权的最终权威，因此在武术竞赛中常常无法运用实质上的国家政治权威实施强制，而是偏向以动员、交换等控制手段为主。不过，从国家政权角度来看，地方治理是国家治理重要的一部分，因此体现国家权威的强制还是需要以一定的形式予以彰显。在这个意义上，强制便成为一种动员和交换的补充形式而存在于竞赛制度之中。

一方面，地方以竞赛作为"入仕者"必选的"仕途之路"。在礼射竞赛的地方治理中，如果说地方乡绅以常规的"春、秋"两季定期"以礼"召集民众"射于州序"的方式是一种"以乡三物教万民"即以德、行、艺教化民众的日常"兴宾"[6]即以宾客之礼尊贤的身教之举，那么，定期的"三年则大比"则无疑是国家以一种"兴贤、兴能"即举荐入仕翘楚的权威方式向广大民众释放"使民兴贤，出使长之；使民兴能，

---

[1] 曼瑟尔·奥尔森. 集体行动的逻辑 [M]. 陈郁, 郭宇峰, 李崇新, 译. 上海：生活·读书·新知三联书店, 1995：71.
[2] 詹姆斯·S. 科尔曼. 社会理论的基础 [M]. 邓方, 译. 北京：社会科学文献出版社, 1999：88-89.
[3] 亚伯拉罕. 交换理论 [J]. 路国星, 史宇航, 译. 现代外国哲学社会科学文摘, 1985（7）：23-25.
[4] 彼得·布劳. 社会生活中的交换与权力 [M]. 孙非, 张黎勤, 译. 南京：华夏出版社, 1987：108-109.
[5] 费孝通, 吴晗. 皇权与绅权 [M]. 上海：华东师范大学出版社, 2014, 9：32.
[6] 杨天宇. 十三经经译注·周礼译注 [M]. 上海：上海古籍出版社, 2004：156.

入使治之"[1] 即推举德才之人做人民的长官治理人民的"禄仕"信号。对地方官吏而言，"大考州里"的乡礼射是"以赞乡大夫废兴"[2] 所必需的政权管理与黜陟考核政策，而对民众而言，政策的执行是"入仕之路"的民众所必须面对的一种强制与规范，也是国家威严下的不由自主。同样，武举也是以一套权威性的"勇冠三军"[3]"武艺绝伦"[4]"才兼文武"[5]且能"堪任将帅"[6]的"择人"政策对民众施行强制，对于未达标的一律予以淘汰出局，而且规定参赛者还必须遵循"比试—解试—省试—殿试"的晋级考核程序以排列"优等""次优""次等""末等""不合格"的五个等级。可见，民众对于竞赛政策必须持有绝对服从的态度，而地方乡绅对"禄仕"民众的控制正是基于这点。

另一方面，地方以"道德礼治"作为参赛者必遵的制度条款。"道德规律在我们之外的理性存在者的躯体方面作出的规定，可以从否定的角度看作是禁令，从肯定的角度看作是命令。"[7] 从而，射礼竞赛首先从基于"社会评价"的"贲军之将""亡国之大夫"和"与为人后者"等价值尺度入手，对民众的参赛权、观赛权等基本权益提出禁令，施予民众无形的"社会"压力；继而从"幼壮孝悌""耆耋好礼""好学不倦""修身以俟死"等心理目标深入，进一步从民众"礼"的心理追求实施激励与鞭策；最后以"进退周还必中礼""揖让而升，下而饮""内志正，外体直""反求诸己"等合理手段、命令对正式参赛者提出"内外""身心"的严苛"规训"，以"制造"出理想的"文质彬彬、然后君子"[8] 的社会人。而角抵竞赛则从社会稳定的角度对无节制的"糜费财力"[9] 和"营费钜亿万"[10]等过度行为实行"始罢角抵"[11]、"罢龙蔓延百戏"[12] 以及"罢角抵诸戏及齐三服官"[13]的强制政策，以合理控制好社会的负面影响。此外，对于社会化的地方竞赛，国家始终保持以"两边皆禁卫排立，锦袍，幞头簪赐花，执骨朵子，面此乐棚"[14] 等强制手段维持竞赛的秩序与社会的安全。简言之，强制借助权威关系"造就了一种知识体系"，而知识体系反过来又进一步"扩大和

---

[1] 杨天宇. 十三经经译注·周礼译注 [M]. 上海：上海古籍出版社，2004：170-174.
[2] 杨天宇. 十三经经译注·周礼译注 [M]. 上海：上海古籍出版社，2004：174.
[3] 王钦若. 册府元龟·帝王部·求贤 [M]. 南京：凤凰出版社，2006：717.
[4] 王钦若. 册府元龟·帝王部·求贤 [M]. 南京：凤凰出版社，2006：727.
[5] 王钦若. 册府元龟·帝王部·求贤 [M]. 南京：凤凰出版社，2006：726.
[6] 王钦若. 册府元龟·帝王部·求贤 [M]. 南京：凤凰出版社，2006：726.
[7] 费希特. 伦理学体系 [M]. 梁志学，李理，译. 北京：商务印书馆，2007：301.
[8] 金良年. 四书五经译注·论语译注 [M]. 上海：上海古籍出版社，2010：119.
[9] 魏徵，令狐德棻. 隋书·柳彧传 [M]. 北京：中华书局，1982：1483.
[10] 魏徵，令狐德棻. 隋书·音乐志（下）[M]. 北京：中华书局，1982：381.
[11] 班固. 汉书·卷二十三·刑法志第三 [M]. 北京：中华书局，1962：1090.
[12] 范晔. 后汉书·卷五·孝安帝纪 [M]. 北京：中华书局，1965：205.
[13] 班固. 汉书·卷七十二·王贡两龚鲍传第四十二 [M]. 北京：中华书局，1962：3073.
[14] 孟元老. 东京梦华录注·卷之六·元宵 [M]. 北京：中华书局，1982：165.

强化了这种权力的效应"[1]。武术竞赛中的强制正是以权威的仕途政策和强势的礼治规范为主要形态起到造就"一种不间断的、持续强制"[2]的竞赛"知识体系""'合法地'对既不积极也不消极'首肯'的集团加以强制"[3]，以达到社会控制的治理目的。

总之，在武术社会化竞赛的政策执行过程中，地方乡绅仰仗国君意志，以"国家在场"的形式从社会、心理目标对民众动之以"情"，如"兴贤能"、塑造道德的社会等，试图从情感上号召和"激发"行为主体的能动性与积极性并"开创"社会的道德氛围；此外，地方乡绅以报酬、吸引的"社会激励"方式，如禄仕举荐、赏赐等赢取民众的交换动机与治理回馈，以促进和稳固控制机制的形成；最后，由地方乡绅严格执行代表"国家权威"的政策，如入仕规则、礼治制度等以彰显和强化竞赛的合法性，达成对民众的有效管理。从行为特征方面来看，一方面国君关心治理政策的终端贯彻与落实，但又难以达成对广大民众的直接渗透，因此赋予地方乡绅以实质权威[4]，确保地方动员、组织与利益交换的有效性，以获得引导与控制的主动权；另一方面，地方乡绅在强制推行和落实竞赛政策的管理与控制中既彰显了国家的政治权威，又体现了他们对国家政策的拥护和对国君的效忠。

通过关注社会控制要素在武术社会化竞赛中的分配可知，武术竞赛中强制、交换、动员等社会控制要素的分配形式因政权情形和领域的不同而有所差异，因而其在社会竞赛中的不同分配形式，形成了特定的治理风格。在武术地方竞赛中，国君设定目标和政策取向后，将任务"委派"给地方乡绅并由此形成竞争[5]，同时保留政权监管的最终权威。在这里，权贵阶层获得了一定的监督权限和义务，而获得政策执行实质权威的地方乡绅则扮演了一个"执行者"的角色。"使一个上级的影响权利合法化的下级的社会规范和价值把这种权力改造成了权威"[6]，地方乡绅正是立足合法化的上级政策权威，着重以"国家在场"的形式对权力边界的民众实施基于结构性背景的情感动员、精神号召和利益交换等社会控制策略，以切实履行地方的治理机制。基于此，我们将这种社会控制机制称为分权式的动员型治理机制，如下图所示。

---

[1] 米歇尔·福柯. 规训与惩罚 [M]. 刘北成, 杨远婴, 译. 北京: 生活·读书·新知三联书店, 2012: 32.
[2] 米歇尔·福柯. 规训与惩罚 [M]. 刘北成, 杨远婴, 译. 北京: 生活·读书·新知三联书店, 2012: 155.
[3] 安东尼奥·葛兰西. 狱中札记 [M]. 曹雷雨, 姜丽, 译. 郑州: 河南大学出版社, 2016: 11.
[4] Philippe Aghion, Jean Tirole. Formal and Real Authority in Organizations [J]. Journal of Political Economy, 1997, 105 (1): 1-29.
[5] 周黎安. 中国地方官员的晋升锦标赛模式研究 [J]. 经济研究, 2007 (7): 36-50.
[6] 彼得·布劳. 社会生活中的交换与权利 [M]. 孙非, 张黎勤, 译. 北京: 华夏出版社, 1988: 241.

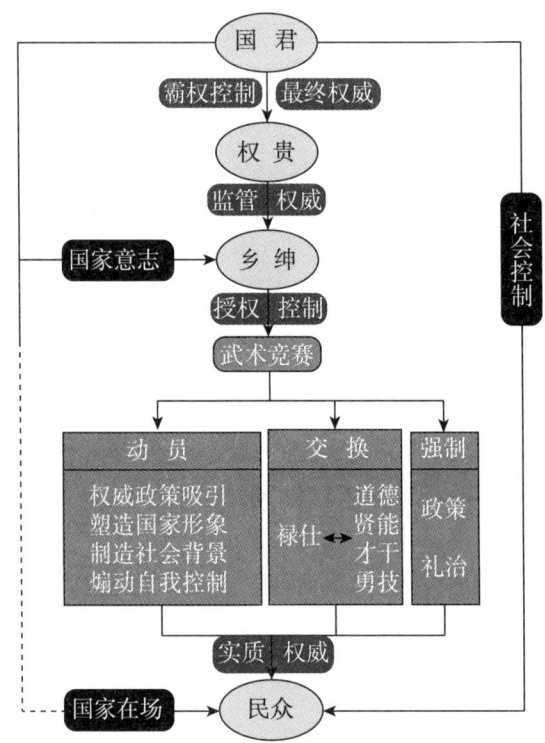

古代武术竞赛社会控制机制与地方治理体系

概言之，礼射、角抵、武举以其独特的竞赛形态履行了"合天子、诸侯、卿大夫、士、庶民，以成一道德之团体"[1]的政治使命与治理重任，彰显了独具特色的国家治理体系与人文智慧的社会控制能力。在"社会控制"理论的视角下，竞赛的动员、交换、强制等控制要素在治理对象上的不同分配与行使形成了以地方治理为目的的分权式动员型的治理共生、共存国家治理模式。诚然，历史中的武术竞赛在社会控制手段和控制要素的分配上可能是复杂和交错的，社会控制理论只是为我们提供了解读这种错综复杂关系的一种尝试，它指引我们深入解析国家政权行为背后的因果关系及其相应的治理机制，进而基于中国历史发展的政治逻辑为我国推进国家治理体系和治理能力现代化与改进社会治理方式的现代化改革提供优秀的历史经验。

---

[1]姚淦铭，王燕.王国维文集：第4卷［M］.北京：中国文史出版社，1997：43.

第九章

武术竞赛对人的管理与个体意义：
一种"中国武术竞赛"的使命

在武术竞赛"君与"和"君不与"的历史发展中，君之"与"对其竞赛形式的发展与演变所产生的影响，至深至巨。国君的参与不仅决定了武术竞赛的文化样态，使其在礼射的"身心一统"、武举的"激烈角逐"和角抵的"笙歌烂漫"中融合了国君治国的思想和理念，也让竞赛秉承了"君在场"的国家意志，实现了国家治理下的文化治理、社会治理以及对人的管理。可以说，射礼、武举、角抵远超竞赛本身，其丰富的人文内涵充分体现了武术竞赛所承载的以赛治人的独特历史使命。

第一节 寓"教"于赛：施"庶—与—教"三部曲的教育路径

《礼记·学记》曰："古之王者建国君民，教学为先"[1]，这是古代"君王"对国民教育这一头等大事的先见之明。教育的目的是要养成民众"某种特定的——无论其为俗世的或宗教性的，总之，是一种身份性的——生活样式"，或者说是企图教育出一种"文化人"，即培养一个人某种内在与外在的生活态度与样式[2]。武术竞赛因国君的参与而引领了国民教育的先锋，形成了以"庶—与—教"为实施步骤的教育、教化路径。"庶—与—教"教育路径以孔子的治理之道"庶—富—教"[3]为蓝本而引申，体现在武术竞赛从"君与"而形成的权贵精英群体的官方竞赛，推演至"君不与"后士绅与民众的社会化竞赛的历史演进中。

"庶"是"多"之意[4]，是射礼、武举、角抵等古代武术竞赛由国君、权贵精英等顶层政权团体参与的国家意志和体制下的官方竞赛，推演至以士绅、民众为基层主

---

[1] 杨天宇. 四书五经译注·礼记译注 [M]. 上海：上海古籍出版社，2010：456.
[2] 马克思·韦伯. 中国的宗教：儒教与道教 [M]. 康乐，简惠美，译. 桂林：广西师范大学出版社，2010：174.
[3] 金良年. 四书五经译注·论语译注 [M]. 上海：上海古籍出版社，2010：209.
[4] 金良年. 四书五经译注·论语译注 [M]. 上海：上海古籍出版社，2010：209.

体的社会化竞赛而产生的广泛群众影响,这种由上而下而形成的"君—权贵—士绅—民众"的发展路径最大限度地发挥了古代武术竞赛的传播功能和社会影响力,扩大了对武术竞赛身份认知与文化认同的人群,为武术竞赛社会教育的地方实践提供了重要的前提与保障。因此,"庶"既是武术竞赛塑造的对象,也是权力塑造行为的基础。

"与"即引导、动员或鼓励参与,是国君以"将祭择士"[1]、"射为诸侯"[2]、"以射选贤、选能"[3] 等作为考察与择优手段,对贵族和民众阶层的参与而提出的高标准和高要求;也是精英和社会群体热衷参与和标榜的"相结伴为相攒之戏"[4]、"癖好角抵戏"[5] 等竞赛娱乐形式;同时还是国家以"武艺绝伦"[6]、"堪任将帅"[7] 的标准而形成的代表国家意志的参与准则和教化举措。自上而下,"与"的目的在于引导、促成合乎"礼制"和"规范"的人,以及动员、鼓动更多将合乎"礼制"和"规范"的人都参与到武术竞赛中去,因为"参与比取胜更重要"[8]。

"教"即教育,"教育即政治",其唯一目的与唯一手段,"不外将国民人格提高"[9]。因之具体来说,"教"是对武术竞赛参与者的教育和教化,这种教学活动受到"对具体存在物的认识上升到对形式洞见的人"[10] 的指导和控制。以"内志正,外体直""揖让而升,下而饮"等礼节教导人们养成"毋不敬""定亲疏""不逾节""别同异""明是非"等修为,"使人以有礼,知自别于禽兽"[11];以"击打—扑摔—扼锁"的技术理念教育人们"文武之道,一张一弛"的处世智慧;以"才兼文武"[12] 的"全人"思想教化人们朝人格、道德和学行等各方面都兼顾的人看齐,最终达成"以正交接"(使社交活动正常化)和"上下和"(上下关系和睦)[13] 的治理目的。

简言之,武术竞赛"庶—与—教"的教育路径是国家意志下的一门"治理之学",是分步骤将教育融入竞赛而给予人民,使之完成"道之以德,齐之以礼,有耻有格"[14] 的政治使命。

---

[1] 李学勤. 柞伯簋铭考释 [J]. 文物,1998:67-69.
[2] 杨天宇. 四书五经译注·礼记译注 [M]. 上海:上海古籍出版社,2010:835.
[3] 阮元. 十三经注疏·周礼注疏 [M]. 北京:中华书局,1980:716-717.
[4] 翁士勋. 角力记校注 [M]. 北京:人民体育出版社,1990:34.
[5] 调露子. 角力记 [M]. 太原:山西科学技术出版社,2012:9.
[6] 王钦若. 册府元龟·帝王部·求贤 [M]. 南京:凤凰出版社,2006:727.
[7] 王钦若. 册府元龟·帝王部·求贤 [M]. 南京:凤凰出版社,2006:726.
[8] 国际皮埃尔·德·顾拜旦委员会. 奥林匹克主义——顾拜旦文选 [M]. 刘汉全,邹丽,等译. 北京:人民体育出版社,2008:77.
[9] 梁启超. 先秦政治思想史 [M]. 北京:中华书局,2016:119.
[10] 阿拉斯代尔·麦金太尔. 伦理学简史 [M]. 龚群,译. 北京:商务印书馆,2014:87.
[11] 杨天宇. 四书五经译注·礼记译注 [M]. 上海:上海古籍出版社,2010:1-3.
[12] 王钦若. 册府元龟·帝王部·求贤 [M]. 南京:凤凰出版社,2006:726.
[13] 杨天宇. 四书五经译注·礼记译注 [M]. 上海:上海古籍出版社,2010:467-474.
[14] 金良年. 四书五经译注·论语译注 [M]. 上海:上海古籍出版社,2010:68.

下篇 君之"与":被赋予的使命

第九章

武术竞赛对人的管理与个体意义:
一种"中国武术竞赛"的使命

在武术竞赛"君与"和"君不与"的历史发展中,君之"与"对其竞赛形式的发展与演变所产生的影响,至深至巨。国君的参与不仅决定了武术竞赛的文化样态,使其在礼射的"身心一统"、武举的"激烈角逐"和角抵的"笙歌烂漫"中融合了国君治国的思想和理念,也让竞赛秉承了"君在场"的国家意志,实现了国家治理下的文化治理、社会治理以及对人的管理。可以说,射礼、武举、角抵远超竞赛本身,其丰富的人文内涵充分体现了武术竞赛所承载的以赛治人的独特历史使命。

第一节 寓"教"于赛:施"庶—与—教"三部曲的教育路径

《礼记·学记》曰:"古之王者建国君民,教学为先"[1],这是古代"君王"对国民教育这一头等大事的先见之明。教育的目的是要养成民众"某种特定的——无论其为俗世的或宗教性的,总之,是一种身份性的——生活样式",或者说是企图教育出一种"文化人",即培养一个人某种内在与外在的生活态度与样式[2]。武术竞赛因国君的参与而引领了国民教育的先锋,形成了以"庶—与—教"为实施步骤的教育、教化路径。"庶—与—教"教育路径以孔子的治理之道"庶—富—教"[3]为蓝本而引申,体现在武术竞赛从"君与"而形成的权贵精英群体的官方竞赛,推演至"君不与"后士绅与民众的社会化竞赛的历史演进中。

"庶"是"多"之意[4],是射礼、武举、角抵等古代武术竞赛由国君、权贵精英等顶层政权团体参与的国家意志和体制下的官方竞赛,推演至以士绅、民众为基层主

---

[1] 杨天宇. 四书五经译注·礼记译注 [M]. 上海:上海古籍出版社,2010:456.
[2] 马克思·韦伯. 中国的宗教:儒教与道教 [M]. 康乐,简惠美,译. 桂林:广西师范大学出版社,2010:174.
[3] 金良年. 四书五经译注·论语译注 [M]. 上海:上海古籍出版社,2010:209.
[4] 金良年. 四书五经译注·论语译注 [M]. 上海:上海古籍出版社,2010:209.

体的社会化竞赛而产生的广泛群众影响,这种由上而下而形成的"君—权贵—士绅—民众"的发展路径最大限度地发挥了古代武术竞赛的传播功能和社会影响力,扩大了对武术竞赛身份认知与文化认同的人群,为武术竞赛社会教育的地方实践提供了重要的前提与保障。因此,"庶"既是武术竞赛塑造的对象,也是权力塑造行为的基础。

"与"即引导、动员或鼓励参与,是国君以"将祭择士"[1]、"射为诸侯"[2]、"以射选贤、选能"[3]等作为考察与择优手段,对贵族和民众阶层的参与而提出的高标准和高要求;也是精英和社会群体热衷参与和标榜的"相结伴为相攒之戏"[4]、"癖好角抵戏"[5]等竞赛娱乐形式;同时还是国家以"武艺绝伦"[6]、"堪任将帅"[7]的标准而形成的代表国家意志的参与准则和教化举措。自上而下,"与"的目的在于引导、促成合乎"礼制"和"规范"的人,以及动员、鼓动更多将合乎"礼制"和"规范"的人都参与到武术竞赛中去,因为"参与比取胜更重要"[8]。

"教"即教育,"教育即政治",其唯一目的与唯一手段,"不外将国民人格提高"[9]。因之具体来说,"教"是对武术竞赛参与者的教育和教化,这种教学活动受到"对具体存在物的认识上升到对形式洞见的人"[10]的指导和控制。以"内志正,外体直""揖让而升,下而饮"等礼节教导人们养成"毋不敬""定亲疏""不逾节""别同异""明是非"等修为,"使人以有礼,知自别于禽兽"[11];以"击打—扑摔—扼锁"的技术理念教育人们"文武之道,一张一弛"的处世智慧;以"才兼文武"[12]的"全人"思想教化人们朝人格、道德和学行等各方面都兼顾的人看齐,最终达成"以正交接"(使社交活动正常化)和"上下和"(上下关系和睦)[13]的治理目的。

简言之,武术竞赛"庶—与—教"的教育路径是国家意志下的一门"治理之学",是分步骤将教育融入竞赛而给予人民,使之完成"道之以德,齐之以礼,有耻有格"[14]的政治使命。

---

[1] 李学勤. 柞伯簋铭考释[J]. 文物,1998:67-69.
[2] 杨天宇. 四书五经译注·礼记译注[M]. 上海:上海古籍出版社,2010:835.
[3] 阮元. 十三经注疏·周礼注疏[M]. 北京:中华书局,1980:716-717.
[4] 翁士勋. 角力记校注[M]. 北京:人民体育出版社,1990:34.
[5] 调露子. 角力记[M]. 太原:山西科学技术出版社,2012:9.
[6] 王钦若. 册府元龟·帝王部·求贤[M]. 南京:凤凰出版社,2006:727.
[7] 王钦若. 册府元龟·帝王部·求贤[M]. 南京:凤凰出版社,2006:726.
[8] 国际皮埃尔·德·顾拜旦委员会. 奥林匹克主义——顾拜旦文选[M]. 刘汉全,邹丽,等译. 北京:人民体育出版社,2008:77.
[9] 梁启超. 先秦政治思想史[M]. 北京:中华书局,2016:119.
[10] 阿拉斯代尔·麦金太尔. 伦理学简史[M]. 龚群,译. 北京:商务印书馆,2014:87.
[11] 杨天宇. 四书五经译注·礼记译注[M]. 上海:上海古籍出版社,2010:1-3.
[12] 王钦若. 册府元龟·帝王部·求贤[M]. 南京:凤凰出版社,2006:726.
[13] 杨天宇. 四书五经译注·礼记译注[M]. 上海:上海古籍出版社,2010:467-474.
[14] 金良年. 四书五经译注·论语译注[M]. 上海:上海古籍出版社,2010:68.

第二节 寓"圣"于赛：
集"内圣""外王""至善"于一体的竞赛理念

圣文化是典型的中国传统文化，因为"中国人心中最崇拜的是圣人"[1]。从思想史来看，上古巫觋文化的"其圣能光远宣朗"[2]和商周名言"思曰睿、睿作圣"[3]是春秋时期"圣"文化思想的滥觞，此后便组织化为"至美至善，符合自然法规"[4]的国家方案和儒家化为道德上和政治上的完美人格，为儒家"超凡入圣"思想提供了一种可行的实践方式。梁启超说："人格锻炼到精纯，便是内圣；人格扩大到普遍，便是外王。"[5]因而可以说，圣人之道德，"自其德之方面言之曰仁，自其行之方面言之曰孝，自其方法之方面言之曰忠恕"[6]。

一方面，礼射竞赛正是因"君与射"而将国君塑造成"圣王"的文化形象，来达到"谋心"即对人"心"的暗示与征服，进而形成以"止于至善"的竞赛理念。"政治上至高之位，必以最大之德居之。所谓天子，必圣人乃可为之"[7]。《荀子·正论篇》亦曰："故天子唯其人。天下者，至重也，非至强莫之能任；至大也，非至辨莫之能分；至众也，非至明莫之能和。此三至者，非圣人莫之能尽。故非圣人莫之能王。圣人备道全美者也，是县天下之权称也"[8]。可见，"荀子之政治哲学，亦以为必圣人为王，方能有最善之国家社会"[9]，一个好的统治者"首要问题是道德问题"[10]。因此，国君在射礼竞赛中的英武形象是"众之纪"即众人的纲纪，是国民凝聚力的强心剂，若不慎重则"纪散而众乱"[11]，国君有礼"则外谐而内无怨，故物无不怀仁"[12]，国君的"圣人"形象示范于社会可对社会产生暗示力量而促进社会关系的和谐、内外无怨，作用于人心则使民众仿效而归心于他的仁德和威望。朱熹言："盖天下之大本者，陛下之心也"[13]，故国君在射礼中以彬彬有礼的行为举止来展示其自身"正身正己"的"德位"自觉和文韬武略、睿智而雅的公众形象，将"修己"的功夫做到极致

---

[1] 钱穆. 民族与文化 [M]. 北京：九州出版社，2012：112.
[2] 徐元诰. 国语集解 [M]. 北京：中华书局，2002：512.
[3] 李民，王健. 十三经译注·尚书译注 [M]. 上海：上海古籍出版社，2004：220.
[4] 黄仁宇. 中国大历史 [M]. 北京：生活·读书·新知三联书店，2015：17.
[5] 梁启超. 梁启超论儒家哲学 [M]. 北京：商务印书馆，2012：5.
[6] 蔡元培. 中国伦理学史 [M]. 北京：商务印书馆，2010：14.
[7] 冯友兰. 中国哲学史（上）[M]. 上海：华东师范大学出版社，2011：71.
[8] 荀子. 荀子 [M]. 安小兰，译注. 北京：中华书局，2007：130.
[9] 冯友兰. 中国哲学史（上）[M]. 上海：华东师范大学出版社，2011：173.
[10] 费正清. 中国：传统与变迁 [M]. 张沛，张源，顾思兼，译. 长春：吉林出版集团有限责任公司，2013：38.
[11] 杨天宇. 四书五经译注·礼记译注 [M]. 上海：上海古籍出版社，2010：291.
[12] 杨天宇. 四书五经译注·礼记译注 [M]. 上海：上海古籍出版社，2010：284.
[13] 朱杰人. 朱子全书·第12册 [M]. 上海：上海古籍出版社，2002：590.

而成为"内圣",并由此树立礼射竞赛文化至善至美的人物标杆,向公众传达"圣"者为"王"的领袖风采,达到"正人""不令而行""不争而胜"的竞赛目的。

另一方面,国君以"圣王"形象作为"君之大柄"而用于"治政安君"[1],以做示范效应的"外王"。在孔子射于矍相之圃的乡礼射竞赛中,特别强调了参加礼射的人,均限于在其经历和行动中完全没有愧疚的人。后半部分说的"扬觯而语",大概可以认为是一种誓词。正是因为意识到这个誓词有很大的威力,违背誓词者若参加射礼,会受到神的某些惩罚,很多人自觉地离开那个场所。礼射之地和一般日常生活场所具有质的不同,它被认为是一个神圣的空间,并把这种观念作为民间故事传播,从而"可以看到从以神为中心的宗教到以人为中心的仪礼的时代变化"[2],这是引导民众"超凡入圣"的安人策略。而在武举和角抵竞赛中体现为从征服人心着手,将"才兼文武""练精锐为右"[3] 等价值观念内化到公众的心理层面,形成一种"追求完人、止于至善"的竞赛理念,并以"弃师之道"[4]"四事皆可取,则先德行"[5] 等具体竞赛行为为引导人们"以君为范"来内省和超越自我,追求技能水平与道德修养的双重境界,不以力胜,力求将自我锻造成"文质彬彬、然后君子"[6]的"圣"者形象,最终达到"修己安人"[7] 的"圣"者为王的终极竞赛目的。

总之,"首领、贵族们的个体'内圣'本是与其能否成功地维系氏族团体的生存秩序的'外王',相紧密联系在一起的"[8],这是冯友兰先生所言的"必圣人为王,方能有最善之国家社会"[9] 的具体体现。因此,武术竞赛通过"某种专门的教育"即以圣人化的形塑为手段,并将其"制度化",从而引导民众聚焦于"内之为尊,外之为乐"[10] 的健全人格的养成与"最高道德"[11] 的"至善"的追求,这不仅与王阳明"志在必为精纯之圣人"[12] 的思想相契合,亦深刻反映了武术"不以外在技艺争输赢,而以内在修为论高下"的竞赛智慧。

---

[1] 杨天宇. 四书五经译注·礼记译注 [M]. 上海:上海古籍出版社,2010:271.
[2] 小南一郎. 论射的礼仪化过程——以辟雍礼仪为中心 [M] //宋镇豪,秦晓丽,译. 西周文明论集. 北京:朝华出版社,2004:181-191.
[3] 黎翔凤. 新编诸子集成·管子校注(上)[M]. 北京:中华书局,2004:117.
[4] 李学勤. 十三经注疏·春秋穀梁传注疏 [M]. 北京:北京大学出版社,1999:107.
[5] 欧阳修,宋祁,范镇,等. 新唐书·卷四十四·选举志 [M]. 北京:中华书局,1975:1171.
[6] 金良年. 四书五经译注·论语译注 [M]. 上海:上海古籍出版社,2010:119.
[7] 梁启超. 孔子与儒家哲学 [M]. 北京:中华书局,2016:95.
[8] 李泽厚. 中国古代思想史论 [M]. 北京:生活·读书·新知三联书店,2014:281.
[9] 冯友兰. 中国哲学史(上)[M]. 上海:华东师范大学出版社,2011:172.
[10] 杨天宇. 四书五经译注·礼记译注 [M]. 上海:上海古籍出版社,2010:291.
[11] 钱穆. 民族与文化 [M]. 北京:九州出版社,2012:41.
[12] 王守仁. 王阳明全集(一)[M]. 北京:中国书店出版社,2014:25-26.

第三节 寓"德"于赛：
融"仁""礼""和"于一身的德育智慧

"周人天命靡常惟德是亲的历史观和政治观开启了中国道德主义的政治传统"[1]，也促成了将德育融入竞赛文化基因以推行德政与德行的治国方略，深刻体现了以"道德之争"为竞赛内涵的中国人文教化智慧。爱因斯坦说："道德不是什么神圣的东西，它纯粹是人的事情"[2]，因而"合乎道德的行为或制度应当能够促进'最大多数人的最大幸福'"[3]。在武术竞赛中，"德"是一种强大的个体内在的强制、主宰、支配，是一种"理性的凝聚"[4]，也是康德所谓的绝对律令（categorical imperative），以及宋明理学和心学所强调的"天理"和"良知"。它包含了以"仁""礼""和"为精髓的竞赛思想。

"仁"是爱之源，是"统摄诸德完成人格之名"[5]，是"人与人的相互"[6]，同时也是达到"圣"的一种必要前提[7]。因之，"仁"是角抵竞赛从"击打"到"扑摔"再到"扼锁"的道德性制服与控制之术，也是射礼竞赛中体现"亲亲尊尊、互敬互爱""明君臣之义""明长幼之序"的孝、悌、忠等具体行为实践，这些基于"仁"学的具体言行举止引导民众理解"为人君，止于仁；为人臣，止于敬"[8]的德育内涵，也使参赛者由内而外地成为"仁者"而推己及人，在社会中实现"爱人"的一种教育思想。

"礼"是孔子用于强筋骨、提精神、去暮气、养人格的身体教育[9]，是通过贯穿武术竞赛始末的"繁文缛节"，将受众主体内在的道德情感化作外在的行为规范，使其在与家庭、社会、国家等关系中完成自我的角色定位，最终落实到切实履行个体所应有的道德、责任和义务的一门育人学问。钱穆先生说："礼是仁的表现，仁是礼的本源"[10]，由此可见，礼的一面是社会关系之本，另一面是社交仪节之文，"无本不立，无文不行"[11]，大原则是"重于丧、祭"即以丧礼、祭礼为隆重，"尊于朝、聘"即

---

[1] 许倬云. 西周史：增补二版 [M]. 北京：生活·读书·新知三联书店，2012：125.
[2] 爱因斯坦. 爱因斯坦文集·第1卷 [M]. 许良英，范岱年，译. 北京：商务印书馆，1976：283.
[3] 约翰·穆勒. 功利主义·序 [M]. 徐大建，译. 北京：商务印书馆，2014：5.
[4] 李泽厚. 哲学纲要 [M]. 北京：北京大学出版社，2011：14.
[5] 蔡元培. 中国伦理学史 [M]. 北京：商务印书馆，2010：14.
[6] 梁启超. 梁启超论儒家哲学 [M]. 北京：商务印书馆，2012：130.
[7] 李泽厚. 中国古代思想史论 [M]. 北京：生活·读书·新知三联书店，2014：282.
[8] 金良年. 四书五经译注·大学译注 [M]. 上海：上海古籍出版社，2010：7.
[9] 梁启超. 梁启超论儒家哲学 [M]. 北京：商务印书馆，2012：137.
[10] 钱穆. 中华文化十二讲 [M]. 北京：九州出版社，2012：150.
[11] 杨天宇. 四书五经译注·礼记译注 [M]. 上海：上海古籍出版社，2010：284.

以朝礼、聘礼为尊敬，"和以射、乡"即以射礼、乡饮酒礼为亲和[1]，而本质是"行修，言道"即言行举止符合规矩[2]。

"和"是"中国古代的最高价值"[3]，是体现在竞赛中正确处理好"文"与"质"的合理张力，做到既不能过之即暴力过度而生危害，又不能不及即尚武不足而趋软弱的不偏不倚状态，并通过这种"中和"的把握来主张与强化人与人之间和谐、安定、团结、协作的"人和"，进而在"人和"后达到为人处世都符合规范的"发而皆中节"[4]，实现以"射"求"和"的教化实践。可见，以"仁"的情感导引和"礼"的行为规训，武术竞赛形成了从"德性"到"德行"，最后到达"和悦"的教育追求，"礼之用，和为贵"，此之谓也。

总而言之，"仁""礼""和"构成了武术竞赛寓"德"于赛的核心教育思想，以"仁"作为"礼"的价值支撑，以"和"作为实现社会和谐的最终归宿，武术竞赛不仅将技能之争的"野蛮之斗"转化为道德之争的"文明之赛"，实现精神层面的竞赛理想，而且将竞赛打造成服务于人、社会和国家的有益活动，成为调节人际关系和社会关系等服务于国家治理的智慧之学。

射礼、角抵、武举等古代武术竞赛以政策制定、审查考核和鞭策赏罚等不同维度控制权的行使实现了国家顶层政权的管控，以动员的激励式号召、交换的目标转换和强制的政策权威等社会控制机制达成了国家的地方治理，而最终，武术竞赛以"寓教于赛""寓圣于赛""寓德于赛"的独特方式承载并切实履行了国家治理意义上关于人的管理的特殊政治使命，传达了竞赛基于个体生命的存在价值与意义。

---

[1] 杨天宇. 四书五经译注·礼记译注 [M]. 上海：上海古籍出版社，2010：817.
[2] 杨天宇. 四书五经译注·礼记译注 [M]. 上海：上海古籍出版社，2010：2.
[3] 张岱年. 国学要义 [M]. 北京：北京大学出版社，2012：9.
[4] 金良年. 四书五经译注·中庸译注 [M]. 上海：上海古籍出版社，2010：23.

结 论

题 记

　　一时代之学术，必有其新材料与新问题。取用此材料，以研求问题，则为此时代学术之新潮流。治学之士，得预于此潮流者，谓之预流。其未得预者，谓之未入流。

——陈寅恪《陈垣敦煌劫余录序》

　　权力本质上是一种夺取的权利：对事物、时间、身体以及最终的生命本身；它最终获得了夺取生命以压制生命的特权。

——米歇尔·福柯《性史》

　　创造这一切、拥有这一切并为这一切而斗争的，不是"历史"，而正是人，现实的、活生生的人。"历史"并不是把人当作达到自己目的的工具来利用的某种特殊的人格。历史不过是追求着自己目的的人的活动而已。

——马克思、恩格斯《神圣家族》

一、研究结论

通过前文从人员、技术、规则、组织、理念、精神等方面对以礼射、角抵、武举为代表的中国武术竞赛文化内涵与意义的解读、论证等文化探究，研究得出如下结论。

第一，从"君与"到"君不与"的历史发展脉络，以及围绕人员、技术、规则、组织、理念、精神等方面而展现的竞赛文化现象表明，古代武术竞赛并非脱离于国家的"自由"活动现象，也不是独立于社会的"自在"行动产物，更不是自立于民众的"自主"欢愉形式，而是以上至皇亲贵族、下至市井百姓所喜闻乐见的独特竞赛样态，在政治、经济、军事、文化、社会等方面展现了其与"君"息息相关的"国之大事"的文化特性。

第二，从最初标榜"君"个体"勇猛""威武"以震慑诸侯权贵，到赋予国家"强盛"以"宣扬国威"和"傲视四夷"的历史表明，礼射、角抵、武举等武术竞赛具有受到国家推崇、指定且合法存在，权贵精英认同，以及国家统治下的民众共同认可等"国家性"的出身与身份特质。

第三，因具备特定的参与群体、物质条件以及组织管理等竞赛要素，礼射、角抵、武举等武术竞赛成为古代体育竞赛的一项重要内容，并以其独特的竞赛形式在许多重要活动中发挥了体育竞赛的文化特性。

第四，不论是"侯以明之""将祭择士"的大射礼，还是"飨四夷之客""宴百辟"的角抵，抑或"堪任将帅""胜任爪牙"的武举，都是国君以"文化霸权"的"斗争""协商"为形式，以竞赛为手段，通过事前从意识形态、思想、实践上赢得政策制定的"权力话语"，从言行、举止上执行事中审查考核的"监视机制"，乃至从社会荣誉、物质奖赏方面施行事后鞭策赏罚的"艺术效果"等方式，达成了对权贵集团恩威并施的权力支配、张弛有度的权力调节以及封闭性共同体权力的整饬等政权管理、支配目的，以及切实履行了国家治理意义上的顶层政治权力的治理。

第五，在国家治理的政权终端，武术竞赛形成了以射义儒家化、伦理仪式化、礼制符号化的乡射礼竞赛，以塑造国家、社会繁荣富强形象的民间角抵竞赛，和以展现国家"唯才是举、任人唯贤"的公平竞争精神的地方武举竞赛的形式，运用以激励式号召的动员和目标转换的交换为主，以政策权威的强制为辅的"社会控制"手段，实现了推行礼治制度、强化国家认同、柔化社会结构、调节民众情绪等地方管理、控制目的，以及切实履行了社会治理意义上的基层社会的地方治理。

第六，国家的富强、社会的繁荣和体育强国梦决定了射礼、角抵、武举等武术竞赛先是在顶层政权管控，继之在国家外交，最后在社会发展等多维层面，不论是"君与"还是"君不与",其所标榜、彰显的庄重、奢华、权威,还是地方、社会、民间所传达、体现的严苛、繁盛、规范,都展现了其高于武术竞赛乃至体育竞赛所肩负的国家治理、国家发展、社会治理、民众管理等的政治使命与社会责任。

第七,武术竞赛探讨的是主体的形塑,这个主体既是个体和群体,同时还是个体和群体所代表的社会、国家。对"君"而言,国家与真理相关即国家是永恒的真理,通过它,国君将自我建构为竞赛知识的主体。这些竞赛知识被权力生产出来并作用于他人,因而国家既是形塑的对象,同时也是行动的主体。因此,射礼、角抵、武举等古代武术竞赛的"知识结构"及其对于国家、社会和个人的存在意义只有在和竞赛主体相关联,并在锻造主体的意义上,才能有其特定的展现并为我们所理解。

二、研究展望

郭沫若先生在《中国古代社会研究》中指出:"历史研究的对象是过去,而研究的目的却是认识今天。重新认识传统的中国,为的是要更深入、更准确地认识今天中国的国情"。的确,温故而知新,述往事才能思来者。对于中国武术竞赛而言,研究历史中射礼、角抵、武举等竞赛是为了更好地认识今天的武术竞赛和中国体育竞赛,认识古代武术竞赛的历史与文化,为的是应对我们自己所面临的现代武术甚至是现代体育发展的问题,即本文前言中指出的能否化解、如何化解西方现代文明的挑战。

回顾武术竞赛发展的历史,我们发现,立足"君与""君不与"的视角进一步加深了我们对中国武术竞赛历史的把握与认知,即具备体育竞赛构成条件的武术竞赛并非脱离于国家意志的活动现象,也不是独立于社会的约束的行动产物,更不是自立于民众的欢愉形式,而是以上至皇亲贵族下至市井百姓所喜闻乐见的独特竞赛样态,在政治、经济、军事、文化、社会等方面展现了其与"君"息息相关的"国之大事"的文化特性。它高于当下纯粹武术竞赛所对应和处理的现象界。因而,历史上这个"关乎千秋"的"国之大事",作为独具中华民族人文内涵与特色的竞赛文化样态,究竟能给现代武术竞赛、现代体育竞赛甚至是国家文化建设带来什么启示,是本研究需要思考的一个重要问题。

在体育竞赛如火如荼、武术竞赛逐步"高、难、美、新"化的当下,重新认识古代武术竞赛历史文化的得失将有助于我们更好地思考武术竞赛甚至是中国体育竞赛对于国家、社会和个人的重要意义。站在客观且审慎的立场,我们可以看到,历史中的武术竞赛有其独具一格且彰显人文教化智慧的优秀传统:一是多样化、多元化的技术样态,如射礼中的"五射""五善"等是现代武术竞赛技术单一化与最亟须反思的问题;二是竞赛对人外在行为举止和内心情感"和谐一统"的建构,亦即"身心一统"的竞赛理念,这种贯穿于竞赛始末的身心礼仪规范无疑也是现代武术竞赛所欠缺的;三是"君子之争"式德育智慧的人文教化,这是创建既彰显武者风范又体现文质彬彬武术形象的重要举措；四是武术竞赛的形式，如何更加舞台化、剧情化的发挥武术"戏演"的功能，也是武术商业赛事亟须探索的一个方向；五是竞赛的音乐思维，如何将古代竞赛中音乐对人心的作用进行创造性转化，用于丰富当前武术竞赛"简单"的配乐也是值得我们深思的问题，等等。总之，这些独具民族特色并且是彰显民族智慧的优点对当下狭隘地只追求"高、难、美、新"的武术竞赛具有启示作用。它指引我们，武术竞赛不仅仅是技术评判的角逐和金牌思维，还可以是人的德育和文化的传承与延续，甚至对于国家而言，是可以进一步将历史经验进行创造性转化和创新性发展的优秀文化遗产。当然，历史中的武术竞赛也有需要我们摒弃的陈腐糟粕，如绝对的君权、专制下的竞赛强权、竞赛的官僚化、人伦等级观念，以及竞赛过程的繁文缛节，等等。这些弊端亦对现代武术竞赛产生积极的警示作用，因而正确认知中国武术竞赛历史的价值得失是完全必要的。

诚然，尽管"君与""君不与"的研究视角为更进一步洞悉古代中国武术竞赛的历史与文化内涵提供了可能。但历史中的武术竞赛可能是错综复杂的社会文化现象，"君与""君不与"的研究视角只是解读这一历史文化现象的一种尝试，它指引我们不应满足于停留在事物发展表面的描述阶段，而要深入探析行为背后的因果关系及其文化内涵。总之，以史为鉴，展望未来。武术竞赛独特的历史文化内涵无疑对当今体育竞赛尤其是武术竞赛极富启迪意义，如何深入发掘并有效发挥武术竞赛的社会价值与人文意义，让中国体育竞赛和中国武术竞赛在"通而同之"即求同以包容、吸取和同化外物而扩展自己的中国智慧中，更好地为国家、为社会、为人类服务，这是一个值得进一步探讨的课题。

参考文献

一、主要中文文献

1. 史料

[1] 老子. 老子[M]. 北京：中华书局，2007.

[2] 徐元诰. 国语集解[M]. 北京：中华书局，2002.

[3] 庄子. 庄子[M]. 北京：中华书局，2007.

[4] 孟子. 孟子[M]. 北京：中华书局，2007.

[5] 王先谦. 荀子集解[M]. 北京：中华书局，1988.

[6] 袁珂. 山海经校注[M]. 上海：上海古籍出版社，1980.

[7] 何宁. 淮南子集释[M]. 北京：中华书局，1998.

[8] 司马迁. 史记[M]. 北京：中华书局，2000.

[9] 杜预注. 春秋左传[M]. 北京：中华书局，2015.

[10] 陈寿. 三国志[M]. 北京：中华书局，2011.

[11] 范晔. 后汉书[M]. 北京：中华书局，2000.

[12] 魏收. 魏书[M]. 北京：中华书局，1974.

[13] 魏征. 隋书[M]. 北京：中华书局，2000.

[14] 房玄龄. 晋书[M]. 北京：中华书局，2015.

[15] 李林甫. 唐六典[M]. 北京：中华书局，1992.

[16] 赵璘. 因话录[M]. 上海：上海古籍出版社，1979.

[17] 道宣. 续高僧传[M]. 上海：上海古籍出版社，1991.

[18] 房玄龄. 晋书[M]. 北京：中华书局，1974.

[19] 李百药. 北齐书[M]. 北京：中华书局，1972.

[20] 任昉. 述异记[M]. 北京：中华书局，1962.

[21] 梁沉约. 宋书[M]. 北京：中华书局，1974.

[22] 刘昫. 旧唐书[M]. 北京：中华书局，2000.

[23] 王定保. 唐摭言[M]. 北京：中华书局，1960.

[24] 司高承. 事物纪原[M]. 北京：中华书局，1989.

[25] 王溥. 唐会要[M]. 北京：中华书局，1955.

[26] 朱熹．四书章句集注［M］．北京：中华书局，1983．

[27] 李昉，李穆，徐铉，等．太平御览［M］．北京：中华书局，1966．

[28] 朱熹．论语集注［M］．济南：齐鲁书社，1992．

[29] 调露子．角力记［M］．太原：山西科学技术出版社，2012．

[30] 吴自牧．梦粱录［M］．北京：中国商业出版社，1982．

[31] 马端临．文献通考［M］．北京：中华书局，1986．

[32] 阮元．十三经注疏·周礼注疏［M］．北京：中华书局，1980．

[33] 阮元．十三经注疏·仪礼注疏［M］．北京：中华书局，1980．

[34] 阮元．十三经注疏·礼记正义［M］．北京：中华书局，1980．

[35] 凌廷堪．礼经释例［M］．北京：北京大学出版社，2012．

[36] 张廷玉．明史［M］．北京：中华书局，1974．

[37] 赵尔巽，柯劭忞．清史稿［M］．北京：中华书局，1977．

[38] 徐松．宋会要辑稿［M］．上海：上海古籍出版社，2014．

[39] 龙文彬．明会要［M］．北京：中华书局，1956．

2．著作

（1） 国外译著

[1] 费正清．中国：传统与变迁［M］．张沛，张源，顾思兼，译．长春：吉林出版集团有限责任公司，2013．

[2] 柯文．历史三调：作为事件、经历和神话的义和团［M］．杜继东，译．南京：江苏人民出版社，2005．

[3] 拉塞尔·雅各比．杀戮欲：西方文化中的暴力根源［M］．姚建彬，译．北京：商务印书馆，2013．

[4] 杜兰特．哲学的故事［M］．蒋剑锋，张程程，译．北京：新星出版社，2013．

[5] 詹姆斯·S.科尔曼．社会理论的基础［M］．邓方，译．北京：社会科学文献出版社，1999．

[6] 孔飞力．叫魂：1768年中国妖术大恐慌［M］．陈兼，刘昶，译．北京：生活·读书·新知三联书店，2012．

[7] 欧文·戈夫曼．日常生活中的自我呈现［M］．冯钢，译．北京：北京大学出版社，2008．

[8] 武雅士．中国社会中的宗教与仪式［M］．彭泽安，邵铁峰，译．南京：江苏人民出版社，2014．

[9] 克利福德·格尔茨．文化的解释［M］．韩莉，译．南京：译林出版社，2014．

[10] 威尔·杜兰特，阿里尔·杜兰特．历史的教训［M］．倪玉平，张闶，译．成都：四川人民出版社，2014．

[11] 威廉·富特·怀特．街角社会［M］．黄育馥，译．北京：商务印书馆，1994．

[12] 柯文．在传统与现代性之间：王韬与晚清改革［M］．雷颐，罗检秋，译．南京：江苏人民出版社，2003．

[13] 曼瑟尔·奥尔森．集体行动的逻辑［M］．陈郁，郭宇峰，李崇新，译．上海：生活·读书·新知三联书店，1995．

[14] 阿拉斯代尔·麦金太尔.伦理学简史[M].龚群,译.北京:商务印书馆,2014.

[15] 杜兰特.哲学的故事[M].蒋剑锋,张程程,译.北京:新星出版社,2013.

[16] 彼得·伯克.什么是文化史[M].蔡玉辉,译.北京:北京大学出版社,2009.

[17] 杰克·古迪.神话、仪式与口述[M].李源,译.北京:中国人民大学出版社,2014.

[18] 斯图尔特·霍尔.表征:文化表象与意指实践[M].徐亮,陆兴华,译.北京:商务印书馆,2013.

[19] 卡尔·马克思.摩尔根《古代社会》一书摘要[M].中国科学院历史研究所翻译组,译.北京:人民出版社,1965.

[20] 艾利亚斯.文明的进程——文明的社会发生和心理发生的研究[M].王佩莉,袁志英,译.上海:上海译文出版社,2013.

[21] 尼采.悲剧的诞生[M].周国平,译.南京:译林出版社,2014.

[22] 马克思·韦伯.中国的宗教:儒教与道教[M].康乐,简惠美,译.桂林:广西师范大学出版社,2010.

[23] 马克思·韦伯.学术与政治[M].冯克利,译.北京:生活·读书·新知三联书店,2016.

[24] 米歇尔·福柯.规训与惩罚[M].刘北成,杨远婴,译.北京:生活·读书·新知三联书店,2012.

[25] 维加雷洛.从古老的体育游戏到体育表演——一个神话的诞生[M].乔咪加,译.北京:中国人民大学出版社,2007.

[26] 莫里斯·哈布瓦赫.论集体记忆[M].毕然,郭金华,译.上海:上海人民出版社,2002.

[27] 布尔迪厄.男性统治[M].刘晖,译.北京:中国人民大学出版社,2011:54.

[28] 福泽谕吉.文明论概略[M].北京编译社,译.北京:商务印书馆,2014.

[29] 松田隆智.中国武术史略[M].吕彦,阎海,译.四川:四川科学技术出版社,1984.

(2)国内著作

[30] 梁启超.梁启超论儒家哲学[M].北京:商务印书馆,2012.

[31] 梁启超.先秦政治思想史[M].北京:中华书局,2016.

[32] 梁启超.中国历史研究法[M].北京:中华书局,2014.

[33] 吕思勉.中国政治思想史[M].北京:中华书局,2012.

[34] 冯友兰.中国哲学史(上)[M].上海:华东师范大学出版社,2011.

[35] 梁漱溟.中国文化要义[M].上海:学林出版社,1987.

[36] 钱穆.中国历代政治得失[M].北京:生活·读书·新知三联书店,2012.

[37] 钱穆.文化学大义[M].北京:九州出版社,2011.

[38] 张岱年.国学要义[M].北京:北京大学出版社,2012.

[39] 李泽厚.美的历程[M].北京:生活·读书·新知三联书店出版社,2015.

[40] 李泽厚.中国古代思想史论[M].北京:生活·读书·新知三联书店,2014.

[41] 李泽厚.哲学纲要[M].北京:北京大学出版社,2011.

[42] 许倬云.中国古代文化的特质[M].北京:新星出版社,2006.

[43] 许倬云.西周史:增补二版[M].北京:生活·读书·新知三联书店,2012.

[44] 费孝通. 乡土中国［M］. 北京：人民出版社，2008.

[45] 胡适. 中国哲学史大纲［M］. 北京：商务印书馆，2011.

[46] 黄仁宇. 中国大历史［M］. 北京：生活·读书·新知三联书店，2015.

[47] 葛兆光. 古代中国文化讲义［M］. 上海：复旦大学出版社，2012.

[48] 彭林. 中国古代礼仪文明［M］. 北京：中华书局，2004.

[49] 朱小丰. 中国的起源［M］. 上海：上海文艺出版社，2014.

[50] 岳永逸. 空间、自我与社会：天桥街头艺人的生成与系谱［M］. 北京：中央编译出版社，2007.

[51] 彭林. 中国古代礼仪文明［M］. 北京：中华书局，2013.

[52] 吴思. 血酬定律：中国历史中的生存游戏［M］. 北京：语文出版社，2009.

[53] 许宏. 何以中国：公元前2000年的中原图景［M］. 北京：三联书店，2014.

[54] 富察·建功. 晚清侍卫追忆录［M］. 北京：故宫出版社，2011.

[55] 袁俊杰. 两周射礼研究［M］. 北京：科学出版社，2013.

[56] 国家体委武术研究院编纂. 中国武术史［M］. 北京：人民体育出版社，1996.

[57] 戴国斌. 武术：身体的文化［M］. 北京：人民体育出版社，2011.

[58] 李仲轩. 逝去的武林［M］. 北京：人民文学出版社，2013.

[59] 翁士勋. 角力记校注［M］. 北京：人民体育出版社，1990.

3. 期刊论文

[1] 马王堆汉墓帛书整理小组. 长沙马王堆汉墓出土《老子》乙本卷前古佚书释文［J］. 文物，1974（10）：37.

[2] 李季芳. 中国古代摔跤史略（上）［J］. 成都体育学院院刊，1978（1）：44-49.

[3] 马明达. 中国古代射书考［J］. 暨南史学，2003（12）：1-7.

[4] 宋镇豪. 从新出甲骨金文考述晚商射礼［J］. 中国文物研究，2006（1）：10-18.

[5] 朱凤瀚. 作册般鼋探析［J］. 中国历史文物，2005（1）：6-10.

[6] 刘雨. 西周金文中的射礼［J］. 考古，1986（12）：1112-1120.

[7] 周雪光，练宏. 中国政府的治理模式：一个"控制权"理论［J］. 社会学研究，2012，27（5）：69-93.

[8] 王凯. 郎世宁笔下的《塞宴四事图》［J］. 南京艺术学院学报（美术与设计版），2008（1）：27-32.

二、主要外文文献

[1] Stephen Selby. Chinese Archey［M］. Hong Kong：Hong Kong University Press，2003：70-71.

[2] Michel Foucault. The History of Sexuality［M］. Washington Library of Congress Cataloing in Publication，1978.

[3] Roche M. Mega-Event and Modemity：Olympic and Expos in the Growth of Global Culture［M］. London：Routledge，2001：114.

[4] Justine B, Allen, et al. Sport Event Volunteers' Engagement：Management Matters［J］. Managing Leis-

ure, 2014, 19 (1): 36.
[5] Kenneth Roberts K. The Leisure Industry [M]. London: Rouledge, 2004: 35.
[6] Ritchie J, Lyons M. Olympic Ⅵ: A Post-Event Assessment of Resident Reaction to the XV Olympic Winter Games [J]. Journal of Travel Research, 1990, 23 (3): 14-23.
[7] Alen Johnny. Festival and Special Event Management [M]. John Wiley & Sons Australia, Ltd, 2002: 11.
[8] Miller S G. Ancient Greek Athletic [M]. New Haven: Yale University Press, 2004: 31.
[9] Hauser W B. Armed martial arts of Japan: Swordsmanship and archery [J]. American Historical Review, 1999, 104 (5): 1651.

后 记

32 年前，我 8 岁。

也就在那一年，因父亲而涉足武术的我开启了武术的汪洋之旅。身边人说，学了武术就不怕被坏人欺负了；长辈们说，习武强身，为国争光；电影上说，弘扬中华民族精神，摘掉"东亚病夫"之帽。我感觉到习武的伟大。可是我只是个孩子，我不知道该做什么，将吃些什么苦。"武术"这个词，对我来说，太缥缈，太神秘——尽管那个时候我以为自己将要为国争光。

那个时候，家里十几平米的小房屋是父母经营五金生意的场所。屋里有一张不符合房间尺寸的大床，一台小的黑白电视机，里面正热播《霍元甲》功夫电影，还有遍布屋子各个角落的货物，螺丝刀、插线板、开关和电线等商品就是我儿时最好的玩具。我那时很快乐，我还理解不了社会。

从家到市体校来回约三十公里，在交通落后的村庄，这段路程是家人和我习武前最基本的考验。它需要我们忍受独自前行的寂寞，还需要不断坚定自我的信心，甚至要拿出破釜沉舟的勇气。而它，没有成为我们的阻碍，它也不应该成为我们的阻碍。就这样，早操加晚训，一天四趟，日复一日，年复一年。父亲的摩托车承载着我，道路承载着我们，我们承载着梦想。烈日下我们的身影遍洒道路，风雨中身上的雨滴飞溅成珠。地上的石块和路旁的树木不断飞驰而过，光阴似箭般流逝，变化的是父母日渐沧桑的面容，不变的是他们执着、坚毅以及望子成龙之心。

时至今日，习武的记忆碎片仍旧历历在目。我记得每天早晨四点半被闹钟叫醒时的痛苦，我记得自己因学不会而挨打时的沮丧与自责的感受，我记得首次市赛落伍时连饭都难以下咽的伤感，我记得满手血泡残留在刀、棍上的痕迹，我还记得跑步时上气不接下气的窒息感以及压腿时那种撕心裂肺的痛。当然，我更记得武术训练恩师高娅、郑雅恩、陆剑辉等教练对我的严格与关爱，谢谢你们的教导！

2000 年，在全国武术比赛夺冠后，我独自一人坐上了开往上海体育学院的绿皮火车，开启了我的本、硕的学习生涯。我加入了武术院代表队，追求技能的巅峰，同时开始弥补因训练而荒废的学业。经过四年的努力，我有幸在全国武术锦标赛、全国武术冠军赛、全国体院对抗赛等大赛中再夺三金，获得了"武英级"（运动健将）的荣誉称号，同时也通过了英语四级考试，取得了硕士研究生推免资格。在此，真诚感谢

后 记

母校的培养，感谢赵光圣教授对我的关心，感谢王三老师和硕士导师刘同为教授对我的指引和帮助，更感谢虞定海教授、吴京梅教授无私的关爱。

2006年硕士毕业后，我入职向往的苏州大学，得到体育学院院长王家宏教授在我工作、求学之路上的悉心关爱，此乃吾辈之大幸矣。同时，感谢苏州大学体育学院领导、同事及其武术系全体教师对我的关照。感谢我的通背拳师傅杨善耕先生，谢谢您的关爱，徒儿永远怀念您！

命里有时终须有。2014年当我决定考博那一刻，或许命中早已注定与上海体育学院再次结缘。这一年5月，当我的人生之"箭"掉落在上体恩师戴国斌教授面前时，他博大的胸襟接纳了我这个学术差生，并帮我捡起来，"射"向了一个孤独的远方。

开弓没有回头箭。或许是恩师的有意安排，或许是命中注定，我这个学术差生阴错阳差地选择了最需要学术功底的历史学方向。四年来，我飘荡在历史学这片汪洋大海的孤岛中，茫然不知去向，心中尽是"落叶满空山，何处寻形迹"！正如电影《荒岛余生》中的汤姆·汉克斯一样，要不断地自我求生，或者说，是一种重生。每当在孤独、无助和恐慌的时候，先贤王阳明的"心学"总能给予我巨大的鼓舞，他说："君子之学，无时无处而不以立志为事。正目而视之，无他见也。倾耳而听之，无他闻也。如猫捕鼠，如鸡伏卵，精神心思凝聚融结，而不复知有其他，然后此志常立"。尽管在学术道路上，我是稚嫩、愚笨、无知的后生，然而正是他，让我在学术成长中对历史怀着敬畏，对前贤充满了感恩。"书山有路，学海无涯"，学问之路需要历经漫长的"云覆千山不露顶，雨滴阶前渐渐深"的艰辛，而唯有"勤"和"苦"才是最佳的良师益友。

幸运的是，学术"孤岛"中还有一些"勇敢"的人相伴，感谢师兄花家涛、韩红雨、唐韶军、王晓晨，师姐段丽梅，同学李洋、陈新萌、杨亮斌、郭发明，师弟李文博、刘启超、张国良、李小进、赵景磊、卢安、张志雷、朱永飞、马秀杰、韩青松、张成杰、张瑞、张浩、王伟业、杨闯闯、杨东方、陈齐，师妹周延、甘丛婷、李晓红……谢谢你们在书稿撰写和修订过程中给予的帮助，与你们的缘分，益见纯粹。

"学高为师，德高为范"。研究期间，我要衷心感谢我敬爱的恩师戴国斌教授。尽管我未达您理想中的"脱胎换骨"和"学有所成"，但是恩师对学术百般须索及对我人生的无尽关爱，给了我坚持学术的勇气、信心和决心。恩师不仅是我学术的导师，更是我人生的导师和精神的楷模，给予我"焚膏油以继晷，恒兀兀以穷年"的信心和勇气，指引我朝着学问、技术、思维、品德和使命五个人生目标不断前行，恩师集学养、品行、远见于一身的德高望重始终在我人生道路上闪烁着耀眼的光芒！

书稿撰写期间，我还要感谢文兵师母对我的悉心关爱。同时，感谢上海体育学院蔡龙云教授、王培锟教授、邱丕相教授、赵光圣教授、郭玉成教授、张云崖教授、姜传银教授、刘静教授、朱东教授、郑国华教授、谢业雷副教授、范艳美副教授、丁丽萍副教授、周田芬老师、李琳老师等对我的关照和帮助!

学术之路,最应当感谢的是家人。感谢伟大的父母的养育之恩与默默付出!感谢岳父母对我的关爱,谢谢你们养育了如此优秀的女儿!感谢温婉贤惠、至善至美的太太,谢谢你如雪般的心灵和对家人的包容与付出!感谢懂事、可爱的犬子熙厚、泽厚,你们赏脸的到来让我幸运地体会到了何为"舐犊情深"!感谢我疼爱的兰质蕙心的妹妹,感谢妹夫对妹妹的爱,你们幸福是我最大的心愿。同时,也感谢所有亲朋好友、师兄弟姐妹等对我的支持和关爱!

书稿即将刊印之际,还要感谢现工作单位集美大学和体育学院对我的支持和培养!感谢教育部社会科学司和专家评委!

最后,感谢我生命中每一个帮助过我的人!

2021 年 10 月 21 日
于集美大学体育学院导师工作室